EDMOND BIRÉ

PORTRAITS

LITTÉRAIRES

PROSPER MÉRIMÉE — EDMOND ABOUT
LAMARTINE — PAUL FÉVAL
SOUVENIRS D'UN BOURGEOIS DE PARIS
UN GRAND SEIGNEUR LIBÉRAL
CUVILLIER-FLEURY
LES BOURGEOIS D'AUTREFOIS

QUATRIÈME ÉDITION

LYON
LIBRAIRIE GÉNÉRALE CATHOLIQUE & CLASSIQUE
EMMANUEL VITTE, DIRECTEUR
3, place Bellecour et rue de la Quarantaine, 18.

PORTRAITS

LITTÉRAIRES

A LA MÊME LIBRAIRIE

DU MÊME AUTEUR

Causeries littéraires. — *Chateaubriand.* — *Berryer.* — *H. Taine et le prince Napoléon.* — *Michelet.* — *Le duc de Broglie.* — *Albert Duruy*, etc., etc., par le même. 2ᵉ édition. 1 vol. de 416 p.

Portraits historiques et littéraires. — *Joseph de Maistre.* — *L'Académie française et le Barreau.* — *Mirabeau.* — *Napoléon et Alexandre Iᵉʳ.* — *Changarnier.* — *Mᵐᵉ de Chateaubriand.* — *Mᵐᵉ de Lamartine.* — *Maurice Albert.* — *Léon Aubineau.* — *Victor Hugo.* — *Le général de Marbot*, etc., etc., par Edmond Biré, 1 vol. de 396 p.

Etudes et portraits. — *Chateaubriand.* — *Lamartine.* — *E. de Genoude.* — *Balzac.* — *Saint-Simon.* — *Louis et Charles de Loménie.* — *Choses d'Angleterre.* — *A. de Pontmartin.* — *Aug. Nicolas.* — *Xav. Marmier.* — *Camille Rousset.* — *Laurentie*, par le même. OUVRAGE COURONNÉ PAR L'ACADÉMIE FRANÇAISE. 1 vol. de 382 p.

Histoire et littérature. — *H. Taine.* — *Le comte de Virieu.* — *Cathelineau.* — *Mgr de Miolis.* — *Le vicomte Melchior de Vogüé*, etc., etc., par le même. 1 vol. de 480 p.

Nouvelles causeries littéraires, par EDMOND BIRÉ. — *Leconte de l'Isle.* — *Victor Hugo.* — *Joseph de Maistre pendant la Révolution.* — *Mérimée et ses amis.* — *Camille Doucet.* — *Ernest Hello.* — *La jeunesse de Montalembert.* — *Ernest Renan.* — In-8 de 400 p. environ. 3 fr. 50.

EDMOND BIRÉ

PORTRAITS

LITTÉRAIRES

PROSPER MÉRIMÉE — EDMOND ABOUT
LAMARTINE — PAUL FÉVAL
SOUVENIRS D'UN BOURGEOIS DE PARIS
UN GRAND SEIGNEUR LIBÉRAL
CUVILLIER-FLEURY
LES BOURGEOIS D'AUTREFOIS

QUATRIÈME ÉDITION

LYON
LIBRAIRIE GÉNÉRALE CATHOLIQUE & CLASSIQUE
EMMANUEL VITTE, Directeur
3, place Bellecour et rue de la Quarantaine, 18.

A MON CHER MAITRE ET AMI

ARMAND DE PONTMARTIN

PRÉFACE

J'ai recueilli dans ce volume quelques-uns des articles que j'ai publiés, depuis dix ans, dans les journaux et les revues.

Tous ces morceaux — le lecteur s'en apercevra bien vite — ont été écrits loin de Paris, et même — à quoi servirait de vouloir le cacher ? — au fond de la plus arriérée de nos provinces, en Bretagne. On y trouvera donc des opinions, des jugements, qui sont le contre-pied de ceux qui ont cours sur les deux rives de la Seine, aussi bien sur la rive gauche, à l'Académie, que sur la rive droite, dans les feuilles du boulevard. C'est sans doute un malheur pour mon livre ; et cependant il se pourrait que l'éloignement où nous sommes, en province, des écrivains que nous avons à apprécier, ne fût pas une si mauvaise condition pour les juger avec impartialité. Il ne faut pas être trop proche des hommes ni des choses pour en faire un juste discerne-

ment. Un des esprits les plus brillants du XVIIIe siècle, Rivarol, a écrit quelque part : « Les provinces sont, pour le mérite, une sorte de postérité vivante. » Si ce mot de Rivarol ne doit pas être pris au pied de la lettre, il ne laisse pas de renfermer peut-être une part de vérité.

L'abbé de Chaulieu disait de je ne sais plus quel immortel : C'est quelqu'un de l'Académie. Toute mon ambition serait remplie si le lecteur disait, en fermant mon volume : C'est quelqu'un de la province.

Le Pouliguen, 1er mai 1888.

PROSPER MÉRIMÉE

I

Le 23 septembre 1870, au moment où Prosper Mérimée mourait à Cannes, Paris était investi, un tiers de la France était occupé par les armées allemandes. Le jour où disparaissait celui qui avait écrit l'*Enlèvement de la redoute*, la ville de Toul capitulait, les soldats du général Werder donnaient l'assaut à Strasbourg, et, sous les murs de la capitale, des combats avaient lieu à Villejuif et à Drancy. Ce fut seulement au bout d'un mois, et par un journal anglais échappé à la vigilance de l'ennemi, que sa mort fut connue à Paris. En province, la plupart des journaux ne la mentionnèrent même pas, et si quelques-uns l'annoncèrent, entre deux défaites, nul n'y prit garde. Quelques mois après, dans la nuit du 23 au 24 mai 1871, les insurgés de la Commune, vaincus et poursuivis, mettaient le feu à la rue de Lille et brûlaient sa maison, située au coin de cette rue et de la rue du Bac (1). Tous ses papiers étaient consumés, et les cendres de ses manuscrits s'envolaient au vent, image, semblait-il, de son nom oublié et de sa réputation éteinte.

Une plus heureuse fortune lui était réservée. L'Académie française lui donna pour successeur, le 30 décembre 1871, M. de Loménie, l'auteur de cette piquante *Galerie des Contemporains illustres par un Homme de rien*, publiée de 1839 à 1847, et où Mérimée ne brillait que par son absence. Le discours de réception de M. de Loménie, la réponse du directeur, M. Jules Sandeau, dans la séance du 8 janvier 1874, remirent en honneur, pour quelques jours au moins, son nom et ses œuvres. Presque au même moment paraissaient les *Lettres à une Inconnue* (2). Mérimée, cet homme impassible, boutonné jusqu'au menton, d'aucuns disaient jusqu'au cœur, ce dur écrivain qui s'était si obstinément tenu en garde contre la sensibilité, avait-il été vraiment amoureux ? S'il avait aimé, si, dans sa vie, il y avait eu un roman, quelle en avait été l'héroïne ? Quel était le nom de l'*Inconnue ?* Problèmes délicats dont la recherche et la solution piquèrent au jeu la curiosité des lecteurs. Puis vinrent les *Lettres à une autre Inconnue* (3). Le mystère, cette fois, était plus facile à

---

(1) Au numéro 52 de la rue de Lille.
(2) *Lettres à une Inconnue*, par Prosper Mérimée, précédées d'une Etude sur Mérimée, par H. Taine. 2 vol. in-8. 1874.
(3) *Lettres à une autre Inconnue*, avec une Préface par M. Henri Blaze de Bury. 1 vol. in-8, 1875.

pénétrer, et chacun nomma bientôt la noble et spirituelle étrangère sous la présidence de laquelle la cour d'amour, séante au palais de Compiègne, rendait les galantes sentences que la plume de Mérimée avait mission d'enregistrer. Un troisième et dernier recueil, publié en 1881, sous ce titre : *Lettres à M. Panizzi* (1), renferme des lettres d'un tout autre caractère. La plupart des incidents de la politique intérieure et de la politique extérieure du second Empire, de 1858 à 1870, y sont notés au passage, et comme l'auteur était placé pour bien voir, on s'attendait à de curieuses et piquantes révélations : la déception fut à peu près complète, et le succès du premier jour n'eut pas de lendemain. Voici pourtant que l'on revient à Mérimée, et que, parmi les *Jeunes*, beaucoup le saluent comme un ancêtre. Ils n'ont d'autre religion que le pessimisme, et Mérimée était pessimiste sans réserve. « Défaites-vous de votre optimisme, écrivait-il, et figurez-vous bien que nous sommes dans ce monde pour nous battre envers et contre tous... Sachez aussi qu'il n'y a rien de plus commun que de faire le mal pour le plaisir de le faire (2). » Le haut du pavé en littérature appartient au réalisme, et Mérimée, par son souci du détail exact et précis, a été l'un des précurseurs de l'Ecole actuellement régnante. Il s'y rattache surtout par le dédain qu'il professe pour tout ce qui est émotion, attendrissement, sensibilité, par le mé-

---

(1) *Lettres à M. Panizzi*, publiées par M. Louis Fagan, du cabinet des Estampes au British Museum. 2 vol. in-8.
(2) *Lettres à une Inconnue*, t. I, p. 8.

pris qu'il affiche pour tout ce qui vient de l'âme. Le regain de succès qui lui arrive aujourd'hui n'a donc rien qui doive étonner, mais il ne laisse pas de rendre assez difficile la tâche que j'entreprends. Tant de gens écrivent et tant d'autres répètent que Prosper Mérimée est un maître dont les lettres, les romans et les contes sont des productions parfaites, de l'art le plus exquis et du style le plus admirable, que l'on me trouvera sans doute téméraire de ne point partager cette opinion et d'oser le dire. Je ne le ferai pas du moins sans donner mes raisons, et je ne désespère pas d'amener à mon avis quelques-uns de mes lecteurs. Ne pas être dupe ! c'est là ce dont Mérimée se préoccupait en toute circonstance et sur toute chose. Eh bien ! avec lui, qu'il s'agisse de sa personne ou de ses œuvres, à notre tour, ne soyons pas dupes !

II

Prosper Mérimée est né à Paris le 28 septembre 1803. Son père était un peintre de talent, qui a eu, à la fin du siècle dernier et au commencement du nôtre, son heure de célébrité. On voit de lui, au Louvre, dans l'une des salles des Antiques, un dessus de porte d'un dessin vigoureux et savant, représentant *Hippolyte ressuscité par Esculape*. Quelques-unes de ses toiles obtinrent un véritable succès, celle notamment qui a pour sujet des voyageurs découvrant dans une forêt les ossements de Milon de Crotone et s'expliquant, par la position du bras, le genre de mort du célèbre athlète. Gravé par Bervic, son tableau de l'*Innocence présentant à manger à un serpent* rendit un instant son nom populaire. Nommé, en 1807, secrétaire perpétuel de l'Ecole des Beaux-Arts, Louis Mérimée, alors âgé de cinquante ans seulement, abandonna son atelier de peintre pour se consacrer à des études de chimie ou de linguistique et à des travaux littéraires. De même, son fils, nommé à l'Académie française, renoncera, à quarante-deux ans, aux œuvres d'imagination qui lui avaient valu une légitime renommée, et se consacrera presque exclusivement à des travaux historiques et à des études d'archéologie. Louis Mérimée a publié, en 1830, un livre estimé sur *la Peinture à l'huile et les Procédés matériels employés dans ce genre de Peinture depuis Hubert et Jean van Eyck jusqu'à nos jours*. Ses fonctions de secrétaire de l'Ecole des Beaux-Arts le mettaient en relations avec l'élite des artistes. Peintres et sculpteurs célèbres fréquentaient son salon ; le baron Gérard en était un des habitués. Dans un tel milieu, Prosper Mérimée ne pouvait manquer de puiser un goût très vif pour les arts. Il joignit même la pratique à la théorie, et nous voyons, dans sa *Correspondance*, que la plume ne lui fit jamais abandonner complètement le crayon et le pinceau, et qu'il se délassait de ses écritures en peignant des aquarelles (1).

Sa mère était une femme d'un sérieux mérite, qui peignait elle-même avec goût et qui racontait avec

(1) *Lettres à une Inconnue*, t. I, p. 12.

agrément, ainsi qu'il convenait d'ailleurs à la petite-fille de Mme Leprince de Beaumont, l'ingénieux et aimable auteur du *Magasin des Enfants* et du *Magasin des Jeunes dames*. M. de Loménie a montré, dans l'une des meilleures pages de son discours de réception, qu'entre Mme Leprince de Beaumont et son arrière-petit-fils, il y avait des rapports assez frappants de talent et de style. « Le style de la bisaïeule, dit-il, quoique d'une qualité inférieure à celui de l'arrière-petit-fils, est pourtant de la même nature, on pourrait dire ici de la même famille ; c'est un style coupé, qui ne procède jamais par périodes prolongées, mais par phrases courtes dont chacune renferme un sens complet. » La ressemblance s'arrête d'ailleurs au style ; car on sait de reste que Mérimée, à la différence de sa bisaïeule, n'écrivait pas pour les *enfants*, ni même pour les *jeunes dames*.

Mme Leprince de Beaumont s'était fixée en Angleterre, où elle ne passa pas moins de dix-sept années. Sa petite-fille avait hérité d'elle un goût tout particulier pour la nation et pour la langue anglaise ; elle le transmit à son fils. Prosper Mérimée se plaisait parfois, dans sa *Correspondance*, à substituer à notre langue celle de nos voisins d'outre-Manche (1). Il faisait à l'occasion des vers anglais, tout en se piquant de détester la poésie, qui le lui rendait bien. Presque chaque année, il allait faire un voyage en Angleterre. Il affectait volontiers le flegme britannique et tenait à

---

(1) *Lettres à une Inconnue*, t. I, p. 282.

honneur d'avoir les manières et quelque peu la tournure d'un *gentleman* ; ses habits étaient coupés à Londres, ce qui lui vaut, de la part de l'un de ses admirateurs, j'allais dire de l'un de ses compatriotes, de la Grande-Bretagne, cet éloge auquel il aurait été particulièrement sensible : « Ce qui peut être dit à la louange de ce gentleman accompli, — *finished gentleman*, — c'est qu'il faisait faire tous ses habits à Londres, et non seulement à Londres, mais chez Poole, et qu'il a été le constant client de ce grand artiste (1). » L'*Inconnue* de Mérimée (Mlle Jeanne Daquin) était bien Française de naissance, mais elle avait été élevée à Boulogne, la plus anglaise des villes de France ; elle y avait reçu une éducation toute britannique, et peut-être était-ce là ce qui l'avait tout d'abord attiré vers elle. M. Panizzi, son principal correspondant, était directeur du *British Museum*. Son ménage, pendant les dernières années de sa vie, était tenu par deux dames anglaises, d'un âge respectable, miss Lagden et mistress Ewers, qui le suivaient à Cannes pendant les séjours qu'il y faisait chaque hiver. On le rencontrait tous les jours avec elles, dans la campagne, l'une portant sa boîte aux aquarelles, l'autre le carquois, la cible et les flèches avec lesquelles il allait tirer de l'arc dans les bois de pins et d'oliviers.

(1) *Life of sir Anthony Panizzi*, by L. Fagan. Londres, 1880.

III

L'éducation par la famille étant plus importante et ayant sur la vie une plus grande influence que l'éducation par le collège, nous avons dû en parler tout d'abord. Il ne paraît pas, d'ailleurs, que Prosper Mérimée ait eu un goût bien prononcé pour les exercices scolaires. Ses parents l'avaient placé au collège Henri IV, où il eut pour condisciples les trois de Wailly, Gustave d'Eichtal, Emile de Langsdorff, qu'il retrouvera plus tard à la *Revue des Deux Mondes*; Charles Lenormant, qui sera son collègue à l'Académie des inscriptions et belles-lettres; Saint-Marc Girardin, qui entrera à l'Académie française la même année que lui; J.-J. Ampère, qu'il y recevra, en qualité de directeur, quatre ans plus tard, et à qui il pourra dire : « Il y a trente ans, vous vous en souvenez, nous étions assis sur les bancs du même collège; maintenant, c'est à l'Académie que nous nous retrouvons (1). » Mais, en 1818, l'Institut était encore loin, et tandis que ses camarades Ampère et Saint-Marc Girardin portaient haut dans les luttes du concours général le drapeau de Henri IV; tandis qu'à la même époque, M. Cuvillier-Fleury et M. de Sacy, au collège Louis le Grand, M. Sainte-Beuve et M. Vitet, au collège Charlemagne et au collège Bourbon,

---

(1) Réponse au discours de réception de M. Ampère à l'Académie française, prononcé le 18 mai 1848.

préludaient à leurs succès académiques par leurs succès de rhétoriciens, Prosper Mérimée ne semblait pas beaucoup plus jaloux de leurs lauriers que ne devait l'être, quelques années plus tard, le spirituel M. Labiche, qui, non content d'avoir fait, au collège Bourbon, de médiocres études (1), s'est permis (*horresco referens!*) de tourner en ridicule les concours universitaires dans un très amusant vaudeville, *le Papa du prix d'honneur* (2)!

Si les premières études de Prosper Mérimée furent un peu négligées, il ne devait, au surplus, guère y paraître dans l'avenir. Il répara vite le temps perdu. Encore quelques années, et il ne possédera pas moins de sept langues : le latin, le grec, l'anglais, l'espagnol, l'italien, l'allemand et le russe — sans parler de l'arabe, qu'il eut aussi la fantaisie d'apprendre. « Pendant que vous apprenez le grec, écrit-il à Mlle Daquin, le 19 août 1844, j'étudie l'arabe (3). »

Au sortir du collège, pour obéir au désir de ses parents, il étudia le droit ; mais ni le barreau ni la magistrature ne l'attiraient ; et, si on le rencontrait rarement le matin aux leçons de M. Ducaurroy ou de M. Delvincourt, en revanche, on le voyait souvent, le soir, dans le salon du baron Gérard ou dans celui

---

(1) « Je n'ai pas fait de discours depuis ma rhétorique, et quels discours ! » (Discours de réception de M. Labiche, venant prendre séance à l'Académie française, le 25 novembre 1880, en remplacement de M. Sylvestre de Sacy.)

(2) En collaboration avec Théodore Barrière. Théâtre du Palais-Royal, 1868.

(3) *Lettres à une Inconnue*, t. I, p. 229.

de Mme Pasta, la célèbre cantatrice, qu'il appelle, dans *le Vase étrusque*, « la première *tragédienne de l'Europe* ». Par une heureuse fortune, sa jeunesse se rencontrait avec ces belles années de la Restauration, sourire et printemps du dix-neuvième siècle : de Serre et Royer-Collard montaient à la tribune relevée ; Villemain et Cousin enseignaient à la Faculté des lettres ; Guizot, Augustin Thierry et Barante renouvelaient l'histoire ; les journalistes s'appelaient Chateaubriand, La Mennais, Thiers ; Ingres et Eugène Delacroix, Paul Delaroche et Léopold Robert exposaient à côté de Gros et de Gérard, de Guérin et de Girodet ; Pradier et David d'Angers, à côté de Nanteuil et de Bosio ; Talma donnait la réplique à Mlle Mars (1) ; Judith Pasta chantait la musique de Rossini ; la poésie et la gloire, de leurs premiers rayons, plus doux que les feux naissants de l'aurore, caressaient les fronts de Victor Hugo et de Lamartine ! *O mattutini albori !...*

Fort répandu dès lors dans la haute société parisienne, où les relations de son père et sa distinction personnelle lui avaient valu, dès le premier jour, un brillant accueil, Prosper Mérimée sut, du moins, ne pas se laisser absorber par les distractions du monde. Il réserva une part de son temps à l'étude. Tout en lisant dans l'original les chefs-d'œuvre de la littérature anglaise et de la littérature espagnole, il apprenait le

---

(1) Dans l'*Ecole des Vieillards* de Casimir Delavigne, représentée sur le Théâtre-Français, le 6 décembre 1823, Talma jouait le rôle de *Danville* et Mlle Mars celui d'*Hortense*.

grec avec M. Boissonade, le docte et fin helléniste, et la philosophie avec Victor Cousin, dont il était, avec ses amis Ampère, Sautelet, Fulgence Fresnel, Frank et Albert Stapfer, un des auditeurs les plus assidus (1). N'est-ce pas justement du Cousin de ces heureuses années que Théodore Jouffroy a dit : «C'était un homme tout jeune encore, mais qui depuis n'a jamais été plus remarquable par son éloquence. »

Mais ni M. Boissonade ni Victor Cousin lui-même n'étaient ses vrais maîtres. Il avait rencontré dans le salon de Mme Pasta un homme dont les idées, vives et originales, avaient de prime-saut exercé sur lui une profonde influence. C'était M. Beyle, ou plutôt M. de Stendhal, puisque aussi bien ce singulier homme a trouvé moyen d'imposer son pseudonyme à la postérité. Stendhal professait qu'à une société nouvelle il fallait un art nouveau ; que l'heure était venue de substituer aux tragédies en vers les drames en prose, « qui durent plusieurs mois et dont les événements se pressent en des lieux divers » ; que la tirade, la couleur et les images avaient fait leur temps, aussi bien que les trois unités ; que le vers alexandrin n'était qu'un *cache-sottise* et qu'il n'y avait plus de place que pour la prose, parce que, seule, elle convient « à un genre clair, vif, simple, allant droit au but (2) ».

---

(1) *André-Marie Ampère et Jean-Jacques Ampère, Correspondance et Souvenirs (de 1805 à 1864), recueillis par* Mme *H.C.,* I, p. 137.

(2) *Racine et Shakspeare*, par Stendhal.

Telles étaient les doctrines que Mérimée allait essayer de mettre en pratique, et tandis qu'à côté de lui son ami Ampère composait bravement une tragédie en cinq actes et en vers, intitulée : *Rosemonde* (1), il menait à bien un grand drame en prose sur *Cromwell*. Ce drame n'a jamais été publié, mais nous trouvons à son endroit de curieux détails dans les *Souvenirs de soixante années* de M. E.-J. Delécluze.

De 1820 à 1830, dans le petit appartement de M. Delécluze, situé rue Chabanais, au coin de la rue Neuve-des-Petits-Champs, avaient lieu, chaque dimanche, des matinées littéraires très suivies. Paul-Louis Courier s'y rencontrait avec Stendhal, et à la suite de ces chefs prenait rang tout un bataillon de jeunes et vaillantes recrues dont plusieurs avaient dans leur giberne le bâton de maréchal, je veux dire le brevet d'académicien : J.-J. Ampère, Charles de Rémusat, Ludovic Vitet, Duvergier de Hauranne, Patin, Victor Jacquemont, Théodore Leclercq, Duchâtel, Charles Magnin, Albert Stapfer, Sautelet, dont Carrel devait déplorer la mort, Dittmer et Cavé, les auteurs des *Soirées de Neuilly*, Théodore Jouffroy, Dubois du *Globe*, Taschereau, Mignet, E. Monod, Artaud, le traducteur de Sophocle et d'Euripide, de Guizard, le traducteur du théâtre de Gœthe, Adrien de Jussieu et Prosper Mérimée (2).

---

(1) *André-Marie Ampère et Jean-Jacques Ampère*, t. I, p. 188.
(2) *Souvenirs de soixante années*, par Etienne-Jean Delécluze, p. 225.

Un jour, raconte M. Delécluze, qui se met lui-même en scène sous le nom d'Etienne, un de ses prénoms, — un jour Sautelet vint, avec Mérimée, qu'Etienne avait eu déjà l'occasion de connaître chez M. Stapfer, le père... Mérimée venait d'achever la composition d'un drame intitulé *Cromwell*. On prit jour pour la lecture de ce drame, et le jeune écrivain eut pour auditeurs, outre Ampère fils et A. Stapfer, ses amis, Stendhal, le baron de Mareste, Viollet-le-Duc et Etienne... Mérimée, âgé de vingt-deux à vingt-trois ans, avait déjà les traits fortement caractérisés. Son regard furtif et pénétrant attirait d'autant plus l'attention que le jeune écrivain, au lieu d'avoir le laisser-aller et cette hilarité confiante propre à son âge, aussi sobre de mouvements que de paroles, ne laissait guère pénétrer sa pensée que par l'expression, fréquemment ironique, de son regard et de ses lèvres. A peine eut-il commencé la lecture de son drame, que les inflexions de sa voix gutturale et le ton dont il récita parurent étranges à l'auditoire. Mérimée, faisant alors partie de la jeunesse disposée à provoquer une révolution radicale en littérature, non seulement avait cherché à en hâter l'explosion en composant son *Cromwell*, mais voulait modifier jusqu'à la manière de le faire entendre à ses auditeurs, en le lisant d'une façon absolument contraire à celle qui avait été en usage jusque-là.

N'observant donc plus que les repos strictement indiqués par la coupe des phrases, mais sans élever ni baisser jamais le ton, il lut ainsi tout son drame, sans modifier ses accents, même aux endroits les plus passionnés. L'uniformité de cette longue cantilène, jointe au rejet complet des trois unités, auquel les esprits les plus avancés à cette époque n'étaient pas encore complètements faits, rendit cette lecture assez froide. On saisit bien le sens de quelques scènes dramatiques et la vivacité du dialogue en général naturel ; mais le sujet extrêmement compliqué et les changements de scène trop fréquents rendirent l'effet total de cette lecture vague, et la société des lecteurs de Shakspeare, eux-mêmes, ne purent saisir le point d'unité auquel tous les détails devaient se rattacher. Néanmoins, comme la plupart des auditeurs partageaient les idées et les espérances du lecteur, et qu'au fond il entrait encore plus de passion que de goût littéraire dans le jugement qu'il fallait porter sur le drame, tous les jeunes amis de Mérimée l'encouragèrent à suivre la voie qu'il avait prise. Beyle, en particulier, le félicita de son essai avec plus de vivacité que les autres. En effet, le *Cromwell* de Mérimée était une des premières applications de la théorie que Stendhal avait développée, en 1823, dans sa brochure intitulée *Racine et Shakspeare* (1).

Un peu avant Mérimée, H. de Balzac avait fait, lui aussi, sur *Cromwell* un drame, qui fut également son coup d'essai.

Cette rencontre singulière du futur auteur de *Colomba* et de l'auteur futur d'*Eugénie Grandet*, débutant l'un et l'autre, non par le roman mais par le drame, et choisissant tous les deux le même sujet, vaut peut-être que l'on s'y arrête un instant.

Balzac n'a que dix-neuf ans ; il a laissé sa famille en province pour venir tenter la fortune littéraire à Paris ; il s'est installé dans une petite mansarde, rue

---

(1) *Souvenirs de soixante années*, p. 223, 224.

Lesdiguières, n° 9, près de l'Arsenal, et c'est de là qu'il écrit à l'une de ses sœurs, le 6 septembre 1819 :

Je me suis définitivement arrêté au sujet de *Cromwell*, et je l'ai choisi parce qu'il est le plus beau de l'histoire moderne. Depuis que j'ai soulevé et pesé ce sujet, je m'y suis jeté à corps perdu. Les idées m'accablent, mais je suis sans cesse arrêté par mon peu de génie pour la versification. Je me mangerai plus d'une fois les ongles avant d'avoir achevé mon premier monument... Maintenant, si tu trouvais des idées pour des situations de *Cromwell*, écris-le-moi. Tiens, ce qui m'embarrasse le plus, ce sont celles de la *scène première* entre le roi et la reine. Il doit y régner un ton si mélancolique, si touchant, si tendre, des pensées si pures, si fraîches, que je désespère ! Il faut que cela soit sublime tout du long... Si tu as la fibre ossianique, envoie-moi des couleurs, chère petite, bonne, aimable, gentille sœur que j'aime tant (1) !

Un an après, au mois de septembre 1820, il travaille toujours à son *Cromwell*.

J'ai décidément pris un parti pour *Cromwell*, écrit-il encore à sa sœur ; maintenant que tout est irrévocablement arrêté, j'ai résolu d'y travailler d'une autre manière. Il va être fini en cinq ou six mois, mais grossièrement et d'un seul jet, parce que je veux pouvoir, le tableau une fois dessiné, y mettre le coloris à mon aise. Peut-être t'enverrai-je à la fin d'octobre ou au commencement de no-

---

(1) *Correspondance de H. de Balzac* (1819-1850), t. I, p. 6.

vembre *la première acte;* j'espère que tu pourras là-dedans rogner, trancher, coupiller à ton aise (1).

Dans la lettre suivante, Balzac envoie à sa sœur le plan de sa tragédie. Si c'eût été le lieu, nous aurions aimé à reproduire ces pages curieuses, où éclate déjà la forte imagination du puissant romancier. « Il est impossible, s'écrie-t-il en terminant, que tu ne trouves pas ce plan superbe ! » Et avec l'expansion de sa riche nature, en tout l'opposé de celle de Mérimée, qui ne s'abandonnait jamais, il écrit à sa *chère bonne petite sœur* : « Il faut débuter par un chef-d'œuvre ou me tordre le cou !... Je te supplie, par notre amour fraternel, de ne jamais me dire : « C'est bien. » Ne me découvre que les fautes ; quant aux beautés, je les connais de reste. Si quelques pensées t'arrivent chemin faisant, écris-les en marge ; laisse les jolies, il ne faut que les sublimes (2). »

On nous pardonnera de nous être ainsi attardé avec Balzac. Ce diable d'homme, une fois qu'il vous a saisi, ne vous lâche plus. Et puis, — pourquoi ne pas l'avouer ? — nous n'avons pas voulu laisser échapper cette occasion de citer la *Correspondance* trop peu connue de l'auteur de la *Comédie humaine*. Comme on n'y trouve ni récits graveleux, ni anecdotes dont la passion politique se puisse faire une arme contre un parti tombé, on a fait le silence autour d'elle, alors qu'on venait de mener grand bruit autour des *Lettres*

(1) *Ibid.*, t. I, p. 25.
(2) *Ibid.*, t. I, p. 31.

de Mérimée *à une Inconnue*, si vides pourtant, si froides et, il faut avoir le courage de le dire, si ennuyeuses. La correspondance de Balzac, au contraire, est vivante, et, jusqu'à la fin, pleine de jeunesse et de fougue. L'homme est là tout entier, avec son amour pour sa mère et ses sœurs, avec sa soif de gloire et de fortune, trop souvent empêtré dans de vulgaires embarras d'argent, mais s'élevant au-dessus d'eux par la vigueur de son génie et par l'énormité de son labeur, labeur inouï, sans repos et sans trêve, qui l'a tué, mais qui l'a fait immortel.

Jamais hommes ne se ressemblèrent moins que Balzac et Mérimée, et peut-être n'ont-ils jamais eu que cela de commun de débuter l'un et l'autre par une étude dramatique sur *Cromwell*.

Ni la tragédie de Balzac ni le drame de Mérimée n'ont été imprimés. La première œuvre publiée de Prosper Mérimée fut le *Théâtre de Clara Gazul*, qui parut en 1825. L'auteur n'avait pas encore vingt-trois ans.

IV

La première édition du *Théâtre de Clara Gazul* comprenait six petites comédies ou saynètes. *L'Occasion* et le *Carrosse du Saint-Sacrement*, qui sont venus depuis grossir ce mince recueil, ont été composés quelques années plus tard et parurent d'abord dans la *Revue de Paris*, le *Carrosse du Saint-Sacrement*, au mois de juin 1829, et l'*Occasion*, au mois de janvier 1830.

Le volume de 1825 ne portait pas de nom d'auteur. Il était précédé d'une *Notice sur Clara Gazul, comédienne espagnole*, notice habilement rédigée et faite pour persuader aux braves gens qui lisent les préfaces (et, je l'avoue, je suis de ce nombre) que Clara Gazul était une comédienne en chair et en os, qui avait vraiment joué au grand théâtre — *Teatro mayor* — de Cadix, et qui avait fait imprimer, en 1822, à Madrid, un recueil de comédies encore inconnu en France. Seulement, au bas de cette *Notice*, se lisait cette signature jetée comme un éclat de rire au nez du lecteur, qui allait peut-être se laisser prendre : *Joseph L'ESTRANGE*.

Le *Théâtre de Clara Gazul* est resté l'œuvre de prédilection de Mérimée, qui a tenu à honneur, pendant plusieurs années, d'inscrire au bas de chacun de ses ouvrages : *par l'auteur du Théâtre de Clara Gazul*; comme Walter Scott avait inscrit, pendant longtemps, au bas de chacun des siens : *par l'auteur de Waverley*.

Qu'est-ce donc que ce livre ? Un recueil de petites pièces qui n'ont en général que quatre ou cinq scènes (le *Ciel et l'Enfer* n'en a que deux, et l'*Amour africain* qu'une seule), et où le développement dramatique est à peu près nul. Elles se terminent toutes, sauf deux, — les *Espagnols en Danemark* et le *Carrosse du Saint-Sacrement*, — par le poison, le pistolet ou le poignard. Pour horribles qu'ils soient, ces dénouements tragiques et toujours les mêmes, couronnant des pièces aussi courtes, témoignent d'une grande stérilité d'invention.

Cette stérilité éclate également dans le choix des sujets, qui roulent presque tous sur des moines et des inquisiteurs. Il arrive même quelquefois que Mérimée emprunte cavalièrement à un autre écrivain, sans en avertir le lecteur, la fable et les péripéties de sa pièce. « Le second drame : *Une femme est un diable, ou la Tentation de saint Antoine*, n'est autre chose que le *Moine* de Lewis, resserré en trois scènes. » C'est une admirateur et un ami de Prosper Mérimée qui s'exprime ainsi, dans la *Biographie des Contemporains* (1).

Deux choses étaient à la mode en 1825 : les traductions des théâtres étrangers et le *Don Juan* de lord Byron. On retrouve la trace de cette double influence dans le *Théâtre de Clara Gazul*. *Dona Clara* ne le cède à *Don Juan* ni pour la quantité et la qualité des blasphèmes, ni pour la licence et le cynisme des tableaux. Mais tandis que lord Byron étendait sur les siens le voile de son admirable poésie, Mérimée remplace la poésie par la prose. Son style reste froid au milieu des scènes les plus brûlantes, il reste sobre au milieu de toutes les ivresses de la passion la plus échevelée. Ce contraste entre la brutalité du fond et l'impassibilité de la forme n'était point pour passer

---

(1) *Biographie des Contemporains*, publiée sous la direction de MM. Rabbe et Vieilh de Boisjolin, t. IV, 2ᵉ partie, 1830.

inaperçu, et beaucoup y virent la marque d'un esprit puissant qui sait contenir sa force. On eût été peut-être moins éloigné du vrai en y reconnaissant la mise en pratique, par le disciple favori de Beyle, de ce principe du maître : *Faisons tous nos efforts pour être secs.* J'ajouterai que, pour mon compte, je prise assez peu cette faculté qui permet à un auteur de se désintéresser entièrement de ce qu'il écrit, et de raconter, sans la moindre émotion et comme choses toutes naturelles, les scènes les plus horribles et les plus révoltantes ; je goûte médiocrement ces écrivains formés à l'école de Stendhal, et que j'appellerai, si on veut bien me passer l'expression, les *pince-sans-rire* de l'immoralité.

On comprend par ce qui précède, que l'analyse des scènes dialoguées qui forment le *Théâtre de Clara Gazul*, — théâtre impossible au premier chef, — ne saurait être abordée : on pourrait l'essayer tout au plus pour celles qui ouvrent le volume : *les Espagnols en Danemark*. Je ne m'y risquerai pas cependant, toute réflexion faite. Je veux seulement signaler le caractère antinapoléonien de cette pièce et montrer que Mérimée, membre du Sénat impérial, pourrait fournir plus d'une page au livre qui se fera peut-être un jour sous ce titre : *Le premier Empire jugé par les sénateurs du second*.

La scène se passe en 1808, dans l'île de Fionie, où Napoléon a envoyé les troupes espagnoles mises à sa disposition par le roi Charles IV. Le marquis de la Romana, qui les commande et qui vient d'apprendre les événements de Madrid du 2 mai, cherche les moyens de faire embarquer ses soldats pour l'Espagne, afin d'aller, à leur tête, grossir les rangs des défenseurs de l'indépendance. En regard du marquis de la Romana, de Juan Diaz, son aide de camp, et de Wallis, officier de la marine anglaise, qui joue, ainsi que les deux officiers espagnols, un très beau rôle, Mérimée a placé quatre Français : le chargé d'affaires du gouvernement de l'empereur, le baron Achille d'Orbassan, un sot et un lâche ; Mme Leblanc et sa fille, qui représentent la police impériale dans ce qu'elle a de plus séduisant et de plus abject ; enfin, Charles Leblanc, chevalier de la Légion d'honneur, lieutenant des grenadiers de la garde, qui représente l'armée et qui est chargé de *veiller au salut de l'Empire*. Voici le plan imaginé par ce *brave*, afin de se débarrasser de la Romana et de Juan Diaz, qui, pour le dire en passant, lui ont sauvé la vie à Friedland :

Charles Leblanc. Vous allez inviter le général la Romana à dîner pour demain ; entendez-vous ?

Le Résident (Achille d'Orbassan). Mais s'il refusait ?

Charles Leblanc. Il ne refusera pas. Vous lui direz que j'apporte la nouvelle d'une victoire, et, pour célébrer des victoires, de bons militaires doivent trinquer ensemble. Vous avez bien ici cinquante Français ?

Le Résident. Il y a ici une compagnie de chasseurs au dépôt.

Charles Leblanc. C'est ce qu'il me faut. Ah ça ! vous invitez le général la Romana avec tout son état-major et les officiers danois, etc. Vous me mettez à dîner à côté dudit général. Pour lors, entre la poire et le fromage, vous proposez la santé de l'Empereur : c'est le signal dont nous sommes convenus... Mes chasseurs, qui se sont tenus prêts, entrent alors et couchent en joue tous les Espagnols. Moi, je prends le général au collet d'un *côté*, vous de l'autre. S'ils font des façons pour se rendre, nous nous jetons tous les deux sous la table et nos hommes font un feu de file. Ensuite nous barricadons les portes ; les Danois et les autres canailles auront bon marché des Espagnols désorganisés et sans chefs. En tout cas, nous tiendrons tant que nous pourrons, et, si nous sommes forcés, nous tuons nos prisonniers et nous nous brûlons la cervelle les uns aux autres (1).

Mme Leblanc propose de recourir tout simplement à l'arsenic, et d'empoisonner le général la Romana et les officiers de son état-major. Ce procédé ne laisse pas de sourire assez au résident français ; cependant le plan du lieutenant de la garde impériale finit par obtenir la préférence ; il reçoit même un commencement d'exécution et ne manque son effet que parce que Mlle Leblanc trahit le secret de son frère. Au milieu de ces belles inventions, éclatent d'amères railleries contre le système impérial, le blocus continental, les victoires du grand homme et sa politique de *régénération* et de *progrès*. On n'est pas moins *chauvin* que le Mérimée de 1825, et Sainte-Beuve, qui ne l'était guère non plus en ces temps-là, est bien près d'être scandalisé du sans-façon avec lequel l'auteur du *Théâtre de Clara Gazul* traite l'épopée napoléonienne.

(1) *Les Espagnols en Danemark*, journée III, scène II.

« Quand il a abordé certaines parties du règne de Napoléon, écrivait Sainte-Beuve dans le *Globe* du mois de janvier 1831, ç'a été la critique et l'ironie qui ont prévalu ; il nous a peint des lieutenants de la vieille armée espions, de jeunes fils de famille bonapartistes grossiers ; et sa sublime (!) *Prise d'une redoute* n'est que le côté lugubre de la gloire militaire. »

Quoi qu'il en soit, les *Espagnols en Danemark* sont encore la meilleure pièce du *Théâtre de Clara Gazul*. En 1850, le directeur du Théâtre-Français, M. Arsène Houssaye, eut la fantaisie de faire jouer le *Carrosse du Saint-Sacrement*. Le public qui venait d'applaudir les proverbes de l'auteur des *Contes d'Espagne et d'Italie*, siffla la saynète de l'auteur du *Théâtre de Clara Gazul*. Le public avait raison. Il y a loin en effet des comédies de Prosper Mérimée, de ces pièces d'un jeune homme de vingt-deux ans, dans lesquelles il n'y a pas un éclair d'imagination, pas un souffle de jeunesse et de poésie, aux *Comédies* d'Alfred de Musset, à ce *théâtre en liberté*, où les écarts de la fantaisie sont rachetés par tant de traits heureux et brillants, par tant de scènes ravissantes, qui mêlent à une mélancolie pleine de charme les plus radieux sourires !

C'est cependant à propos du *Théâtre de Clara Gazul* qu'Alfred de Musset a écrit quelque part :

> L'un, comme Calderon et comme Mérimée,
> Incruste un plomb brûlant sur la réalité... (1)

(1) *Le Spectacle dans un fauteuil.*

Certes, s'il y a deux noms qui hurlent de se trouver accouplés ensemble, ce sont ceux de Calderon et de Mérimée : Calderon, ce grand poète catholique que son ardente dévotion détermina, à l'âge de cinquante et un ans, à entrer dans les ordres sacrés ; ce dramatiste d'une puissante imagination qui sait amener avec tant d'art des situations inattendues, des coups de théâtre, ce que ses contemporains appelaient les *lances de Calderon;* qui a composé cent vingt comédies ou pièces profanes, cent *actes sacramentels* ou pièces religieuses, cent intermèdes, un poème sur le déluge universel, un poème sur les quatre fins dernières de l'homme, un nombre infini de chansons, de sonnets, de romances, etc., etc. ; — Mérimée, cet écrivain sans souffle et sans haleine, qui a produit à grand' peine sept ou huit saynètes, deux courts romans, neuf ou dix nouvelles ; ce prosateur que l'ange de la poésie n'a jamais effleuré de son aile ; ce matérialiste qui a formulé, dans un écrit réservé à quelques initiés, les articles de foi de l'athéisme ! Comparer l'auteur de la *Dévotion à la croix (la Devocion a la cruz)* à l'auteur de la *Notice sur Henry Beyle :* un poète seul pouvait commettre une pareille hérésie ! Les grands poètes, — et Alfred de Musset en était un, — ne sont le plus souvent que des *enfants sublimes*, et, à ce titre, il doit leur être beaucoup pardonné, car en bien des rencontres ils ne savent pas ce qu'ils disent !

V

C'est encore sous un pseudonyme que parut, en 1827, le second ouvrage de Mérimée, *la Guzla, ou choix de poésies illyriques recueillies dans la Dalmatie, la Bosnie, la Croatie et l'Herzégowine.* Trois ans auparavant, le savant Fauriel avait publié les *Chants populaires de la Grèce moderne,* et, la première fois que Mérimée lui avait été présenté, il l'avait engagé à traduire les romances espagnoles d'après le même système qu'il venait d'appliquer aux chants grecs (1). L'auteur du *Théâtre de Clara Gazul* — remarquons en passant que *Guzla* était l'anagramme de *Gazul,* — trouva plus ingénieux de fabriquer lui-même de prétendus chants populaires. Il apprit cinq à six mots de slave, lut le *Voyage en Dalmatie* de l'abbé Fortis, et, à l'aide de ce léger bagage, écrivit une vingtaine de ballades, qu'il enrichit de notes et fit imprimer mystérieusement à Strasbourg. Elles étaient précédées d'une *Notice sur l'auteur, Hyacinthe Maglanovich, joueur de guzla* (2), comme le *Théâtre de Clara Gazul* était précédé d'une *Notice* sur la *Comédienne espagnole.*

Tout cela ne témoignait point assurément d'une bien grande fertilité d'imagination. Le tour était pi-

---

(1) Sainte-Beuve, *Portraits contemporains,* t. II, p. 564.
(2) « Les bardes slaves courent les villes et les villages en chantant des romances et s'accompagnant avec une espèce de guitare nommée *guzla,* qui n'a qu'une seule corde faite de crin. » (Préface de *la Guzla,* édition de 1827.)

quant néanmoins, et encore qu'il ait été très mal pris par cet excellent Fauriel, lequel y vit un pastiche assez irrévérencieux de sa grande et sérieuse publication, on doit reconnaître qu'il était bien joué. Un savant anglais, auteur d'une anthologie slave, M. Bowring, écrivit à Mérimée pour lui demander les vers originaux qu'il avait si bien traduits ; un savant allemand, M. Gerhart, reconnut sous sa prose le mètre des vers illyriques. Enfin, pour comble de gloire, le grand poète Pouchkine traduisit en russe quelques-une des ballades de la *Guzla*. Il paraît qu'en France nous sommes moins naïfs, car personne ne prit souci de l'*Amour en bouteille*, de *Cara Ali le vampire*, de la *Triste Ballade de la noble épouse d'Asan-Aga*, ni des autres ballades qu'Hyacinthe Maglanovich chantait en s'accompagnant de sa guitare. « Il ne se vendit guère, écrivait Mérimée lui-même en 1840, qu'une douzaine d'exemplaires de la *Guzla*, et le cœur me saigne encore en pensant au pauvre éditeur qui fit les frais de cette mystification. »

La *Jacquerie*, qui parut, en 1828, sous ce titre : *la Jacquerie, scènes féodales, suivies de la Famille de Carvajal, par l'auteur du Théâtre de Clara Gazul*, n'eut pas beaucoup plus de succès que la *Guzla*.

Il nous est arrivé de dire plus haut qu'entre Mérimée et Balzac il n'y avait peut-être eu de commun que l'idée de prendre *Cromwell* pour héros de leur première œuvre et de donner à cette œuvre la forme dramatique. Nous nous trompions. Nous avons en effet sous les yeux l'édition originale de la *Jacquerie*, et nous voyons que ce volume est sorti des presses de *H. Balzac, imprimeur, rue des Marais-Saint-Germain*, 31. Ce *H. Balzac, imprimeur*, n'était autre que le grand romancier, à qui ses spéculations de librairie ne réussirent pas beaucoup mieux qu'à Walter Scott son association commerciale avec Ballantyne et Constable.

Comme la *Guzla*, la *Jacquerie* est un pastiche ; — pastiche d'un genre alors en vogue, qui tenait à la fois de l'histoire et du drame, dont le président Hénault avait donné l'exemple dans son *François II*, et dont M. Vitet avait donné le modèle dans ses *Scènes de la Ligue*, publiées en 1826.

Le sujet choisi par Mérimée, — la révolte des paysans du Beauvoisis au quatorzième siècle, — avait cela de dangereux, qu'il était difficile d'éviter la dispersion et l'éparpillement des scènes, et de faire sortir de la multiplicité des épisodes cette unité d'intérêt, sans laquelle il n'y a point d'œuvre dramatique. L'auteur n'a point su triompher de cette difficulté, ou plutôt il semble n'avoir cherché et voulu qu'une chose : peindre le moyen âge sous les couleurs les plus odieuses et l'humanité sous les traits les plus méprisables.

Quand on lit les premières pages, — les scènes du château d'Apremont et celles de l'abbaye de Saint-Leufroy, — on croit avoir affaire à un ennemi des nobles et des prêtres, à un vengeur de ces pauvres Gaulois si méchamment mis à mort par les Francs, et que les gens des communes vont apparaître et écraser de leur supériorité ces seigneurs couverts de sang et ces moines couverts de boue. Mais lorsque les bourgeois de Beauvais entrent en scène, c'est pour jouer à leur tour un rôle honteux, et rien n'égale leur lâcheté, si ce n'est leur mépris pour les vilains et les gens de métier. Quant aux vilains, ce sont eux que l'auteur maltraite le plus : chiens couchants la veille de la révolte, bêtes féroces le lendemain.

Certes, les *Lettres* où Augustin Thierry a retracé les *Conjurations* qui donnèrent naissance aux communes renferment bien des erreurs ; la vérité historique y est en plus d'un endroit dénaturée et faussée : elles n'en demeurent pas moins une œuvre vivante, parce que le cœur de l'historien a battu en les écrivant ; parce que l'auteur, s'il a été partial, puisait du moins cette partialité dans un sentiment élevé et généreux, l'amour de la liberté et de la justice (1). Mérimée a peint les luttes du passé sans amour comme sans haine, indifférent aux passions des hommes qu'il mettait en scène. Aussi son livre est-il une œuvre morte. L'ironie et le scepticisme sont de mauvais conseillers dans les lettres comme dans la vie.

Que si l'on nous trouvait trop sévère, nous rappellerions qu'un admirateur de Prosper Mérimée, l'auteur de la Notice que lui a consacrée la *Biographie des Contemporains*, porte sur la *Jacquerie* un jugement qui se rapproche beaucoup du nôtre. « Le lien, dit-il, qui tient cette suite de scènes est assez léger : s'il suffit à l'unité, il ne suffit pas toujours à l'intérêt. On

---

(1) *Lettres sur l'Histoire de France*, 1828.

voit que l'auteur écrit en se jouant et ne prend pas fort au sérieux ses ouvrages (1). » — Gustave Planche a consacré à Prosper Mérimée, dans la *Revue des Deux Mondes* de 1832, un panégyrique où déborde l'enthousiasme. Voici pourtant comme il juge la *Jacquerie* :

> C'est une lecture sans attrait et souvent fatigante. Le continuel éparpillement de l'action, la brièveté de la plupart des scènes et, ce qui est pis encore, l'absence de volonté même implicite dans l'œuvre tout entière, la monotone succession des scènes de pillage et de meurtre, constituent, si l'on veut, une réalité possible, mais sans intérêt poétique, sans animation et sans puissance. Dans une préface d'une douzaine de lignes, l'auteur dit qu'il a voulu suppléer au silence de Froissart. Puisqu'en effet les renseignements historiques sur la Jacquerie sont rares et énigmatiques, le poète (!!) avait beau jeu et pleine liberté. Au lieu de perdre son temps en conjectures érudites, il eût mieux fait d'inventer hardiment. S'il n'avait consulté que sa fantaisie, il n'aurait pas répudié l'unité, dont l'absence est regrettable dans la *Jacquerie* (2).

Il est impossible de lire la *Jacquerie* sans fatigue ; il est difficile d'aller jusqu'à la dernière scène. Etait-ce pour réveiller le lecteur assoupi que Mérimée avait eu l'idée de terminer son volume par la *Famille de Carvajal?*

« La *Famille de Carvajal*, dit Gustave Planche,

---

(1) T. IV, p. 456.
(2) *Portraits littéraires*, par Gustave Planche, t. I, p. 189.

est un poème terrible, d'un haut mérite, mais qui ne ressemble pas mal aux écorchés de Géricault. Il serait fort à regretter que l'imagination humaine ne s'exerçât que sur de pareils sujets; cependant, comme l'art consacre tout ce qu'il touche, comme le crime, si hideux qu'il soit, s'ennoblit et s'élève en se poétisant, on ne saurait nier la beauté de la *Famille de Carvajal* (1). »

Ce prétendu *poème,* qui a eu le privilège de réchauffer la verve du plus froid de tous les critiques, n'est, au demeurant qu'un drame monstrueux, dans lequel on voit une fille qui poignarde son père, et, pour reposer l'esprit du spectateur, un mari qui empoisonne sa femme. Gustave Planche ose comparer cette toile sans nom aux admirables ébauches de Géricault ; j'en appelle de Gustave Planche ivre à Prosper Mérimée à jeun. Ce dernier s'est du moins rendu justice, et il nous apprend, dans la Préface de la *Famille de Carvajal,* que sa pièce est faite pour être jouée à bord de quelque corsaire, par des gens de sac et de corde, qui ont vu trente abordages et autant de tempêtes! — Une seule excuse pourrait être invoquée en faveur de cette œuvre déplorable : ce n'était sans doute qu'une mystification comme la *Guzla,* et j'imagine que l'auteur aurait volontiers écrit en tête de son drame : *Autre guitare.*

(1) *Op. cit.,* p. 190.

VI

Il se faisait temps cependant que Mérimée prît sa revanche. Il reparut devant le public en 1829, avec un roman : 1572. *Chronique du règne de Charles IX.* La première édition porte cette épigraphe, qui n'a pas été reproduite dans les éditions suivantes : « Ce que les Sarazins et barbares iadys appeloyent proesses, maintenant nous appelons briguanderies et meschancetez. — *Rabelais.* »

Il y a dans ce livre d'excellentes qualités. La narration ne vise qu'à être amusante et elle y réussit. Le romancier, qui a choisi pour sujet un épisode de la Saint-Barthélemy, ne s'attarde point pour déclamer ou pour disserter : *Scribitur ad narrandum.*

Dans la *Chartreuse de Parme*, Stendhal, le maître de Prosper Mérimée, nous montre son héros, le jeune Fabrice, assistant à la bataille de Waterloo, la traversant en quelque sorte et nous rendant l'impression de cette terrible journée, sans avoir l'air d'y toucher, si je puis parler ainsi, et par le simple récit de ce qui lui est personnel. Bernard de Mergy, le héros de la *Chronique du règne de Charles IX*, traverse de même la nuit du 24 août 1572, et Mérimée a su rendre l'impression de cette nuit exécrable sans phrases, sans exagérations, sans montrer autre chose que le coin du tableau où ses personnages sont naturellement en scène.

Est-ce à dire que la *Chronique du règne de Charles*

IX soit un beau livre, un roman historique digne de prendre place au-dessous des chefs-d'œuvre de Walter Scott, à côté du *Cinq-Mars* d'Alfred de Vigny ? Je ne le pense pas.

Si l'on cherche quel en est le sujet, on ne trouve rien autre chose qu'une *anecdote*, et l'auteur lui-même l'a si bien senti, qu'il a écrit, au début de sa *Préface*, ces paroles significatives : *Je n'aime dans l'histoire que les anecdotes*. Bernard de Mergy, gentilhomme protestant, arrive à Paris, au mois de mai 1572, pour prendre du service dans l'armée qui doit aller combattre, en Flandre, sous les ordres de Coligny. Le nouveau débarqué obtient sans coup férir le grade de cornette, ramasse le gant que laisse tomber devant lui la comtesse Diane de Turgis, une des beautés les plus légères de la cour, se bat en duel avec M. de Comminges, le tue et, à peine remis de la blessure qu'il a lui-même reçue, le remplace auprès de la comtesse. Diane est catholique, elle a été instruite par la reine-mère du prochain massacre, et, la nuit même du 24 août, elle presse Bernard de se convertir, de sauver sa vie et son âme. Elle réussit à le soustraire aux coups des assassins, mais ne peut obtenir de lui qu'il se sépare de ceux qu'il appelle les martyrs de l'Evangile. Bernard de Mergy quitte Paris quelques jours après, gagne la Rochelle, que La Noue *Bras-de-fer* défend contre l'armée royale, et dirige contre les assiégeants une sortie dans laquelle son frère, le capitaine George, qui commande un gros de cavaliers ennemis, est blessé à mort. Mergy se consola-t-il ? Diane et Bernard se sont-ils revus ? « Je le laisse à décider au lecteur qui, de la sorte, terminera toujours le *roman* à son gré. »

On voit, par cette rapide analyse, que le *roman* de Mérimée,— puisque roman il y a,— ne contient pas le développement suivi d'une action ayant son commencement, son milieu et sa fin. Il n'y a pas de fin, en effet, et pourquoi y en aurait-il une ? L'auteur ne s'est attaché nulle part à tracer des caractères, à peindre des passions : il n'a voulu encore une fois que conter une *anecdote*.

De ses différents personnages, il n'en est pas un seul auquel on se puisse intéresser. L'héroïne, Diane de Turgis, dont le nom se retrouve à la dernière page, a disparu depuis longtemps du récit, sans que l'auteu ait pris la peine de nous dire comment et sans que le lecteur ait la moindre envie de lui demander pourquoi. Mérimée aurait pu de même laisser en chemin son héros, Bernard de Mergy, et continuer son récit avec ce qui lui serait resté de monde : nul n'y aurait pris garde.

En dépit de son enthousiasme de commande, Gustave Planche porte à peu près le même jugement que nous sur la *Chronique du règne de Charles IX* :

Malheureusement, dit-il, il n'y a pas de roman. C'est une série d'aventures bien dites, mais ordonnées presque au hasard, sans enchaînement nécessaire. Dans sa préface, l'auteur paraît s'être jugé lui-même à peu près dans le même sens : il donne son livre pour un extrait de ses lectures. C'est beaucoup mieux et beaucoup plus qu'un extrait ; mais il semble indiquer qu'il n'a pas eu la prétention de composer un poème, et c'est aussi notre opinion.

Faut-il maintenant descendre dans les détails et montrer, après un critique aussi érudit qu'ingénieux, M. Charles Magnin, que les couleurs historiques de la *Chronique de Charles IX* ne sont rien moins qu'exactes (1)? Faut-il rappeler qu'ici encore la plume de Prosper Mérimée n'a pas reculé devant les tableaux les plus licencieux, et qu'il est allé volontairement et misérablement échouer sur l'écueil du libertinage ? Ce n'est pas sans ennui que je reproduis sans cesse cette accusation d'immoralité; mais à qui la faute ?

Il est, d'ailleurs, quelque chose de plus condamnable encore que ces peintures grossières où se complaît l'auteur du *Théâtre de Clara Gazul*, c'est le parti pris de pessimisme qui éclate dans la *Chronique du règne de Charles IX*, comme dans ses précédents ouvrages. Qu'ils soient protestants ou catholiques, ses personnages sont tous également vicieux. Pour lui, la religion n'est qu'un masque, la vertu n'est qu'un mot : le vice seul est une réalité. Comment, après avoir fermé ces pages, ne pas se sentir l'âme plus faible, le cœur moins haut ? « Quand une lecture vous élève l'esprit, a dit excellemment la Bruyère, et qu'elle vous inspire des sentiments nobles et courageux, ne cherchez pas

---

(1) Article publié dans le *Globe* du 25 avril 1829, et reproduit au Tome premier des *Causeries et Méditations historiques et littéraires* par M. Charles Magnin, 1843.

une autre règle pour juger de l'ouvrage ; il est bon et fait de main d'ouvrier. » N'est-ce pas rester fidèle à la pensée de la Bruyère et la compléter seulement, que d'ajouter : Quand un livre vous abaisse l'esprit et qu'il vous inspire des sentiments de découragement et de scepticisme, ne cherchez pas une autre règle pour juger de l'ouvrage ; il est mauvais et la lecture en est malsaine.

VII

La *Chronique du règne de Charles IX* est du mois de mars 1829. C'était l'époque où le docteur Véron fondait la *Revue de Paris*. La Revue était hebdomadaire, et, paraissant par livraisons de moins de quatre-vingts pages chacune, ne comportait pas les longs articles. Son directeur demanda à Mérimée de lui donner de courts récits. Celui-ci le servit à souhait et publia successivement, dans la *Revue de Paris*, de mai 1829 à juin 1830, *Mateo Falcone, Vision de Charles IX, Federigo, l'Enlèvement de la redoute, Tamango, le Vase étrusque* et *la Partie de trictrac*.

Nous reviendrons dans quelques instants sur ces nouvelles, qui sont restées le principal titre de Prosper Mérimée. Bornons-nous ici à faire remarquer que l'auteur du *Théâtre de Clara Gazul*, qui, par un raffinement d'homme du monde, n'avait encore signé aucun de ses ouvrages, mit pour la première fois son nom au bas de *Mateo Falcone* (mai 1829). Le succès obtenu par cette nouvelle et par celles qui suivirent le révéla véritablement au public et étendit rapidement sa réputation, renfermée jusque-là dans un cercle assez restreint d'hommes du monde, de lettrés et d'artistes.

La *Partie de trictrac* avait paru à la veille des journées de juillet. Lorsqu'elles éclatèrent, Mérimée était en Espagne. Si peu qu'il s'occupât de politique, il avait cependant pris place dans les rangs du *libéralisme* et avait même quelque peu écrit dans le *National*. La révolution nouvelle n'était donc pas pour lui déplaire, en raison surtout du caractère antireligieux qu'elle avait revêtu ; car c'est par ce côté seulement qu'il était et qu'il resta *libéral* : de la liberté, il se souciait médiocrement ; mais son scepticisme n'allait pas sans une violente haine de la religion et du clergé. Il eut néanmoins le bon goût de ne point interrompre son voyage pour revenir à Paris et pour se joindre aux vainqueurs. Il resta en Espagne jusqu'à la fin de 1830, et les lettres qu'il adressa, de Madrid et de Valence, à la *Revue de Paris,* dans les mois d'octobre et de novembre 1830, ne renferment pas la moindre allusion à la révolution qui venait de s'accomplir. C'était le fait d'un galant homme.

De retour en France au commencement de 1831, Mérimée trouva ses amis installés au pouvoir. Il accepta d'être chef de cabinet du comte d'Argout qui fut successivement, de 1831 à 1834, ministre de la marine, du commerce et de l'intérieur. C'était le temps où M. Ximénès Doudan était le chef du cabinet de M. le duc de Broglie. On le voit, à cette époque, aujourd'hui perdue dans la brume des fictions mythologiques, les chefs de cabinet des ministres étaient des hommes d'esprit et des écrivains de talent : *tempi passati!*

En acceptant un poste politique,— il joignit bientôt à ses fonctions de chef de cabinet le titre de maître des requêtes au conseil d'Etat, — Mérimée n'avait point entendu renoncer à ses travaux littéraires, et, en 1833, il publiait un nouveau roman, intitulé *la Double méprise*.

Le sujet est emprunté à la vie moderne. Nous ne sommes plus au seizième siècle, mais au dix-neuvième ; la *Double méprise* est une *scène de la vie parisienne*, qui pâlit singulièrement auprès de celles que Balzac traçait à la même époque ; — ou plutôt, ici encore nous n'avons qu'une *anecdote*, bonne tout au plus à défrayer une courte nouvelle, et dont l'auteur a eu tort de vouloir tirer un volume. M. Léo Joubert, dans sa remarquable étude sur Mérimée, publiée en 1875 par la *Revue de France*, a dit avec raison :

> Tout l'esprit que l'auteur a mis dans le récit de cette aventure ne la rend ni plus vraisemblable ni moins choquante. Quelques amateurs regardent ce roman comme son chef-d'œuvre ; je le prendrais plutôt pour une gageure impertinente. Avec une gageure, on ne fait pas un ouvrage durable : la *Double méprise*, médiocrement remarquée à son apparition, n'est plus lue aujourd'hui.

A cette date de 1833, où paraissait la *Double méprise*, George Sand publiait ses premiers romans, ses éloquents réquisitoires contre le mariage, œuvres mauvaises, à coup sûr, mais ardentes, passionnées. Pour être sec et froid, le livre de Mérimée n'est pas moins immoral, car le scepticisme est plus corupteur que la passion. George Sand a essayé de mettre le cœur à droite, elle a plaidé pour la révolte contre le devoir, et nous n'avons garde d'excuser son entreprise; mais il y a quelque chose de plus détestable, c'est de nier l'amour et avec lui tous les sentiments nobles et généreux, c'est de vouloir que le cœur ne soit ni à gauche. ni à droite, c'est de dire, comme l'auteur du *Théâtre de Clara Gazul*, de la *Famille de Carvajal*, de la *Chronique de Charles IX* et de la *Double méprise :* le cœur n'existe pas.

VIII

Les sept années qui s'écoulèrent de 1833 à 1840 peuvent être dites, dans la vie littéraire de Mérimée, sept années maigres. Sauf deux courtes nouvelles, *les Ames du Purgatoire* (1834) et *la Vénus d'Ille* (1837), il ne publia, en effet, pendant ces sept ans, que des livres d'archéologie.

Le 16 mai 1834, il avait été nommé inspecteur général des monuments historiques, en remplacement de M. Vitet, nommé secrétaire général du ministère de l'intérieur. Ses tournées d'inspection donnèrent naissance à quatre volumes, qui parurent en 1835, 1836, 1838 et 1840, sous le titre de : *Notes de voyage dans le Midi de la France*, — *dans l'Ouest de la France*, — *en Auvergne*, — *en Corse*.

Il semble qu'en écrivant ces *Notes de voyage*, l'auteur se soit dit : « Méfions-nous ! Evitons avec soin de cueillir des fleurs sur ces ruines, et de peur qu'on ne puisse m'accuser d'avoir composé, moi aussi, des *impressions de voyage*, bornons-nous à rédiger des procès-verbaux. Prenons garde qu'on ne retrouve chez moi le romancier, et pour cela soyons le plus froid, le plus aride, le plus ennuyeux des antiquaires. Déguisons-nous ! » C'est à merveille ! Seulement, dans ces quatre volumes, l'*auteur du théâtre de Clara Gazul* s'est trop déguisé.

Aussi bien, l'eût-il voulu, Mérimée aurait été incapable, non sans doute de raconter avec agrément les légendes ou les faits historiques dont le souvenir se rattachait aux monuments qu'il était appelé à décrire, mais de reproduire la physionomie de ces monuments et des paysages qui les encadrent. La plume à la main, il cessait d'être peintre et il n'avait pas de couleur dans son encrier.

Chose étrange ! De tous les écrivains de notre temps, il n'en est pas un seul, — si l'on excepte son ami Ampère, — qui ait autant couru le monde : auprès de Prosper Mérimée, Théophile Gautier lui-même est un bourgeois casanier et sédentaire. Mérimée est allé quinze fois en Angleterre et dix fois en Espagne. Il a fait de fréquentes excursions en Allemagne, en Suisse et en Italie. Il est allé deux fois en Grèce, il est allé en Algérie et en Asie-Mineure. Eh bien ! c'est vainement que l'on chercherait, soit dans ses livres, soit dans sa correspondance, une seule page où revive l'impression des lieux qu'il a visités, une seule page où se reflète la lumière du ciel, où respire la fraîcheur des eaux et des bois. N'étaient quelques lignes de *Colomba*, sur le panorama du golfe d'Ajaccio, ce serait à croire qu'il ne s'est jamais éloigné du ruisseau de la rue de Lille.

Lorsqu'il adressait à la *Revue de Paris*, en 1830, ses lettres d'Espagne, il n'était pas un personnage officiel, un inspecteur en tournée; il n'était qu'un touriste, comme le sera Théophile Gautier, quelque dix ans plus tard. Qu'y trouve-t-on? le récit d'une course de taureaux et celui d'une pendaison, des histoires de voleurs et de galériens. Et c'est tout. Un des lecteurs de *Tra-los-Montes* disait, en fermant le livre : « Il paraît qu'il n'y avait pas d'Espagnols en Espagne lorsque M. Gautier y est allé. » Il paraît que lorsque Mérimée a visité l'Espagne, il n'y avait pas de villes au delà des Pyrénées, pas de cathédrales, pas de montagnes et de vallées; il n'y avait que des toreros et des bandits. Assurément, celui-là n'était ni un grand artiste ni un grand écrivain, qui a pu ainsi visiter l'Espagne et l'Italie, l'Allemagne et la Grèce, et l'Asie et l'Afrique, sans en rapporter une seule toile, une seule esquisse, une seule image. Ce n'était qu'un conteur habile, et il ne le prouva jamais mieux que lorsque, au lendemain de la publication de ses *Notes de voyage en Corse*, il fit paraître *Colomba* dans la *Revue des Deux-Mondes* du 15 juillet 1840.

C'est ici le moment de tenir la promesse que nous avons faite plus haut et d'apprécier ses nouvelles.

IX

Composées avec un soin infini, celles dont nous avons déjà eu occasion de rappeler les titres, et deux autres rappelées depuis, *Arsène Guillot* (1844) et *Carmen* (1845), sont des œuvres d'une rare valeur. Mais convient-il d'y voir, comme l'ont fait jusqu'ici tous les critiques — à l'exception d'un seul, M. Barbey d'Aurevilly — des morceaux achevés, exquis, d'une perfection inouïe, des chefs-d'œuvre incomparables, qui placent Mérimée au premier rang des romanciers de son temps ? Nous ne le pensons pas, pour notre part, et nous n'hésitons pas à nous séparer sur ce point de l'opinion commune.

La première qualité du conteur, c'est l'imagination. Mérimée en a aussi peu que possible. Il semble qu'il ait peur d'inventer, et ses récits le plus souvent se bornent à quelques pages. Tandis que George Sand, Alexandre Dumas, Charles de Bernard, Frédéric Soulié, Eugène Sue, se livraient autour de lui à une production incessante ; tandis que Balzac, par exemple, donnait, en 1841, *Une ténébreuse affaire*, *Le Curé de village*, *Un ménage de garçon*, *Le Martyr calviniste*, *La Fausse Maîtresse*, *Ursule Mirouët*, *Les Mémoires de deux jeunes mariés* et la *Physiologie de l'Employé*, c'est-à-dire douze volumes en une seule année (1), en seize ans, de 1829 à 1845, Mérimée pu-

---

(1) Voy. l'*Histoire des Œuvres de H. de Balzac*, par le vicomte de Spoelberch de Lovenjoul, p. 325.

bliait une douzaine de nouvelles, presque toutes très courtes, et qui, réunies, ne forment pas deux volumes. Je sais bien qu'on lui en a fait un titre de gloire ; on lui a su gré d'avoir résisté à la contagion et de ne s'être point départi, malgré les exemples d'intempérance qu'il avait sous les yeux, de ses habitudes de sobriété : me sera-t-il permis d'avouer que cette sobriété tant admirée n'est, à mes yeux, qu'une marque d'impuissance ? La fécondité est le signe de tous les grands artistes, depuis Shakespeare jusqu'à Victor Hugo, depuis Raphaël jusqu'à Rossini.

Prosper Mérimée s'est attaché à dissimuler la pauvreté ou l'absence d'invention par la violence et l'exagération des moyens qu'il met en œuvre. Ce ne sont partout, dans ses nouvelles comme dans son *Théâtre de Clara Gazul,* que coups de fusil et coups de couteau. Cette femme d'esprit qui disait : « Il faut à table de grands couteaux et de petites histoires, » devait aimer les livres de Mérimée. On y trouve justement tout cela : *de petites histoires et de grands couteaux.*

Dans *Colomba,* il y a un *coup double* qui fait merveille. Dans *Mateo Falcone,* il n'y a qu'un seul coup de fusil, mais il en vaut deux ; il est tiré par un père, qui fusille à dix pas son fils âgé de dix ans. Ailleurs, dans *Tamango,* ce sont des nègres qui massacrent l'équipage du brick *l'Espérance, déchiquettent* et coupent les cadavres en morceaux, et qui, après ce bel exploit, hors d'état de conduire le navire, meurent de misère et de faim. La *Partie de trictrac* commence par un suicide ; à la fin, le héros, le lieutenant de vaisseau Roger, mortellement blessé dans un abordage, est jeté par-dessus le bord, encore vivant, par son meilleur ami, auquel il avait fait promettre, avant le combat, de lui rendre ce pieux devoir. Don José Lizarrabengoa, le héros de *Carmen*, débute par tuer son lieutenant d'un coup de sabre et finit par tuer Carmen elle-même d'un coup de couteau. Entre ces deux meurtres, deux ou trois autres prennent place et remplissent les vides. *Lokis* célèbre sa nuit de noces en ouvrant, par une horrible morsure, la gorge de sa femme et en suçant son sang. Et, au milieu de ces scènes horribles, dans ce pêle-mêle d'adultères et de duels, de coups de fusil et de coups de poignard, jamais une émotion, jamais un cri du cœur, jamais une larme — pas même cette pauvre petite larme dont parle Dante dans le *Purgatoire* — *una lagrimetta* !

Tout cela, je le sais bien, importe assez peu aux admirateurs de Mérimée. L'originalité de sa manière et la perfection de son style le placent, suivant eux, hors des atteintes de la critique.

Lorsqu'on parle de *l'originalité* de Mérimée, on oublie qu'il est venu après Stendhal; que dès 1821, alors qu'il n'avait que dix-huit ans et que Stendhal en avait trente-sept, il s'est établi entre eux des relations de disciple à maître. Cette forme vive, rapide, où tous les coups portent, où rien n'est donné à la phrase, où tout est réservé à l'action, avait été enseignée par l'auteur de *Rouge et Noir* avant d'être employée par l'auteur de *Mateo Falcone*. « Le récit chez lui est vif, cru et brusque. Il y a profusion, à la fin, de balles et de coups de tromblon. » C'est Sainte-Beuve qui dit cela de Stendhal (1), et si on peut le redire de Mérimée, il faut bien reconnaître que l'originalité n'est pas au nombre des qualités qui le distinguent.

Déjà, dans les pages qui précèdent, n'avons-nous pas été amené, en examinant ses premiers ouvrages, à y constater de nombreuses traces d'imitation ? De même en est-il pour ses nouvelles, et ici nous laisserons parler un écrivain dont la sympathie pour Prosper Mérimée n'est pas douteuse, M. Léo Joubert. Après un vif éloge de *Mateo Falcone*, il ajoute : « Mérimée avait lu dans une vieille chronique corse l'histoire d'un père qui tue son fils tout enfant, parce que celui-ci a décelé la présence d'un bandit caché dans leur maison. Il transporta le fait de notre temps... — Dans la *Vision de Charles XI*, l'auteur assure qu'il traduit une pièce déposée dans les archives de Stockholm ; c'est une fiction. Une douzaine d'années plus tôt, une prétendue vision de Charles XI avait en effet paru dans quelques journaux allemands ; je suppose qu'elle venait du roi détrôné de Suède, Gustaffson, un illuminé à moitié fou. J'en ai lu la traduction dans une vieille revue anglaise de 1818 ou 1819... — Mérimée avait pris cette étrange légende de la *Vénus d'Ille* dans l'*Anatomie de la mélancolie* de Burton, quoiqu'il eût pu la trouver aussi ailleurs... — Le sujet de *Lokis* est pris peut-être dans quelque légende lithuanienne ; la partie psycho-

(1) *Causeries du Lundi*, t. IX, p. 266.

logique paraît inspirée d'un roman américain intitulé : *Elsie Venner* (1). » Une note, placée par Mérimée lui-même en tête de *Federigo*, nous apprend que le sujet de cette nouvelle est emprunté à « un conte populaire dans le royaume de Naples ». Les *Ames du Purgatoire* ne sont autre chose que la mise en œuvre d'une légende espagnole, celle de don Juan de Marana.

De cette originalité dont la critique a fait si bénévolement honneur à Mérimée, il y a donc beaucoup à rabattre. Reste son style. Est-il aussi parfait qu'on veut bien le dire, et devons-nous prendre au sérieux ce que l'on raconte de Victor Hugo qui, un jour, cherchant avec quelques amis l'anagramme de *Prosper Mérimée*, aurait trouvé dans les quatorze lettres de son nom ces deux mots : PROSE PREMIÈRE ? Le style de Mérimée est net, incisif, correct, d'une précision remarquable. Mais il est froid, dur, sans élévation, et ici encore, dans ces phrases d'un laconisme et d'une sécheresse implacables, on retrouve l'influence de Stendhal, qui préférait carrément au style de Pascal et de Bossuet celui des rédacteurs du Code civil (2). Si l'auteur du *Théâtre de Clara Gazul* n'a pas suivi son maître jusque-là, il a, comme lui, fait fi de toutes les beautés et de toutes les grâces de la parole, de toutes les richesses des l'imagination, de toutes les

---

(1) Léo Joubert, *Revue de France*, juillet 1875.

(2) « En composant la *Chartreuse de Parme*, pour prendre le ton, je lisais chaque matin deux ou trois pages du Code civil. » (Stendhal, *Correspondance inédite*, lettre à Honoré de Balzac, t. II, p. 295.)

splendeurs de l'éloquence. On l'admire pour avoir écrit pendant quarante ans sans faire une phrase. C'est un mérite, je le veux bien, mais un mérite négatif. J'accorde que Mérimée était *un vieux renard et des plus fins ;* mais quand je l'entends s'élever contre l'image, contre la phrase, contre tout ce qui *fait longueur* dans le style ; quand je l'entends parler comme le renard de la fable :

> Que faisons-nous, dit-il, de ce poids inutile
> Et qui va balayant tous les sentiers fangeux ?
> Que nous sert cette queue ? Il faut qu'on se la coupe ;

je suis toujours tenté de lui répondre : *Votre avis est fort bon,*

> Mais tournez-vous, de grâce, et l'on vous répondra.

Au surplus, Stendhal lui-même jugeait à merveille le style de son disciple, lorsque, chargé par lui d'examiner un de ses manuscrits, il le lui retournait après avoir écrit en marge de chaque page : *Sec! sec!* Il lui disait, dans une lettre datée du 26 décembre 1829 : « Je serais trop sévère pour votre style que je trouve un peu *portier...* Vous avez peur d'*être long.* Cela sent le goût *vaudevillique* de 1829 (1). »

Nous voilà bien loin des enthousiasmes auxquels nous ont habitués les panégyristes de Mérimée, et en particulier son ami Sainte-Beuve. Quoi qu'il en soit, le critique des *Causeries du Lundi* n'est point un

---

(1) *Correspondance inédite* de Stendhal, t. II, p. 80.

homme dont il soit permis de dédaigner les jugements, et lorsqu'il écrit : « *Le Vase étrusque, la Prise d'une redoute, Colomba*, sont des chefs-d'œuvre, chacun dans son genre (1) », force nous est bien, malgré la longueur des développements dans lesquels nous sommes déjà entré, de nous arrêter un instant et de dire au moins quelques mots sur chacun de ces trois *chefs-d'œuvre*.

Sur le premier, nous laisserons parler un écrivain assurément peu suspect.

L'engouement des lecteurs pour M. Prosper Mérimée, écrivait Gustave Planche en 1832, ne s'est déclaré bien franchement et avec tous les caractères d'une véritable épidémie qu'après le *Vase étrusque*. Or, je ne crains pas de le dire hautement, et tous les hommes de réflexion et de bonne foi se rangeront à mon avis, le *Vase étrusque* est le pire, le plus maniéré, le moins vrai, le moins naïf, le moins simple de tous les ouvrages de Mérimée... Les conversations du déjeuner ne valent rien. Le voyage d'Égypte est presque inintelligible pour ceux qui ne connaissent pas l'original. Le dénouement ne dénoue rien. A tout prendre, c'est un récit plein de coquetterie, de papillotage, de faut goût et qui fait tache dans les œuvres sévères et châtiées de l'auteur (2).

Gustave Planche, on le sait, avait la main un peu lourde ; il l'a laissé tomber sur le *Vase étrusque* et le

---

(1) Sainte-Beuve, *Causeries du Lundi*, t. VII, p. 305.
(2) *Portraits littéraires*, t. I, p. 195.

fragile *chef-d'œuvre* a aussitôt volé en éclats. C'est égal, les morceaux en sont bons.

Le second *chef-d'œuvre* est cette *Prise de la redoute* que déjà, en 1831, Sainte-Beuve déclarait *sublime*. Le sujet est des plus simples. Un jeune lieutenant, qui sort de l'école de Fontainebleau, le lieutenant P..., arrive à l'armée la veille de la bataille de la Moskowa. Le lendemain son régiment est chargé d'enlever la redoute de Cheverino. La redoute est prise; mais le colonel est blessé à mort, ainsi que tous ses officiers, sauf le lieutenant, à qui revient, comme au plus ancien — il est au régiment depuis vingt-quatre heures — le commandement en chef.

Le mot, ou plutôt la lettre de la fin — « *F...! mon cher, mais la redoute est prise!* » est bien amené; le récit est lestement et vigoureusement enlevé, comme la redoute. Ce n'est qu'un tableau de chevalet, mais qui en dit plus long, dans son petit cadre, que l'immense toile de M. Thiers sur le même sujet.

N'exagérons rien pourtant. L'*Enlèvement de la redoute* n'a que six pages : c'est bien peu pour un *chef-d'œuvre*. Objectera-t-on que tel conte de Voltaire, tel pamphlet de Paul-Louis Courier, qui n'ont que sept ou huit pages, sont néanmoins, de l'aveu de tous, de véritables chefs-d'œuvre? Je répondrai que, s'ils ont mérité ce titre, c'est parce qu'ils sont écrits avec une perfection achevée, avec un naturel ou avec un art exquis. C'est le style en pareil cas qui fait pencher la balance. Or le style de Mérimée, dans la *Prise de la redoute*, est singulièrement dépourvu d'éclat et de

variété. J'y trouve cent trente-sept fois les mots *je,
me, moi* et *nous*; cent trente-sept fois en moins de six
pages, soit vingt-trois fois par page ! C'est beaucoup.
— En somme, l'*Enlèvement de la redoute* est une
belle esquisse, digne d'être mise à côté, mais non au-
dessus de la lettre de Stendhal sur l'incendie de Mos-
cou (1). Nulle part, d'ailleurs, la marque de l'influence
de ce dernier n'est plus visible, et Mérimée a dû
écrire sa nouvelle à la suite de quelques-unes de ces
conversations avec l'auteur de la *Chartreuse de Parme*,
dont il a reproduit, dans sa *Notice sur Henry Beyle*,
de curieux fragments.

Beyle, dit-il, avait été officier quelques mois, et, comme
auditeur, il avait fait plusieurs campagnes, entre autres, celle
de Russie, en 1812, avec le quartier général de l'Empereur.
Naturellement brave, il avait observé la guerre avec curiosité et froidement... C'était surtout par ses côtés bizarres
et grotesques qu'il se plaisait à montrer la guerre. D'ailleurs,
il avait en horreur les exagérations de vanité nationale, et,
par esprit de contradiction, il se jetait souvent dans l'excès
contraire. De même que Courier, il se moquait impitoyablement de ce qu'on a depuis appelé le *chauvinisme*. Il
niait de parti pris toutes les harangues, tous les mots sublimes dits sur les champs de bataille. « Savez-vous ce que
c'est que l'éloquence militaire ? nous disait-il. En voici un
exemple : dans une affaire fort chaude, un de nos plus
braves généraux de cavalerie haranguait en ces termes ses
soldats près de se débander : « En avant, s... J'ai le c...

---

(1) *Correspondance inédite* de Stendhal, t. I, p. 16.

rond comme une pomme ! J'ai le c... rond comme une pomme ! » Ce qu'il y a de drôle, c'est que, dans le moment du danger, cela paraissait une harangue comme une autre, qu'on fit volte-face et qu'on culbuta l'ennemi (1).

On a, dans ce récit militaire de Stendhal, la note et le ton de l'*Enlèvement de la redoute*.

X

Nous arrivons à *Colomba*.

La critique n'a eu pour l'héroïne de Mérimée que des éloges sans restriction ; elle a pris toutes ses mesures pour qu'on ne puisse pas lui faire le reproche que Juvénal adressait à la critique de son temps :

Dat veniam corvis, vexat censura Colombas.

Est-ce donc qu'il n'y ait pas, ici encore, plus d'une réserve légitime à formuler ?

Le héros, Orso della Rebbia, est un *jeune premier* sans physionomie, sans caractère ; sous ce rapport, il ne lui sert de rien d'être Corse : *ancien lieutenant* de la garde impériale, il est aussi insignifiant que les *anciens colonels* des vaudevilles de M. Scribe. Miss Lydia n'est pas plus vivante : c'est une vignette de keepsake, une miss blonde qui s'amourache d'un uniforme bleu. Il est impossible au lecteur de s'intéresser,

---

(1) *Notes et Souvenirs, sur Henri Beyle*, par P. Mérimée, en tête de la *Correspondance* de Stendhal.

même un instant, aux amours de deux personnages aussi effacés; et quand on voit, après le *coup double* qui enlève à l'avocat Barricini ses deux fils, le récit se poursuivre pendant plusieurs chapitres pour aboutir au mariage de miss Lydia et d'Orso della Rebbia, on se demande à quoi bon, et l'on n'y attache pas plus d'importance que les spectateurs du Gymnase n'en attachent à ce mariage de convention, épilogue obligé de toutes les comédies.

Que dire des autres personnages ? Le préfet d'Ajaccio est un homme bien élevé et du meilleur monde — un préfet d'autrefois. Mais ce n'est pas *quelqu'un*, il n'existe pas. L'auteur lui-même l'a si bien senti, qu'il a cru inutile de lui donner un nom. Les honnêtes *bandits* qui font les commissions de Mlle Colomba, qu'elle visite dans leurs mâquis et qui viennent chez elle les jours où M. le préfet s'y trouve, relèvent directement de l'opéra-comique. Toutes les fois qu'ils paraissent sur la scène, on est étonné de ne pas entendre l'orchestre accompagner leur entrée ; — musique d'Auber.

Reste Colomba.

Dans ce caractère, l'amour fraternel a la première place, mais l'ardeur de la vengeance y a aussi sa part : car c'est là le trait particulier de la physionomie de cette jeune fille, de mêler ses idées de vengeance à son amour fraternel, tant que la mort de son père n'est pas vengée, et de se dévouer ensuite aux malheurs de son frère, une fois qu'il a accompli la terrible expiation que le destin lui a prescrite; aimant son frère de l'amour le plus tendre, le plus dévoué, mais l'aimant comme le chef de la famille, et ne comprenant pas que le sang de son père ne soit pas vengé, ni qu'un autre que son frère puisse en être le vengeur.

Ce portrait, qui s'applique avec une si parfaite exactitude à Colomba, et que j'emprunte au *Cours de littérature dramatique* de M. Saint-Marc-Girardin (1), est celui que l'éminent professeur a tracé d'Électre d'après Eschyle et Sophocle. C'est qu'en effet Prosper Mérimée n'a fait ici que reproduire le type créé par ces grands maîtres. Il a changé le cadre, mais il a copié le tableau. Il a donné à la sœur d'Oreste un autre nom et un costume différent; il a transporté la scène d'Argos à Bastia et fait d'Agamemnon un colonel de la grande armée, tué en revenant de la bataille de Waterloo, au lieu de l'être en revenant du siège de Troie. Qu'il y ait quelque chose de fort ingénieux dans cette façon d'habiller à la moderne les tragédies de l'antiquité; que Mérimée ait mis au service de cette très spirituelle idée beaucoup de talent et de verve, je suis loin de le méconnaître; mais il n'en reste pas moins que *Colomba* n'est point une *création;* c'est une statuette imitée de l'antique, une réduction de l'*Électre* de Sophocle, d'après le procédé Collas.

Sainte-Beuve, dans l'article spécial qu'il a consacré à la nouvelle de Prosper Mérimée, en 1841, s'étend longuement sur l'analogie que je viens de signaler et fait ressortir à quel point elle est complète (2). Aussi

---

(1) *Cours de littérature dramatique*, t. II, p. 93.
(2) *Portraits contemporains*, t. II, p. 385.

n'a-t-il garde de prononcer, ainsi qu'il le devait faire
plus tard, le mot de *chef-d'œuvre*. Il se borne à dire
que *Colomba* peut procurer « quelques heures d'aimable
lecture ». A la bonne heure ! Voilà la note juste.

En voilà bien long sur Mérimée romancier et conteur.
Comme romancier, entre Balzac et George Sand,
Mérimée n'existe pas. Comme conteur, il doit être
mis en bon rang, mais au-dessous pourtant de Charles
Nodier, d'Alfred de Vigny et d'Alfred de Musset.

Nodier a le sourire et la grâce ; il a le charme, cette
qualité si éminemment française et qui fait si complètement
défaut à l'auteur de la *Famille de Carvajal*.

Les trois nouvelles qu'Alfred de Vigny a réunies
sous le titre de *Servitude et grandeur militaires* forment
un des plus beaux livres de notre temps. La
scène muette entre l'empereur Napoléon et le capitaine
Renaud, la veille de la prise de Reims, pendant
la campagne de France, est admirable et mériterait,
bien mieux que l'*Enlèvement de la redoute*, l'épithète
de *sublime*. La scène du palais de Fontainebleau,
entre le pape et l'empereur, est également pleine de
grandeur, et l'histoire n'oubliera pas ces deux mots
que le poète a écrits sur le front de Napoléon Ier et
que toute l'eau de M. Thiers n'effacera pas : *commediante !
tragediante !* — Le *Cachet rouge* se termine
par une exécution ; qui pourrait, en lisant ce récit, se
défendre de pleurer ? Prosper Mérimée tue tout le
monde et jamais écrivain ne jeta tant de poudre aux
yeux ; mais ses coups de fusil ne font pleurer personne.

Dans *Emmeline*, dans *Frédéric et Bernerette*, Alfred de Musset abonde en traits charmants, en prodigalités merveilleuses. C'est un grand poète qui voyage dans les provinces de la prose, et dont l'incognito se trahit à chaque instant par ce je ne sais quoi qui révèle le prince sous l'habit du chambellan.

Horace, avec deux mots, en dit plus long que vous.

Ce sont ces deux mots que l'on ne trouve jamais dans les nouvelles de Mérimée, où la poésie, le sentiment et la passion, où l'âme enfin ne brille que par son absence.

XI

Charles Nodier étant mort le 27 janvier 1844, l'auteur de *Colomba* se mit sur les rangs pour le remplacer à l'Académie française. Déjà, le 18 novembre 1843, il avait été élu membre libre de l'Académie des inscriptions et belles-lettres, grâce à ses quatre volumes de *Notes de voyage*. Il avait même passé, dès le premier tour de scrutin, à une forte majorité, tant ces *Notes* archéologiques avaient été trouvées sèches, dures, et toutes semblables à de vrais petits cailloux, difficiles à digérer : l'idéal du genre! A l'Académie française, les choses n'allèrent pas si facilement. L'élection eut lieu le 14 mars 1844. Il y avait à pourvoir au remplacement de Casimir Delavigne et de Charles Nodier. Tandis que Sainte-Beuve était nommé, au second tour, à la place de Casimir Delavigne, ce fut seulement au septième tour de scrutin que Mérimée l'emporta sur ses concurrents et put entrer dans la place :

A la septième fois, les murailles tombèrent.

Dans une lettre au prince de Broglie, en date du 17 mars 1844, M. Doudan parle de cette double élection.

C'est toute une campagne, écrit-il, que cette élection de M. Sainte-Beuve et de M. Mérimée. D'abord, tous deux avaient passionnément envie d'y entrer et en convenaient de fort bonne grâce ; même M. Mérimée avait tiré le sort dans Homère, ouvrant le livre au hasard et prenant le premier vers de la page comme un présage sur son élection. A présent qu'il est élu, tous les vers prennent un sens parfaitement clair en faveur de sa nomination. M. Sainte-Beuve séchait sur pied, et il eût fallu être bien méchant pour ne pas lui donner sa voix (1).

Le lendemain de sa nomination, le 15 mars 1844, Mérimée fit paraître, dans la *Revue des Deux Mondes*, une nouvelle, *Arsène Guillot*, qui, publiée la veille, aurait peut-être compromis le succès de son élection.

L'histoire d'Arsène Guillot et de la marquise de Piennes, de la fille des rues et de la grande dame, avait un brin de *naturalisme*, qui, en 1844, à cette époque *arriérée*, scandalisa le lecteur ; la bonne compagnie se fâcha, et le nouvel académicien fut réduit à confesser l'insuccès de sa tentative. « *Arsène Guillot*, écrit-il à

(1) *Lettres* de X. Doudan, t. II, p. 44.

son *Inconnue*, fait un *fiasco* éclatant et soulève contre moi l'indignation de tous les gens soi-disant vertueux et particulièrement des femmes à la mode qui dansent la polka et suivent les sermons du P. Ravignan (1). »

L'année suivante, il fut plus heureux avec *Carmen*. « Rien de plus original, a dit M. de Loménie, que cette Manon Lescaut espagnole et bohémienne (2). » Pardon ! mais l'originalité ici fait défaut, précisément parce que Carmen est une copie de Manon Lescaut et don José une copie du chevalier des Grieux. « Cette Carmen, dit Sainte-Beuve, n'est autre chose qu'une Manon Lescaut d'un plus haut goût, qui débauche son chevalier des Grieux, également séduit et faible... Le pauvre don José, ensorcelé par ce démon de Carmen, passe par des vicissitudes analogues à celles du chevalier des Grieux... Il y a du rapport jusqu'à la fin, et don José, après avoir tué sa maîtresse, l'ensevelit dans la gorge de la montagne, presque aussi pieusement que des Grieux ensevelit la sienne dans le sable du désert (3). « Il semble même, à un certain moment, que le malheureux don José ait lu le livre de l'abbé Prévost et qu'il ait caressé l'idée d'aller, lui aussi, en Amérique, afin de pousser l'imitation jusqu'au bout. « Je projetais, dit-il, de changer de vie. Je parlai à Carmen de quitter l'Espagne et de chercher à vivre honnêtement dans le nouveau monde. » Dans *Manon*

---

(1) *Lettres à une Inconnue*, t. I, p. 220.
(2) Discours de réception à l'Académie française, par M. de Loménie.
(3) *Causeries du Lundi*, t. VII, p. 305.

Lescaut, c'est le héros, le chevalier des Grieux, qui raconte son histoire; de même aussi, dans *Carmen*, c'est le héros, le brigadier don José, qui s'acquitte de ce soin. Rien n'est donc moins original que le récit de Mérimée, aussi sec, du reste, aussi aride, que celui de l'abbé Prévost est émouvant et passionné.

Le procédé qu'il affectionne n'est nulle part plus apparent que dans *Carmen*. Ce *procédé*, il l'a défini lui-même, un jour que M. Emile Augier lui faisait compliment d'une petite nouvelle intitulée *la Chambre bleue* : « Il y a cependant un grand défaut, répondit-il, qui tient à ce que j'ai changé le dénouement; je comptais d'abord donner à mon récit un dénouement tragique et *naturellement* j'avais raconté l'histoire sur un ton plaisant; puis j'ai changée d'idée et j'ai terminé par un dénouement plaisant. Il aurait fallu recommencer et raconter l'histoire sur un ton tragique, mais cela m'a ennuyé, et je l'ai laissée là (1). » Dans *Carmen* le procédé s'étale en toute sa beauté. Le récit s'ouvre par une promenade archéologique sur le champ de bataille de Munda. Il se termine par une dissertation philologique sur la langue des Bohémiens. C'est entre ces deux chapitres écrits à souhait pour le plaisir des antiquaires, que l'auteur encadre une histoire où il n'est question que de bandits, d'assassinats et de potences. L'artifice est habile sans doute, puisque Mérimée en use si souvent et presque tou-

---

(1) *Prosper Mérimée à propos de lettres inédites*, par M. Othenin d'Haussonville (*Revue des Deux Mondes*, 15 août 1879).

jours avec succès; mais il est de ceux auxquels n'a recours ni un grand artiste, ni un vrai romancier.

Carmen a paru le 1ᵉʳ octobre 1845. Prosper Mérimée a quarante-deux ans, il est dans toute la vigueur de l'âge et du talent, et c'est à ce moment qu'il renonce à composer des œuvres d'imagination. A trente-sept ans, en pleine possession de son génie, Rossini avait cessé de produire. Est-ce donc que Mérimée ait fait, au lendemain de *Carmen*, ce que l'illustre compositeur avait fait, au lendemain de *Guillaume Tell?* Nullement. Il ne cessera, au contraire, pendant les vingt-cinq ans qui lui restent encore à vivre, de publier de nombreux volumes et des articles sans nombre; mais jamais plus il ne fera de romans ni de contes. A l'exception de *Lokis*, de *Il viccolo di Mᵐᵃ Lucrezia* et de la *Chambre bleue*, — qui ne comptent guère et qu'il écrivit, à la fin de sa vie, *par ordre*, — les seules nouvelles qu'il donnera seront traduites du russe. Il traduira *la Dame de Pique, les Bohémiens, le Hussard, le Coup de pistolet*, de Pouchkine, et *l'Inspecteur général* de Nicolas Gogol. Il publiera des livres d'histoire, — *l'Histoire de Don Pèdre, roi de Castille, les Faux Démétrius, les Derniers Cosaques, l'Histoire de Pierre le Grand*. Il se vouera, pendant de longues années, à la préparation d'une *Histoire de Jules César*. Il insérera, dans la *Revue des Deux Mondes* et dans le *Journal des Savants*, des travaux d'érudition et de critique. Si nous ne nous abusons, cette persistance de Mérimée dans la voie des études historiques achève de démontrer, ce que nous croyons au surplus avoir déjà suffisamment établi, qu'il n'avait pas un véritable tempérament de romancier. On ne peut servir deux maîtres à la fois. Les vocations vraies ne souffrent pas de partage. Si vous avez une véritable vocation de romancier, vous ne composerez pas de livres d'histoire. Vous n'écrirez pas de romans, si vous avez une véritable vocation d'historien. Se figure-t-on M. Guizot écrivant le *Lys dans la vallée*, ou Balzac écrivant l'*Histoire de la civilisation en Europe*?

Mérimée est un homme d'infiniment d'esprit qui s'est appliqué, suivant son caprice, à des genres essentiellement différents et qui a fait preuve dans tous d'un talent réel, mais qui, dans aucun, ne s'est élevé au premier rang.

Comme critique d'art et comme *reviewer*, il est clair, il est correct, il a l'intelligence et la science. Il n'a pas le sentiment, l'inspiration, l'enthousiasme. L'âme et le souffle lui font défaut. Quelle distance entre ses articles sur les *Arts au moyen âge* et les admirables études de M. Vitet, par exemple, sur *l'Église de Notre-Dame de Noyon*, sur *Eustache Lesueur* et sur la *Chanson de Roland*!

Historia quoquo modo scripta delectat. Mérimée, qui cite quelque part cet aphorisme (1), a trouvé le moyen de le faire mentir. Ses ouvrages d'histoire ont médiocrement réussi, et il ne se pouvait guère qu'il en fût autrement. Comme historien, en effet, il est dépourvu d'élévation, il manque d'ampleur, sans que

(1) *Revue des Deux Mondes*, 1er avril 1859.

chez lui ces qualités absentes soient remplacées par le charme et la facilité du récit. Son *Essai sur la guerre sociale* (1841) et sa *Conjuration de Catilina* (1844), aussi bien que ses *Histoires de don Pèdre* et de *Pierre le Grand,* des *Faux Démétrius* et des *Derniers Cosaques,* œuvres d'érudit plus que d'artiste, ressemblent à des procès-verbaux proprement rédigés par un greffier doué d'une belle main, doué surtout d'une impassibilité merveilleuse. Il n'a choisi que des sujets où les meurtres abondent, où les crimes, les massacres, les exécutions font rage. Sur ce nouveau terrain, il est resté fidèle à son amour pour les coups de couteau, pour les égorgements et pour les pendaisons. « Je passe mes soirées, écrit-il de Cannes, le 28 janvier 1863, à Mlle Jeanne Daquin, je passe mes soirées à faire de la prose pour le *Journal des Savants.* Cet animal de *Chmielnicki* (le héros des *Derniers Cosaques*) n'en finit pas, et je crains qu'il ne me coûte encore deux articles avant que je puisse faire son oraison funèbre ; j'en ai déjà fait trois aussi longs que celui que vous avez lu et aussi abondants en empalements, écorchements d'hommes et autres facéties (1). »

En de tels sujets, puisqu'il n'en voulait pas d'autres, il eût fallu du moins une brosse énergique, ardente et sombre, quelque chose comme le pinceau de Ribera ou de Zurbaran. Il fallait un coloriste, nous n'avons qu'un dessinateur, armé d'un crayon bien taillé sans doute, mais le plus maigre du monde. Pas une seule touche

---

(1) *Lettres à une Inconnue,* t. II, p. 214.

un peu forte, pas une couleur un peu chaude ! Et surtout, pas un cri d'indignation à la vue de tant d'horreurs et de crimes ! pas une émotion qui dérange un instant les plis de cette phrase impitoyablement correcte, les plits de cet habit irréprochable, taillé par le *grand artiste* Poole, mais sous les revers duquel ne bat pas un cœur d'homme :

> *Læva in parte mamillæ*
> *Nil salit Arcadico.*

L'*Histoire de Jules César*, à laquelle Prosper Mérimée a travaillé pendant plus de vingt ans, n'a pas été publiée. Dans une lettre à l'un de ses amis, en date du 18 juillet 1841, il parle de cet ouvrage comme étant déjà avancé. Il l'avait à peu près terminé, lorsque Napoléon III entreprit à son tour de se faire l'historien de César. L'académicien cédant le pas au sénateur, Mérimée renonça à faire paraître son livre. Il fit plus, il confia son manuscrit à son impérial confrère. La seconde partie de ce manuscrit, commençant au passage du Rubicon, a été trouvée aux Tuileries après le 4 septembre et, après avoir été déposée pendant quelque temps à la Bibliothèque nationale, elle a été remise au liquidateur de la liste civile. Quant à la première partie, qui avait été sans doute renvoyée à son auteur lorsque l'empereur fut rendu à son tour au passage du Rubicon, il est probable qu'elle a péri pendant la Commune, avec la bibliothèque, les tableaux et les papiers de Mérimée, dans l'incendie de sa maison.

XII

En dépit des hautes fonctions dont il a été investi et des uniformes brillants dont il a été revêtu, Mérimée, au fond, n'a été qu'un homme de lettres. Après avoir longuement parlé de ses écrits, de ceux du moins qu'il a publiés de son vivant, nous pourrons donc être bref en ce qui concerne les faits mêmes de sa vie depuis 1844, époque à laquelle nous l'avons laissé entrant à l'Académie française.

Son discours de réception fut prononcé le 6 février 1845. Chargé de faire l'éloge de Charles Nodier, il fit surtout l'éloge de Rabelais.

Le gouvernement de Juillet l'avait comblé de distinctions et de faveurs : elles ne mirent point obstacle à ce qu'il célébrât la république triomphante. « Il y a un demi-siècle, s'écriait-il le 18 mai 1848, en recevant au nom de l'Académie J.-J. Ampère, successeur d'Alexandre Guiraud, il y a un demi-siècle, la France enfantait quatorze armées victorieuses pour défendre son indépendance; *aujourd'hui, en reprenant avec orgueil le grand nom de république française*, elle n'a besoin, pour conquérir les sympathies de l'Europe, que de déployer sa bannière. »

Prosper Mérimée, si sceptique en toutes matières, avait-il donc à ce moment la foi républicaine? En tout cas, elle ne dura guère, les *Lettres à une Inconnue* sont là pour le prouver. Le 5 août 1848, à propos d'une balle qui était venue frapper contre la maison de M. Thiers, il écrivait : « Je pense que c'est une tentative républicaine d'intimidation, *bête comme tout ce qui se fait aujourd'hui* (1). » Le 20 août, à l'occasion de la discussion de l'enquête sur le 15 mai : « L'enquête me paraît surtout prouver une chose, c'est la profonde division des républicains entre eux. Il est évident qu'il n'y en a pas deux de la même opinion (2). » — « Je vois aujourd'hui les choses, écrit-il le 23 août, non en couleur de rose, mais gris de lin; c'est la couleur la plus gaie que comporte la république (3). »

En 1850, il fit imprimer sur papier vélin, tirer à vingt exemplaires et distribuer sous le manteau une brochure qu'il ne signa point, et à laquelle il ne donna d'autre titre que ces deux initiales : *H. B.* C'était une Notice sur Henry Beyle (Stendhal). Elle a été rééditée en 1855, en tête de la *Correspondance inédite* de Beyle, avec le nom de Mérimée, alors sénateur, mais avec de nombreuses coupures. En 1874, elle reparut dans le volume intitulé : *Portraits historiques et littéraires*, précédée de cette note :

En 1850, Prosper Mérimée publia sur Henry Beyle (Stendhal) une brochure anonyme intitulée : *H. B.* Nous en reproduisons ici *toute la partie* qu'il n'a pas replacée lui-même dans la notice qu'on trouvera plus loin, notice

---

(1) *Lettres à une Inconnue*, t. I, p. 298.
(2) *Ibid.*, p. 302.
(3) *Ibid.*, p. 304.

écrite en 1855 pour accompagner la publication des œuvres complètes de cet écrivain.

Cette note est inexacte. Quelques-uns des passages supprimés en 1855 n'ont pas été reproduits en 1874, celui-ci, par exemple, où respire l'athéisme le plus éhonté :

B... n'avait aucune idée religieuse... *Ce qui excuse Dieu*, disait-il, *c'est que Dieu n'existe pas.*

Une fois, chez Mme P..., il nous fit la théorie cosmogonique suivante :

Dieu était un mécanicien très habile. Il travaillait nuit et jour à son affaire, parlant peu et inventant sans cesse, tantôt un soleil, tantôt une comète. On lui disait : mais écrivez donc vos inventions ! Il ne faut pas que cela se perde. — Non, répondait-il, rien n'est encore au point où je veux. Laissez-moi perfectionner mes découvertes, et alors... Un beau jour, il mourut subitement. On courut chercher son fils unique, qui étudiait aux Jésuites. C'était un garçon doux et studieux, qui ne savait pas deux mots de mécanique. On le conduisit dans l'atelier de feu son père. — Allons, à l'ouvrage ; il s'agit de gouverner le monde. Le voilà bien embarrassé. Il demande comment faisait son père. Il faisait ceci, il faisait cela ; il tourna la roue, et les machines vont tout de travers.

D'autres passages relatifs aux idées de Beyle sur les femmes et sur la façon dont on doit se comporter avec elles, échappent à la réprobation par le cynisme même. Comment les citer ? La critique littéraire, heureusement pour elle, n'a rien à voir avec de pareilles ordures, et elle laisse à quelqu'un des suivants de M. Emile

Zola le soin de les extraire de la brochure de 1850. Au début de cet écrit, Mérimée déclarait sans vergogne qu'il était un *païen*, comme celui dont il allait faire l'oraison funèbre. Libre à lui, sans doute ; mais alors que n'écrivait-il en latin ?

Le lendemain du coup d'Etat, le 3 décembre 1851, il traçait à la hâte un court billet à son *Inconnue*. « Je n'en sais pas plus long que vous, lui disait-il ; nous venons de tourner un récif et nous *voguons vers l'inconnu.* » Il ne croyait pas si bien dire ; car s'il pouvait prévoir que de cet inconnu sortirait l'empire, il ne se doutait pas, à coup sûr, que la nouvelle impératrice viendrait du pays de Clara Gazul, et qu'il serait lui-même l'*impresario* de ses fêtes ! S'il lui était permis de prévoir le rétablissement d'un sénat conservateur, il ne se doutait pas qu'il serait appelé à en faire partie, et qu'il serait élevé à la dignité de grand officier de la Légion d'honneur ! Mais avant d'aller siéger sur les bancs du Luxembourg, il allait s'asseoir sur les bancs de la sixième Chambre ; et, avant de goûter la fraîcheur des ombrages de Compiègne, il allait passer quelques semaines à l'ombre des cellules de Mazas.

Il faut bien le dire, nul épisode de la vie de Mérimée ne lui fait plus d'honneur que sa condamnation en police correctionnelle.

Un membre de l'Académie des sciences, professeur au Collège de France, inspecteur général de l'instruction publique, rédacteur de la *Revue des Deux Mondes*, du *Journal des Savants* et du *Journal des Débats*, un ennemi des Jésuites et un ami des livres, M. Libri

(Guillaume-Tell-Brutus-Timoléon), reconnu coupable d'avoir soustrait, au préjudice des bibliothèques publiques, soumises officiellement à son inspection, un nombre considérable de livres et de manuscrits précieux, fut condamné, le 22 juin 1850, à dix années de réclusion par la cour d'assises de la Seine (1). Mérimée, qui était de ses amis et qui le tenait pour innocent, prit bravement sa défense. Savait-il à ce moment que le père de son *client,* que le parfait républicain qui avait donné à son fils les prénoms de Guillaume Tell, de Brutus et de Timoléon, avait été lui-même condamné, en 1816, par la cour d'assises du Rhône, à dix ans de travaux forcés et à la marque, pour crime de faux en effet de commerce, et qu'après s'être échappé il avait encouru d'autres condamnations? Quoi qu'il en soit, au risque d'entendre répéter partout autour de lui : « Que diable allait-il faire dans cette galère ? » Prosper Mérimée se fit le champion du condamné du 22 juin. « J'ai entrepris, écrivait-il le 24 mars 1852, une œuvre chevaleresque dans un premier mouvement, et vous savez qu'il faut se garder de cela. Je m'en repens parfois. Le fond de la question, c'est qu'à force de voir des pièces justificatives sur l'affaire Libri, j'ai eu la démonstration la plus complète de son innocence, et je suis à faire une grande tartine dans la *Revue,* au sujet de son procès et de toutes les petites infamies qui

---

(1) L'acte d'accusation a été reproduit *in extenso* par le *Moniteur universel,* dans son numéro du 3 août 1850, où il n'occupe pas moins de vingt colonnes.

s'y rattachent. Plaignez-moi, il n'y a que des coups à gagner à ce métier-là; mais quelquefois on se sent si révolté par l'injustice, qu'on devient bête (1). » — Pour une fois dans sa vie que Mérimée a été *bête*, il faut lui en savoir gré.

Son *Mémoire* parut dans la *Revue des Deux-Mondes* du 15 avril 1852, sous ce titre : *le Procès de M. Libri*. Il y prenait à partie l'Ecole des chartes et la magistrature, les paléographes qui avaient fait l'enquête et les juges qui avaient fait l'instruction. La justice s'émut, et, le 26 mai 1852, le trop ardent défenseur de Libri, prévenu d'outrages à la magistrature, fut condamné par la sixième Chambre de police correctionnelle à quinze jours de prison.

Un an après, il était nommé sénateur.

La politique n'était pour rien dans cette nomination, et la littérature pour peu de chose. Un de ses livres pourtant avait pu ne pas y être étranger, son *Histoire de don Pèdre de Castille*, publiée au mois de janvier 1848, et en tête de laquelle se trouvait cette dédicace :

A MADAME LA COMTESSE DE MONTIJO
DUCHESSE DE PENARANDA

Ce livre est dédié par l'auteur, comme un témoignage de son respect et de son amitié.

On lit dans une de ses *Lettres à une Inconnue*, datée du 7 février 1843 :

J'ai couru tout Paris pour acheter des robes et des cha-

(1) *Lettres à une Inconnue*, t. I, p. 316.

peaux, et, mercredi, j'ai rendez-vous pour commander un costume de bergère rococo. Tout cela pour les deux filles de Mme de Montijo. Conseillez-moi. Quel costume doivent-elles avoir pour un bal travesti ? Une écossaise et une cracovienne sont en route. J'ai une bergère; il me faut encore un autre déguisement. Voici le signalement: l'aînée est brune, pâle, un peu moins grande que vous, très jolie, expression gaie. L'autre est très grande, très blanche, prodigieusement belle, avec les cheveux qu'aimait le Titien : j'en voudrais faire une bergère avec de la poudre. Conseillez-moi pour l'autre (1).

Le 29 janvier 1853, l'empereur Napoléon III épousait la *bergère* de Mérimée, et voilà pourquoi celui-ci, le 23 juin suivant, commandait,—mais cette fois pour lui, — un costume de sénateur.

A partir de ce moment, et pendant les dix-sept années qui vont suivre, il sera l'hôte assidu de Compiègne, de Fontainebleau et de Biarritz. A lui le soin d'organiser les petites fêtes intimes, d'improviser des saynètes et de souffler les acteurs. Le matin, il s'entretiendra avec l'empereur de l'histoire de Jules César; et, le soir, dans une charade, il donnera la réplique à M. de Morny. Lorsqu'on tiendra au palais de Compiègne des cours d'amour, dont la comtesse Lisa Predrzerska sera la présidente, c'est lui qui en sera le secrétaire. Mais au milieu de ces succès et de ces fêtes, le temps fait son œuvre : l'empire affaibli penche vers son déclin; le sénateur malade s'incline vers la tombe;

---

(1) *Lettres à une Inconnue*, t. I, p. 132.

tous deux, l'empire et le membre du Sénat impérial, sont destinés à mourir ensemble et presque le même jour.

Le 3 septembre 1870, Mérimée, que la main de la mort a déjà touché, se traîne des Tuileries à la place Saint-Georges, chez M. Thiers. « Vous devinez pourquoi je viens ? lui dit-il. — Oui, je le devine. — Vous pouvez nous rendre un grand service. — Je ne puis vous en rendre aucun. — Si ! si ! Je connais votre manière de penser. Les dynasties ne vous occupent pas, vos pensées sont tournées surtout vers l'état des affaires. Eh bien, l'empereur est prisonnier, il ne reste qu'une femme et un enfant ! Quelle occasion pour fonder le gouvernement représentatif ! — Après Sedan, il n'y a rien à faire, absolument rien (1) ! »

Mérimée n'insista pas. Il se borna à ajouter que l'impératrice désirait recevoir les conseils de M. Thiers; mais celui-ci refusa de se rendre à l'appel qui lui était fait (2). Mérimée s'éloigna désespéré, et lui qui, toute sa vie, avait affiché l'insensibilité la plus profonde, ce jour-là, j'en suis sûr, il a pleuré.

Quand tout fut fini, quand l'impératrice eut quitté Paris, il s'éloigna à son tour de la capitale et se rendit à Cannes où, depuis 1857, il passait tous ses hivers. Le 23 septembre 1870, après avoir écrit quelques lettres, il se mit au lit et s'endormit pour ne plus se réveiller.

(1) Enquête parlementaire sur le 4 septembre. — Déposition de M. Thiers, p. 14.
(2) *Ibid.*

Le 16 avril 1859, un des collègues de Prosper Mérimée à l'Académie française, Alexis de Tocqueville, était mort, lui aussi, à Cannes ; mais en mourant il avait exprimé le vœu d'être enterré dans le cimetière de son village, sous les pommiers en fleur, auprès des paysans qui l'avaient connu et aimé, à l'ombre de l'église où il allait chaque dimanche. Il y fut conduit par ses deux frères et ses deux fidèles amis, Ampère et Gustave de Beaumont. Mérimée fut enterré, sur sa volonté expresse, dans le cimetière protestant de Cannes, avec des Anglais !

XIII

Depuis 1870, trois publications posthumes, — les *Lettres à une Inconnue*, — les *Lettres à une autre Inconnue*, — les *Lettres à M. Panizzi*, — nous ont montré Prosper Mérimée, non plus dans ces habits d'une coupe savante, taillés de la main même de l'illustre Poole, mais en déshabillé et en robe de chambre ; elles ont permis de le connaître à fond, *intus et in cute*.

Athée déclaré, matérialiste outrageux, plein de mépris pour le genre humain en général et pour les Français en particulier, pour ses collègues de l'Institut, qu'il compare à de *vilaines bêtes*, pour ses collègues du Sénat, qu'il appelle des *imbéciles*, pour ses domestiques, qui ne sont, à ses yeux, que « des bipèdes dressés à apporter à manger et à boire quand on leur en donne l'ordre » ; anticlérical forcené, qui déverse l'outrage à pleines mains sur l'Eglise catholique et sur ses ministres ; courtisan des plus souples, sous ses airs guindés, qui sait rester en bons termes avec le prince Napoléon tout en se faisant gloire d'être le *fou de l'impératrice* ; épicurien, qui envoie par avance son menu lorsqu'il va dîner chez son ami Autran, et qui lui reproche ensuite d'être Marseillais pour tout potage et d'avoir plus de cuisine que de talent ; friand d'anecdotes graveleuses, cynique avec délices : tel est Mérimée dans sa correspondance.

A l'appui de chacune des lignes de ce portrait, il serait facile de multiplier les citations. Il ne me convient pas de le faire, et mes lecteurs me sauront gré de ne reproduire ni ces obscénités de langage, dont l'*Inconnue* — je l'espère du moins pour elle — rougissait sans doute sous son masque, ni tant d'injures misérables à l'adresse de Pie IX et des membres du sacré collège, de Mgr Dupanloup et de Mgr de Bonnechose, de M. Villemain et du général de Lamoricière, des *dévotes* et des *calotins*.

Je me bornerai à deux remarques.

Nombreux sont les écrivains de notre temps dont on a publié les lettres : Joubert, Paul-Louis Courier, Joseph de Maistre, Lamennais, Lacordaire, Tocqueville, Stendhal, Ozanam, les deux Ampère, Lamartine, Guizot (1). La mémoire de presque tous y a

(1) Voy. le livre de Mme de Witt, *Monsieur Guizot dans sa*

gagné. Qui a pu ouvrir, sans devenir aussitôt leur ami, la correspondance de Joubert et de Joseph de Maistre, d'Ozanam et de Tocqueville, de Lacordaire et de Lamartine, de Guizot et des deux Ampère ? Lamennais, Paul-Louis Courier, Stendhal lui-même, ont plutôt gagné que perdu à cette épreuve. Seul, Mérimée laisse ses lecteurs sous une impression absolument défavorable. Qu'il ait eu des amis de son vivant, nous le voulons bien; mais ce que nous affirmons, sans crainte de nous tromper, c'est que personne, après avoir lu ses lettres, ne regrettera de ne l'avoir pas connu.

Notre seconde remarque sera celle-ci. Lorsqu'on parcourt sa correspondance, il semble à chaque instant que l'on voie se dessiner sur ces pages le profil ironique de Stendhal. C'est qu'en effet le Mérimée des *Lettres* est, comme le Mérimée du *Théâtre de Clara Gazul*, le disciple de Henry Beyle. Je sais bien qu'il a dit quelque part : « Sauf quelques préférences et quelques aversions littéraires, nous n'avions peut-être pas une idée en commun, et il y avait peu de sujets sur lesquels nous fussions d'accord. » Mais je sais aussi qu'il a dit ailleurs : « Ses idées des choses et des hommes ont singulièrement déteint sur les miennes. » Cela seul est exact. Les rapports de goûts, d'opinions, de caractère, de conduite, sont tels entre Henry Beyle et Prosper Mérimée, que ses éditeurs, le jour où ils

---

famille et ses amis. Les fragments de la correspondance de M. Guizot insérés dans ce volume font vivement désirer une publication plus complète.

publieront ses œuvres complètes, pourront faire l'économie d'une notice. Ils n'auront qu'à reproduire celle qu'il a consacrée lui-même à Stendhal, après avoir simplement pris la précaution de remplacer les initiales H. B. par les deux lettres P. M. : *Mutato nomine de te fabula narratur*. Tant il est vrai que l'originalité fait défaut à Mérimée en tout, dans sa vie aussi bien que dans ses livres : il n'a été qu'une copie — très froide et très correcte — d'un fort vilain modèle.

Sa correspondance lui assure-t-elle, du moins, au point de vue purement littéraire, une place éminente parmi les *épistoliers* de notre époque ? Je ne le crois pas. Au moment où parurent les *Lettres à une Inconnue*, elles furent, dans le *Correspondant*, de la part de M. de Pontmartin, l'objet d'une étude ingénieuse, vive, éloquente. Il parut alors à quelques personnes que le spirituel et mordant critique avait été trop sévère ; mais je vois que, loin de revenir à résipiscence, il a fait suivre son article, au tome X des *Nouveaux Samedis*, d'un *post-scriptum*, dans lequel il se reproche d'avoir au contraire été trop indulgent, et d'avoir dépassé la note juste en rangeant un *bon tiers* des *Lettres à une Inconnue* parmi les chefs-d'œuvre du genre épistolaire. « En somme, dit-il, il y a dans ces deux volumes *dix ou douze pages* ravissantes, quinze ou vingt passages fort curieux et une centaine de traits fort spirituels : rien de plus (1). »

---

(1) *Nouveaux Samedis*, t. X, p. 371. — Voir aussi Pontmartin, *Causeries littéraires*, t. I ; *Nouveaux Samedis*, t. II et t. XIII ; *Souvenirs d'un vieux Critique*, t. II.

Ces *dix ou douze* jolies pages ne se rencontrent même pas dans les *Lettres à une autre Inconnue,* qui n'ont dû leur succès d'une heure qu'à leur titre habilement choisi pour piquer la curiosité.

Les *Lettres à M. Panizzi* ont une tout autre importance que les billets musqués, adressés par le secrétaire de la cour d'amour de Compiègne à la comtesse Lisa Predrzerska. Sauf quelques passages, où l'auteur donne libre carrière à son goût pour la gravelure, elles sont entièrement consacrées aux incidents de la cour impériale, de 1858 à 1870. On y trouve même une sorte d'unité, les lettres qui concernent la question allemande et la guerre de 1870 étant peu nombreuses, et toutes les autres se rattachant à la question italienne. Mérimée y revient sans cesse; ce sceptique était un passionné, quand il s'agissait de Rome et de l'Église, et il semble, en le lisant, que l'on ait affaire à un Caton retourné qui répétait infatigablement : *Delenda est Roma.* A ce point de vue, les *Lettres à M. Panizzi* resteront comme un document dont il ne faudrait pas plus méconnaître qu'exagérer la valeur. Il n'y a pas ou peu de révélations curieuses. Ceux qui espéraient y rencontrer des détails sur les dessous de cartes de la politique impériale ont été déçus. Napoléon III ne montrait point son jeu au *fou de l'impératrice;* et puis son jeu était-il si compliqué et si savant que cela? L'historien pourra cependant faire son profit de ces Lettres qui le dispenseront de recourir à la collection du *Siècle* de ce temps-là; il y verra, mieux que dans le journal de M. Havin, combien étaient violentes les passions antireligieuses qui s'agitaient autour de Napoléon III, et dont ce dernier était alternativement le modérateur et le complice, en attendant le jour où il en serait la victime. Je ne fais du reste nulle difficulté de reconnaître que les lettres à M. Panizzi sont écrites d'une autre plume que les articles de M. Louis Jourdan ou de M. Émile de Labédollière. C'est toujours ce style net, précis, aux contours arrêtés, dont Mérimée ne se départait en aucune rencontre, et qui est bien d'ailleurs ce qui se peut voir de plus opposé au style large, abondant, *prime-sautier*, de Mme de Sévigné. Ces phrases coupées, courtes, sèches, cahotent le lecteur et ne tardent pas à lui causer une véritable fatigue. Ni couleurs, ni comparaisons, ni images. Jamais d'abandon, jamais d'épanchement. C'est comme un ciel implacablement bleu, d'un bleu morne et dur, dans lequel ne flotte jamais un nuage et que ne rafraîchit jamais une brise. On est bien vite comme oppressé.

Il n'est pas une seule de ces lettres que l'on ait envie de relire, comme il arrive de temps en temps, je ne dis pas pour celles de Mme de Sévigné, — ne poussons pas la cruauté jusqu'à rappeler le souvenir de l'incomparable marquise, — mais même pour telle ou telle lettre de Paul-Louis Courier ou de Joubert ; pour la lettre de Courier, par exemple, à M. et Mme Thomassin, sur sa rencontre avec une jeune fille au milieu des ruines du château de Hapsbourg (1); ou pour la lettre

---

(1) Lettre datée de Milan, 1809. — *Mémoires, Correspondances et opuscules inédits de Paul-Louis Courier*.

de Joubert à Chateaubriand, afin de lui recommander M. Maillet-Lacoste (1).

Il est temps de conclure. Je citais tout à l'heure Paul-Louis Courier; c'est à lui que j'emprunterai ma conclusion. Il écrivait à sa femme, le 11 octobre 1821, de la prison de Sainte-Pélagie : « Tout le monde est pour moi; je peux dire que je suis bien avec le public. L'homme qui fait de jolies chansons disait l'autre jour : « A la place de M. Courier, je ne don- « nerais pas ces deux mois de prison pour cent mille « francs. » *L'homme qui fait de jolies chansons,* c'était Béranger. N'aura-t-on pas rendu toute justice à l'auteur de *Colomba* et de *Mateo Falcone*, si l'on dit de lui : *l'homme qui a fait de jolies nouvelles ?*

Mérimée a laissé des comédies et des romans, quatre volumes d'archéologie, cinq volumes de lettres, sept ou huit volumes d'histoire, d'innombrables articles de critique artistique ou littéraire. Il ne restera de lui que cinq ou six petits contes. Et puisqu'il se plaisait à sortir de chez lui, le matin, avec un carquois et des flèches, pour aller dans les bois tirer de l'arc, ne sommes-nous pas autorisé à nous demander, en finissant, si lui aussi, au déclin de sa journée, n'a pas pu s'écrier, avec l'un des auteurs de cette *Anthologie* qu'il aimait à relire : « Je suis sorti ce matin pour chasser des sangliers et je suis rentré ne rapportant que des cigales » ?

---

(1) *Pensées, Essais, Maximes et Correspondance* de J. Joubert, t. II, p. 456.

M. EDMOND ABOUT

I

La tribune était abattue, la presse était bâillonnée. La grande voix de Berryer était muette; celle de Lacordaire ne devait plus retentir sous les voûtes de Notre-Dame. Lamartine entrait dans ce long silence que ses lèvres ne devaient plus rompre. Victor Hugo était en exil. Le coup d'Etat du 2 décembre avait balayé l'éloquence et la poésie, comme le vent d'hiver chasse les feuilles mortes. Presse, tribune, éloquence, poésie, on avait remplacé tout cela par des spéculations d'un autre ordre. M. de Falloux ne donnait plus, au Palais-Bourbon, la réplique à M. Jules Favre; mais on suivait fiévreusement, au palais de la Bourse, les péripéties de la lutte entre M. Péreire et M. Jules Mirès. C'était l'heure où M. de Morny, qui n'était pas encore duc, prononçait cette parole, qui depuis a si bien fait son chemin au théâtre et dans le monde : *Les affaires, c'est l'argent des autres!* La jeunesse, elle-même reniait la liberté et n'avait plus d'ardeur que pour le plaisir. La philosophie, la politique et les lettres ; l'antiquité, Rome et la Grèce : sottises que tout cela ! Grands mots et grandes phrases avec lesquels on en avait heureusement fini ! L'heure des petites phrases, des petits livres et des petits écrivains était enfin arrivée : M. About parut.

Il débuta au mois d'août 1854, par un volume intitulé *la Grèce contemporaine*.

Chateaubriand, dans l'*Itinéraire*, Lamartine, dans le *Voyage en Orient*, avaient parlé avec admiration de cette terre féconde en héros et en chefs-d'œuvre. Pendant dix ans, de 1820 à 1830, la France s'était passionnée pour la Grèce, pour cette petite nation chrétienne luttant contre la barbarie musulmane, s'efforçant de reconquérir son indépendance perdue et de faire revivre son nom aboli. L'auteur de l'*Itinéraire* et des *Martyrs* marchait, comme c'était son droit, au premier rang des *Philhellènes*, et derrière lui se pressaient en foule orateurs, publicistes et poètes, Lamartine, Villemain, Béranger, Delphine Gay, Guizot, le duc de Broglie, Benjamin Constant, Casimir Delavigne, Victor Hugo :

En Grèce ! en Grèce ! adieu, vous tous ! il faut partir !

Quelle bonne fortune de prendre en défaut ces hommes d'autrefois et leur enthousiasme naïf pour ces choses inutiles, la poésie, la foi, la liberté ; de montrer que ces libéraux et ces royalistes avaient joué un rôle de dupes ; que leurs clients étaient un ramassis d'escrocs et de voleurs de grand chemin, beaucoup moins dignes d'intérêt que les Turcs, ces pauvres Turcs, si méchamment mis à mort à Navarin !

On comprend qu'une pareille thèse, et c'était celle de M. About, répondait admirablement, à l'heure où parut son livre, aux dispositions de l'esprit public. Elle avait de plus pour elle, à ce moment, de revêtir, en apparence du moins, un caractère de patriotisme. La guerre d'Orient venait de commencer, et aux Philhellènes de 1824 avaient succédé les Turcophiles de 1854. Comme les Grecs étaient soupçonnés de nourrir pour les Russes de secrètes sympathies, journalistes et dessinateurs, à commencer par M. Havin et par M. Boniface, et à finir par Cham et par Daumier, *chargeaient* à l'envi les descendants de Miltiade et de Thémistocle. M. About sortit des rangs sa petite flûte à la main, et marcha bravement en tête : il fut le fifre du régiment.

II

Né à Dieuze, dans la Meurthe, le 14 février 1828, M. Edmond About, après de brillantes études au collège Charlemagne, était entré à l'Ecole normale en 1848, le troisième de sa promotion ; M. Taine était le premier et M. Francisque Sarcey le cinquième. Il eut pour condisciples, pendant les trois années qu'il passa dans la maison de la rue d'Ulm, outre

MM. Taine et Sarcey, MM. Challemel-Lacour, Chassang et Gustave d'Hugues(1), — MM. Weiss, Lenient, Assolant, Eugène Jung, Adolphe Perraud, aujourd'hui évêque d'Autun et membre de l'Académie française (2), — MM. Libert, Merlet, Paul Albert, Heinrich, doyen de la Faculté des lettres de Lyon (3), — MM. Edmond Villetard, l'un des auteurs du *Testament de César Girodot*, Hermile Reynald, Gréard, Prévost-Paradol, reçu le vingtième et le dernier de sa promotion (4), — MM. Crouslé, Alaux et Fustel de Coulanges (5). Ce qu'un tel milieu avait de favorable, ce que la rencontre de tant d'esprits si diversement distingués devait amener de rivalités heureuses, de discussions ardentes, et quel profit en devait retirer une intelligence aussi ouverte, aussi déliée que celle de M. About, on le comprend de reste. « On vivait, dit Sainte-Beuve, qui a tracé de l'Ecole normale, pendant ces trois années de 1848 à 1851, un tableau qui n'est plus à refaire, on vivait dans une excitation perpétuelle. Pour que rien ne manquât au contraste et à l'antagonisme, il y avait quelques élèves catholiques fervents qui sont entrés depuis à l'Oratoire; c'était donc une lutte de chaque jour, une dispute acharnée, le pêle-mêle politique, esthétique, philosophique, le plus violent. Les maîtres, très larges d'es-

---

(1) Promotion de 1846.
(2) Promotion de 1847.
(3) Promotion de 1848.
(4) Promotion de 1849.
(5) Promotion de 1850.

prit ou très indulgents (1), laissaient volontiers courir devant eux bride abattue toutes ces intelligences émules ou rivales, et n'apportaient aucun obstacle, aucun *veto* aux questions controversées... Il y avait en ces jeunes têtes si doctes, si enivrées de leurs idées et si armées de la parole, excès d'intolérance, d'outrecuidance, c'était inévitable ; on s'injuriait, mais on ne se détestait pas ; les récréations, avec leur besoin de mouvement et d'exubérance physique, raccommodaient tout, et quelquefois le soir on dansait tous ensemble, tandis que l'un d'eux jouait du violoncelle et un autre de la flûte (2). » A ces détails il convient d'ajouter ceux que nous fournit l'un des anciens élèves de l'Ecole normale, contemporain de MM. Taine et About, M. D. Ordinaire : « Taine lisait Kant et Spinosa pour se distraire, et passait le reste de son temps à *feuilleter* ses camarades : c'était son mot. About nous faisait de beaux contes pour rire, et dans ses moments graves étudiait Homère et la Bible, tout comme Bossuet. Les autres lisaient les journaux ou en faisaient, rimaient des chansons, dont quelques-unes sont restées populaires dans l'Université, lisaient Balzac, George Sand ou Proudhon. Nous étions rangés en deux camps, qui s'appelaient *voltairiens* et *athées,* avec le même esprit de charité que les jeunes

---

(1) M. Dubois (de la Loire-Inférieure) était directeur en chef et administrateur de l'Ecole ; M. Vacherot, directeur plus spécial des études ; MM. Jules Simon, Havet, Berger, Gérusez' maîtres de conférences.

(2) *Nouveaux Lundis*, t. VIII. Articles sur M. Taine.

gens de l'autre révolution s'appelaient *classiques* et *romantiques* (1). » Dans lequel de ces deux camps avait pris place M. About, c'est ce que M. Ordinaire ne nous dit pas. Dans les deux, j'imagine, car s'il se piquait d'être voltairien, le futur auteur de *Madelon* se faisait gloire d'être athée.

Ses trois années d'études terminées, pendant que son camarade Taine était envoyé successivement à Nevers comme suppléant de philosophie, à Poitiers comme suppléant de rhétorique, à Besançon comme *chargé de cours de sixième*, plus habile ou plus heureux, M. About obtint d'aller en Grèce, à l'Ecole française d'Athènes. Il a plus tard avoué qu'en entrant à l'Ecole normale, « son intention était de n'enseigner jamais. Je passais par là, ajoute-t-il, pour aller plus loin, et avec le ferme propos de ne point m'arrêter à mi-route. Ce parti pris de voyager me permit de voir Rome, Athènes et Constantinople (2). » Peut-être cette façon de voyager aux frais de l'Université, *avec le ferme propos* de ne jamais lui rien rendre en échange de ce qu'il en recevait, pourrait-elle passer pour une espièglerie un peu forte; mais il paraît bien que la bonne dame, *alma parens*, n'a pas tenu rigueur à l'enfant prodigue, et il ne nous appartient pas de nous montrer ici plus sévère qu'elle.

Au début de l'*Itinéraire*, Chateaubriand nous apprend qu'il quitta la France pour se rendre en Grèce

---

(1) Voy. Sainte-Beuve, t. VIII, p. 493-496.
(2) *Dernières Lettres d'un bon jeune homme*, p. 317.

la 13 juillet 1806, et qu'il prit passage à Trieste, le 1ᵉʳ août, sur un petit bâtiment marchand. M. About a bien voulu, à son tour, nous faire connaître qu'il s'était embarqué à Marseille, sur le *Lycurgue*, le 1ᵉʳ février 1852, et que, le 9, il était descendu au Pirée. Il revint en France au bout de deux ans, rapportant un mémoire sur *l'île d'Égine,* et un pamphlet sur la *Grèce contemporaine.* Personne ne s'avisa d'ouvrir le mémoire, tout le monde voulut lire le pamphlet. *Quand ils ont tant d'esprit,* a dit quelque part l'auteur des *Messéniennes, les enfants vivent peu;* c'est ce qui est arrivé à la *Grèce contemporaine.* Dans ce volume, spirituel de ton, écrit d'un style clair et piquant, M. Edmond About laisse voir que, s'il se moque du roi Othon, de la reine Amélie et de leurs ministres, il se moque pour le moins autant de ses lecteurs. Il a ramassé des cailloux sur les rives de l'Ilissus et, comme un écolier en vacances, il s'amuse à les jeter aux débris mutilés qui bordent le fleuve.

La statistique occupe une large place dans ces pages écrites au pied de l'Acropole, à deux pas des jardins d'Académus. L'auteur ne nous fait grâce d'aucun détail, pas même de l'encaisse métallique de la banque d'Athènes au 31 décembre 1852. Il prélude, par un amas de chiffres et de considérations économiques, aux livres *utilitaires* qu'il consacrera plus tard à la France, à l'Italie et à l'Egypte *contemporaines.* Telle est la conscience de notre calculateur improvisé, il pousse si loin le scrupule de l'exactitude et du renseignement, que nous savons, grâce à lui, que le roi Othon, qui avait trente-neuf ans en 1854, a dû en avoir quarante en 1855, et que la reine Amélie, après avoir eu trente-cinq ans en 1854, n'en avait pas moins de trente-six en 1855 (1). Que ces chiffres et beaucoup d'autres, que M. About étale complaisamment, fussent palpitants d'actualité au moment où ils parurent, je n'en disconviens pas ; mais je ne voudrais point répondre qu'ils n'eussent aujourd'hui quelque peu perdu de leur intérêt.

La *Grèce contemporaine* conserve-t-elle du moins quelque valeur comme récit de voyage ? On y trouve deux ou trois descriptions très réussies et en particulier une peinture des rives du Ladon qui serait parfaite, si elle n'était gâtée par quelques-unes de ces plaisanteries dont l'auteur est prodigue, et qui sont plus dignes de l'Ecole normale que de l'Ecole d'Athènes. « Je venais, dit-il, de prendre un bain dans l'Erymanthe, bien malgré moi et par la volonté du grand Epaminondas, mon cheval : *cet animal a la même passion que M. de Chateaubriand : il veut emporter de l'eau de tous les fleuves qu'il traverse.* » Chateaubriand est sa bête noire, et il ne lui a pas ménagé les épigrammes. Elles n'étaient point pour faire grand tort à l'auteur du *Génie du Christianisme* : tout au plus ont-elles servi à montrer que Chateaubriand était quelque peu prophète, puisqu'il avait annoncé ces attaques vingt ans d'avance et qu'il avait, dès 1832, donné de M. Edmond About ce joli portrait... avant

(1) *La Grèce contemporaine*, 2ᵉ édition, p. 291.

la lettre : « Je n'attends des générations nouvelles que le dédain, et je le leur rends ; elles n'ont pas de quoi me comprendre ; elles ignorent la foi à la chose jurée, l'amour des institutions généreuses, le respect de ses propres opinions, le mépris du succès et de l'or, la félicité des sacrifices, le culte de la faiblesse et du malheur (1). »

III

Le succès de la *Grèce contemporaine* ouvrit à M. About les portes de la *Revue des Deux Mondes ;* dans les premiers mois de 1855, il y publia un roman, *Tolla Feraldi.*

Tolla renfermait une peinture de la société romaine, où se retrouvaient les qualités et les défauts dont l'auteur avait fait preuve en décrivant la société d'Athènes: beaucoup de verve, une ironie mordante, un style où l'élégance s'alliait à la simplicité; mais en même temps l'abus des *mots,* la recherche du trait, l'absence du naturel.

Si M. About n'avait pas réussi à composer un tableau, il avait du moins tracé une spirituelle esquisse. Nul ne songeait à s'en étonner. Ce qui surprit agréablement les lecteurs de la *Revue* et plus particulièrement les amis de l'auteur, ce fut de trouver, dans son nouvel

---

(1) *Mémoires d'Outre-Tombe*, t. X, p. 181.

ouvrage, de la sensibilité, de l'émotion, voire même de l'éloquence. Il y avait des lettres écrites par l'héroïne qui venaient du cœur et qui allaient au cœur: peu s'en fallut que M. Edmond About n'obtînt un succès de larmes ! Ceux qui le connaissaient le mieux n'étaient pas éloignés de crier au miracle. Soudain le miracle fut expliqué de la façon du monde la plus naturelle : les lettres de Tolla n'étaient point de M. About, qui n'avait eu que la peine de les traduire, et, cela fait, de les donner comme de lui. Ce fut M. Julian Klaczko, fureteur habile autant qu'écrivain distingué, devenu depuis l'un des collaborateurs de la *Revue des Deux Mondes*, qui révéla le fait, avec preuves à l'appui, dans deux articles de la *Revue de Paris*, intitulés : *La seconde édition d'un roman inédit, lettre à M. About, auteur de Tolla* (1). De son côte, M. Paulin Limayrac, qui donnait alors dans la *Presse* ses *coups de plume sincères,* signala ce qu'il y avait d'un peu... grec dans le procédé de l'ancien élève de l'Ecole d'Athènes (2). « Là-dessus, suivant le joli mot de M. de Pontmartin, *tolle* général, et haro sur l'homme d'esprit chargé de reliques italiennes (3). » Il essaya

---

(1) *Revue de Paris*, 1ᵉʳ et 15 juin 1855. Voyez également la réclamation de M. About, adressée par voie d'huissier à M. Louis Ulbach, directeur de la *Revue de Paris*, et la réponse de ce dernier. (*Revue de Paris*, 1ᵉʳ juillet 1855.)

(2) *Une question de probité littéraire, Vittoria Savorelli et Tolla*, par M. Paulin Limayrac. (*La Presse*, 18 juin 1855.)

(3) *Les Jeudis de Mᵉ Charbonneau,* p. 111.— Dans ses *Causeries littéraires*, dont la réunion forme une histoire complète et détaillée du mouvement littéraire en France, de 1853 à 1888, M. Armand de Pontmartin a eu plusieurs fois occasion de

bien de tenir tête à l'orage, mais sa défense parut faible, et voici en quels termes M. Quérard, au tome Ier de ses *Supercheries littéraires*, a résumé le débat :

Il a été démontré que ce livre, publié par M. About comme étant de sa composition, n'est que le remaniement de celui intitulé : VITTORIA SAVORELLI, *istoria del secolo XIX*, Parigi, dai torchi di Bethune et Plon, 1841, in-8 de 20 feuilles. C'est une réelle histoire de famille. Le jour même que l'original pénétra en Italie, un prince D., qui ne joue pas un beau rôle dans cette histoire, fit acheter et détruire l'édition entière. Cette supercherie ayant été signalée, M. About avoua tardivement son emprunt, mais en disant qu'il avait beaucoup retranché de l'original italien (1)...

M. About reconnaît, en effet, au cours de sa défense, « qu'il s'est parmis de puiser dans un dossier authentique les premiers éléments de son œuvre; que les personnages de Lello et de Tolla, et les principaux traits de leur histoire, lui ont été fournis par un livre italien ». — « Une traduction de ce livre, dit-il encore, serait plus qu'ennuyeuse. On n'y trouverait d'excellent que quatre ou cinq lettres où la douleur s'élève jusqu'à l'éloquence : il est inutile d'ajouter que ce sont les lettres de Tolla. Je les ai traduites en les abré-

---

parler de M. About et de ses ouvrages. Rien de plus spirituel et de plus judicieux que ces articles, dont quelques-uns sont de véritables chefs-d'œuvre, notamment celui qui a pour titre : *MM. Edmond About et Gustave Flaubert. Le Roman bourgeois et le Roman démocrate.* (*Nouvelles Causeries du Samedi.*)

(1) *Les Supercheries littéraires dévoilées*, par J. M. Quérard, 2e édition, t. Ier, p. 167.

geant (1). » Et ailleurs : « Mes lecteurs ont eu les lettres de Tolla dans toute leur pureté, sinon dans toute leur intégrité. J'en ai retranché beaucoup, j'en ai transporté quelques passages dans la narration, mais je n'y ai presque rien ajouté (2). »

Au reproche d'avoir dissimulé l'existence du livre italien, il répond que la *Revue des Deux Mondes* avait inséré, au bas de la dernière page, cette note : *Vittoria, istoria del secolo XIX*. Paris, 1841. Et il ajoute, avec une aimable candeur : « Avec ce renseignement et le *Journal de la Librairie*, le bibliomane le plus inexpérimenté aurait retrouvé en cinq minutes l'éditeur, l'imprimeur, et ce titre complet de *Vittoria Savorelli* (3). »

Ainsi, après avoir emprunté le sujet, les héros et les principaux traits de son roman, après avoir *traduit* à peu près textuellement les lettres qui sont le meilleur même de son œuvre, M. Edmond About se croyait en règle pour avoir, sans éclaircissements, sans explication, glissé au bas d'une page, en le dénaturant, le titre d'un livre inconnu, dont l'édition entière a été détruite et dont on chercherait vainement un exemplaire, lui-même le reconnaît (4), à la bibliothèque de la rue Richelieu ! Cela n'est pas sérieux, et si l'on ne veut pas aller, avec M. Paulin Limayrac, jusqu'à

---

(1) Préface de la deuxième édition de *Tolla*.
(2) *L'Histoire et le Roman de Tolla*. Article de M. Edmond About (*Revue contemporaine*, mai 1855).
(3) Préface de la seconde édition de *Tolla*.
(4) *Revue contemporaine*, t. XIX, p. 716.

voir, dans *le cas de M. About,* un acte d'*improbité littéraire,* il est difficile de ne ne pas y reconnaître, avec M. Quérard, une *supercherie* peu digne d'un homme de talent.

IV

Quelques mois seulement s'étaient écoulés depuis la publication de *Tolla,* lorsque, le 1er février 1856, le Théâtre-Français donna la première représentation de *Guillery,* comédie en trois actes. Les comédiens ordinaires de l'Empereur avaient mis le plus vif empressement à recevoir la pièce de M. About, qui fut jouée sans aucun retard et avec une solennité inusitée : l'Empereur lui-même était présent. A qui le jeune écrivain était-il redevable de ces faveurs exceptionnelles ? A sa réputation naissante, au bruit déjà fait autour de son nom ? Sans doute ; mais aussi peut-être à ses relations avec un prince, voisin et ami de la Comédie-Française, et qui n'avait point dédaigné de servir de compère à *Guillery.*

Les trois actes de *Guillery* sont absolument dépourvus des qualités les plus essentielles au théâtre : nulle entente de la scène, nul esprit d'observation, nulle vraisemblance et nulle vérité dans les caractères; d'originalité, pas l'ombre. C'est le pastiche d'un pastiche, une imitation maladroite du *Conseiller rapporteur,* cette comédie plus que légère de Casimir Delavigne, jouée également au Théâtre-Français, le 22 avril

1841, et dont l'auteur eut du moins la pudeur de ne pas livrer son nom au public, le soir de la première représentation. M. Edmond About, qui avait intitulé d'abord sa pièce *l'Effronté*, n'éprouva point le même scrupule ; mal lui en prit ; car, dès la seconde représentation, les sifflets et les huées furent tels, que la pièce dut être retirée. Depuis 1852, on ne sifflait plus ; aussi cette protestation des spectateurs contre une pièce grossièrement immorale et contre un auteur qui écrivait dans le *Moniteur officiel* devint-elle un petit événement. Elle soulagea la conscience publique et fut le premier symptôme du réveil de la jeunesse, un *premier avertissement* donné aux patrons de M. About.

Il a recueilli *Guillery*, avec quelques autres pièces qui ne sont point indignes de ce voisinage, dans un volume auquel il a donné le titre, assurément très bien trouvé, de *Théâtre impossible*.

L'auteur contesté de *Tolla*, l'auteur sifflé de *Guillery*, avait beaucoup d'injures à venger. Il s'acquitta de ce soin avec infiniment d'esprit et de conscience dans les *Lettres d'un bon jeune homme à sa cousine Madeleine*, signées VALENTIN *(de Quevilly)* et publiées par le *Figaro*, d'octobre à décembre 1856. Le *bon jeune homme* n'a point réimprimé ces lettres, par charité pure, je pense, et pour ne point chagriner une seconde fois ses adversaires. Heureusement le *Figaro* est plus facile à trouver que *Vittoria Savorelli*, et j'ai là sur ma table les treize lettres *à ma cousine Madeleine*. Elles ont beaucoup vieilli, je dois le dire, et je n'y verrais guère à prendre qu'une charmante balancelle sur Paulin Limayrac, si elle n'était de Théodore de Banville, et si vous ne la pouviez lire tout à votre aise dans les *Odes funambulesques.*

Le 3 janvier 1857, le *bon jeune homme* commença une nouvelle campagne. Il se chargeait de faire, chaque samedi, au *Figaro*, un *Courrier de Paris*, signé *Vicomte de Quevilly*, en mémoire sans doute de feu le vicomte de Launay. Dès la seconde semaine, M. de Villemessant était obligé de se séparer de son chroniqueur. Voici ce qui s'était passé. Le samedi 3 janvier, Mgr Sibour avait été assassiné par Verger dans l'église Saint-Etienne du Mont. Le 11 janvier, on lisait dans l'article du vicomte de Quevilly : « Verger, comme tous les assassins qui ont réussi, a employé le couteau. C'est l'arme de précision. Jacques Clément, Ravaillac, Louvel, Verger sont de la même école. Je mets à part Charlotte Corday. » On ne laissa pas de trouver en haut lieu que cet éloge de l'*arme de précision* était au moins intempestif, et, comme un bien averti en vaut deux, M. de Villemessant jugea prudent de se séparer d'un chroniqueur qui, s'il avait beaucoup d'esprit, avait peut-être moins de tact. Le plaisant de la chose, c'est que M. Edmond About était alors un fervent bonapartiste, feuilletonniste attitré du *Journal officiel*, ne négligeant aucune occasion de dauber sur les adversaires du gouvernement impérial, comparant ce dernier à « la grande pyramide d'Egypte », dont la masse indestructible se riait des efforts enfantins de ses ennemis impuissants ! Nous savons comment il avait reconnu l'hospitalité de la Grèce. Il devait s'acquitter en même monnaie vis-à-vis du *Figaro*. Un jour, dans une lettre à Mgr Dupanloup, publiée par l'*Opinion nationale*, il qualifia la feuille où il avait écrit pendant plus de trois mois de « journal de scandale ». Venant de M. About, le mot était impayable.

V

En cette même année 1856, qui vit la chute de *Guillery* à la Comédie-Française et la campagne du *bon jeune homme* au *Figaro*, M. Edmond About donna au *Moniteur* les *Mariages de Paris* et le *Roi des montagnes*.

« Le *Roi des montagnes*, écrivait-il quelques années plus tard, sans être un chef-d'œuvre, est assurément ce que j'ai publié de mieux. » J'ai le plaisir d'être complètement d'accord avec M. About. Cette histoire de brigands, qui a pour théâtre la plaine de Marathon, est amusante d'un bout à l'autre. C'est une *charge* sans doute, mais une charge excellente, et dont l'auteur a pleinement atteint un résultat certes fort enviable : il a fait rire honnêtement les honnêtes gens.

J'ajoute avec lui que ce n'est point un chef-d'œuvre. Les derniers chapitres contiennent une dose trop forte d'empoisonnements et d'égorgements : il y a là un luxe de boucherie qui passe la permission. Il y a, en revanche, dans tout le livre une profusion de métaphores à faire pâmer d'aise Cathos et Madelon. Je n'en citerai que quelques-unes : « Les bijoux du Palais-Royal dont elle était émaillée semblaient autant de points d'exclamation destinés à signaler les imperfections de son corps. » — « Son regard aurait fait mûrir les pêches de votre espalier. » — « Si vous avez jamais visité des forges à minuit, vous avez dû remarquer la lueur étrange que projette une plaque d'acier chauffée au rouge brun : voilà tout justement la couleur de ses regards. » C'est un amoureux qui parle, veuillez le noter, et apprenez de lui ce qui se passe quand on le devient : « Il me sembla que quelque chose s'était brisé dans la boîte osseuse de ma poitrine, au-dessous de l'os appelé sternum. »

CATHOS

Vous avez plus de peur que de mal, et votre cœur crie avant qu'on l'écorche.

MASCARILLE

Comment diable ! Il est écorché depuis la tête jusqu'aux pieds (1)

Malgré ces défauts, le *Roi des montagnes* n'en reste pas moins le meilleur ouvrage de M. About. Dans ce genre même où il semblait devoir plus particulièrement réussir, et qui, n'exigeant ni sérieux dans l'invention ni vérité dans les caractères, demande seulement de l'esprit (M. About en avait à revendre), il a

(1) *Les Précieuses ridicules*, scène x.

vainement récidivé. Il ne lui fut pas donné de retrouver l'inspiration heureuse sous laquelle il avait écrit, un jour de soleil et de belle humeur, pour son seul plaisir et pour le nôtre, sans arrière-pensée physiologique ou humanitaire, l'amusante histoire du botaniste Hermann et de ses compagnes, les deux Anglaises, tombées au pouvoir d'Hadgi-Stavros.

Le *Roi des montagnes* avait l'avantage de se passer au pays de l'*Odyssée*, dans la patrie de ce sage Ulysse qui a mis le premier en pratique le vieux proverbe : *A beau mentir qui vient de loin*. L'*Homme à l'oreille cassée* se passe à notre porte. En donnant pour cadre à un conte fantastique Paris et Fontainebleau, M. About allait au-devant d'un péril que son habileté n'a point suffi à conjurer, ainsi que le montrera une courte analyse.

Le 18 mai 1859, — M. About est le premier de nos romanciers pour l'exactitude... des dates, — Léon Renault, ingénieur civil, revient de Russie en France, à Fontainebleau, pour épouser sa cousine Clémentine. Le soir même de son arrivée, il lui raconte l'histoire d'une momie qu'il a achetée à Berlin et qu'il s'empresse de mettre sous les yeux de sa fiancée, non sans déchirer maladroitement l'ourlet de l'oreille droite. Cette momie est celle d'un ancien colonel du 23e de ligne, fait prisonnier par les Russes, au mois de novembre 1813, atteint de congélation dans la forteresse où on l'avait renfermé, cru mort et vendu comme tel au savant professeur Meiser, inventeur d'un procédé de dessiccation, grâce auquel un être vivant, fût-ce un vieillard cacochyme, pouvait être endormi, indéfiniment conservé et réveillé au bout de cent ans et plus, pour peu qu'on lui rendît les 60 litres d'eau nécessaires au mouvement de la machine humaine. « La faculté de renaître n'est pas le privilège d'une seule espèce; on l'a constatée chez des animaux nombreux et divers : les *volvox*, les petites anguilles ou anguillules ;... les *rotifères*, qui sont de petites écrevisses armées de carapaces, munies d'un intestin complet, de sexes séparés, etc., etc. » C'est Léon Renault qui enseigne toutes ces belles choses à sa cousine, le soir même de son arrivée, dès leur première entrevue. Il ne pouvait évidemment rien trouver de mieux que cette dissertation sur les volvox et les rotifères pour célébrer le bonheur qu'il éprouvait, après trois ans d'absence, à revoir Clémentine, *dont il était très amoureux*. La leçon d'histoire naturelle ne devait pas être perdue : Clémentine s'éprend aussitôt *d'une vraie passion pour cette momie anonyme* (1). Nos romanciers d'autrefois, ceux du vieux jeu, appellent cela le *coup de foudre.* « Clémentine rouvrit la boîte de noyer, s'agenouilla devant la momie et la baisa sur le front. » A partir de ce moment, elle ne veut plus entendre parler de la célébration de son mariage avec Léon. « Elle recherchait maintenant la compagnie du docteur Martout, l'ami de M. Pouchet, de Rouen ; elle discutait avec lui ; elle voulait voir des expériences sur la résurrection des rotifères... Aux tendresses les

(1) P. 54.

plus touchantes de son futur, la jeune fiancée répondait par des discussions sur le principe vital (1). » Cependant le colonel Fougas, — une lettre du neveu du docteur Meiser avait fait connaître son nom, — est rappelé à la vie, le 17 août 1859, après un sommeil de 46 ans ; il rouvre les yeux, aperçoit Clémentine, s'élance sur elle et, la couvrant de baisers : « Clémentine, s'écrie-t-il, les destins amis te rendent à ma tendresse ! Je retrouve la compagne de ma vie et la mère de mon enfant (2) ! » Il veut l'épouser, mais il faut auparavant qu'il aille à Paris pour voir l'empereur et se faire réintégrer dans son grade. Nous assistons ici à une nouvelle édition de ce vieux conte renouvelé de la Grèce... ancienne : *le réveil d'Epiménide*. Pour n'être pas neuf, le cadre prêtait néanmoins à des détails piquants ; il pouvait servir à mettre en opposition les hommes et les choses, les événements, les idées et les mœurs de deux époques, le premier et le second Empire, qui, à côté de plus d'une analogie, présentent tant et de si nombreuses dissemblances. M. About est passé à côté de son sujet sans paraître le soupçonner. Aussi bien, ce qu'il voulait faire, ce n'était point un conte satirique, mais un roman physiologique et matérialiste, destiné à servir de pièce justificative au système de son ami *M. Pouchet, de Rouen*, sur la génération spontanée. Quoi qu'il en soit, le colonel Fougas se rend de Paris à Dantzick

---

(1) P. 75.
(2) P. 141

pour recueillir un héritage d'un million, revient à Fontainebleau le 5 septembre, met son million aux pieds de Clémentine et se dispose à la conduire à l'autel, quand il s'aperçoit tout à coup, — il était temps, — que Clémentine est sa petite-fille. En conséquence, Léon épouse sa cousine, et, à l'issue du repas de noce, le brave colonel, qui n'a pu obtenir, à cause de son grand âge, d'être promu au grade de général de brigade, se suicide : c'était le 17 septembre 1859.

Je ne reprocherai pas à l'auteur de l'*Homme à l'oreille cassée* de nous avoir fait un conte à dormir debout, mais je rappellerai que la première condition à remplir, lorsqu'on écrit un conte fantastique, c'est de croire, ou tout au moins d'avoir l'air de croire *que c'est arrivé*. Le pire, en pareil cas, c'est de craindre de paraître dupe. Or, cette crainte est justement ce qui préoccupe par-dessus tout M. Edmond About. A chaque phrase, presque à chaque mot, il cligne de l'œil vers son lecteur et, désignant ses personnages, semble lui dire : « Hein! comme je me moque de ces gens-là ! »

Ce n'est pas qu'il ne multiplie les détails techniques, les chiffres précis, les dates exactes, et qu'il ne nous donne sur chaque question *le dernier état de la science;* mais de quel intérêt peuvent être ces dissertations scientifiques greffées sur des incidents grotesques ? On peut sans doute introduire la science dans le roman, et M. About ne fait ici qu'imiter Edgar Poë et l'une de ses histoires extraordinaires: *la Vé-*

rité sur le cas de M. Valdemar. Dans le *cas de M. Valdemar,* comme dans celui du colonel Fougas, il s'agit de rechercher jusqu'à quel point ou pour combien de temps on peut arrêter les empiétements de la mort. Chez le conteur américain, comme chez le romancier français, le procédé est le même : arriver, à l'aide des données fournies par la science et grâce à l'extrême précision des détails, à rendre vraisemblable ce qui est impossible. Voilà la ressemblance. Voici maintenant la différence : il a suffi à Edgar Poë d'un petit nombre de pages pour exciter l'intérêt, la pitié, la terreur ; M. Edmond About a noyé son sujet en un volume au milieu duquel surnagent à peine quelques mots heureux et quelques scènes amusantes.

L'Homme à l'oreille cassée était loin de valoir le *Roi des montagnes.* Le *Nez d'un notaire* ne vaut pas l'*Homme à l'oreille cassée,* et le *Cas de M. Guérin* ne vaut pas le *Nez d'un notaire.*

C'était en 1862. M. About et *Gaëtana* (nous dirons deux mots tout à l'heure de cette sœur cadette de *Guillery)* étaient tombés de compagnie sous les sifflets les plus drus, les mieux nourris, qui aient jamais fait retentir les voûtes sonores de l'Odéon. Cette fois encore, le spirituel écrivain avait une revanche à prendre. La demander au théâtre, il n'y fallait pas songer. Il revint au roman et écrivit le *Nez d'un notaire.*

Maître L'Ambert, notaire à Paris, donne un coup de poing sur le nez d'Ayvas-Bey, secrétaire de l'ambassade ottomane. Ayvas-Bey coupe le nez de M[e]

L'Ambert. Un chat qui passait par là emporte le précieux appendice ; le notaire court après le chat, qui se jette dans un puits en communication avec les catacombes. Ne pouvant suivre plus loin la maudite bête, M⁰ L'Ambert rentre chez lui et fait appeler le docteur Bernier, chirurgien de l'Hôtel-Dieu, professeur de clinique, etc., etc. Ce savant homme met la main sur un Auvergnat, *Chébachtien (sic)* Romagné, qui, pour 100 louis, laisse coudre son bras au visage du notaire. Au bout d'un mois on les sépare, et M⁰ L'Ambert se trouve à la tête d'un nez magnifique. Les choses vont au mieux pendant quelque temps ; mais un beau jour le nez s'enfle et rougit : on se met en quête de Romagné, que l'on trouve ivre-mort. Un peu plus tard, le nez pâlit et s'effile : c'est que Romagné est malade et ne mange plus. Un soir, dans un salon du faubourg Saint-Germain, M⁰ L'Ambert parle auvergnat : Romagné a un rhume de cerveau. Pour couronner ses mésaventures, le notaire se dispose à prendre femme ; le jour de la noce, son nez disparaît et sa fiancée s'évanouit. Romagné, qui vient d'entrer chez un *mécanichien (sic)*, a eu le bras *pinché (sic, sic)* dans un engrenage.

Sur ce thème, l'auteur de la *Grèce contemporaine* a écrit deux cents pages qui ne valent pas le vers de Regnard :

Que feriez-vous, monsieur, du nez d'un marguillier ?

L'idée première seule est assez drôlatique. Mais elle

n'appartient point à M. About. Voici, en effet, ce que je lis dans le *Corsaire* du 18 février 1849 :

« Méry, l'éternel conteur, dont les histoires hyperboliques ne brillent pas généralement par la vraisemblance, donnait celle-ci pour vraie à quelques amis assemblés :

« — Un monsieur, disait-il, qui, par suite d'accidents
« trop longs à raconter, avait complètement perdu son nez,
« s'en fit composer un par un docteur célèbre ; mais ne vou-
« lant pas dépouiller son front au profit de ses fosses nasa-
« les, il le fit tailler en plein dans la partie la plus charnue
« d'un Auvergnat payé à cet effet, et se le fit appliquer.

« Tout alla bien d'abord ; mais ce nez exilé regretta son
« pays natal, et, tourmenté par la nostalgie, il se rida, pâlit,
« se couvrit de taches violacées et devint horriblement laid.
« Ce n'était encore rien.

« Un beau jour, en se réveillant, le pauvre homme ne
« trouva plus son nez à la place habituelle, et, après des
« recherches minutieuses, il le découvrit dans les plis de ses
« draps. Furieux, il se rendit chez son médecin pour lui
« laver la tête ; mais sa colère ne tint pas contre l'excellente
« raison que lui donna l'homme de la science. « Que vou-
« lez-vous ? s'écria ce praticien avec une logique écrasante,
« l'Auvergnat est mort. »

L'idée première du *Nez d'un notaire* appartient donc à Méry et au *Corsaire* de 1849. M. About s'est bien gardé d'avouer son emprunt : à *Corsaire* corsaire et demi.

Avec le *Cas de M. Guérin*, je suis, je l'avoue, beaucoup moins à mon aise qu'avec le *Cas de Mᵉ L'Ambert*. Le *Cas de M. Guérin* ne relève pas de la critique littéraire. Ce livre est un défi à l'honnêteté et au bon sens, une orde gageure, une de ces œuvres qui, suivant le mot de La Bruyère, sont « le charme de la canaille ».

VI

En toutes choses, comme Petit-Jean, M. About commence bien et finit mal. Nous venons de le voir pour ses *Contes* ; il nous faut aussi le constater pour ses romans, ses nouvelles et ses pamphlets.

En terminant la préface de la seconde édition de *Tolla*, il disait : « Je sais qu'il me reste encore quelques incrédules à convaincre et que la paternité de ce roman me sera acquise lorsque j'en aurai fait d'autres. Je me lève matin et j'écris un peu tous les jours pour prouver que je ne suis pas un plagiaire. » Le mouvement était beau, l'intention était bonne : l'événement y a-t-il répondu ?

Le roman veut autre chose que de l'esprit. Le romancier digne de ce nom doit savoir observer et savoir peindre ; il doit avoir en lui la passion qui échauffe, l'originalité qui crée, la puissance qui fait vivre. Or la puissance, l'originalité, la passion, le don d'observer et de peindre, M. About n'a rien de tout cela.

Ses personnages ne vivent pas ; ce sont des marionnettes dont il tient les fils et qu'il fait parler lui-même. Aussi ont-ils tous de l'esprit et tous le même esprit. Qui en a entendu un les a tous entendus ; qui en connaît un les connaît tous.

Des qualités que j'indiquais tout à l'heure, la première et la plus essentielle est l'originalité. C'est justement celle qui manque le plus à l'auteur de *Tolla*. Venu au moment où le succès posthume de Balzac atteignait son apogée, il a imité Balzac. Il a fait de son mieux pour éviter les défauts du maître; il a ramené ses héros à des proportions bourgeoises; il a taillé de petits bonshommes dans ses statues; il a réduit ses gros volumes aux dimensions exiguës de la *Bibliothèque des Chemins de fer*; il a estompé ses immoralités, corrigé ses hardiesses; en un mot, il n'a rien négligé pour devenir le *Balzac des familles*.

En dépit de ses efforts, son entreprise est demeurée vaine. Si incomplet qu'il fût, le talent de Balzac était énorme, et l'auteur des *Parents pauvres* est un géant auprès de l'auteur de *Germaine*, qui pourrait tout au plus prétendre à l'honneur d'être le *Balzac de Lilliput*. Lorsqu'on voit, en effet, M. About chercher à emprisonner le gros et grand Balzac dans un habit à la mode de 1856, on ne peut se défendre de songer à ce tailleur lilliputien qui prenait mesure à Gulliver d'*un habit à la mode du pays*.

Je n'ai point dessein, on le comprend, de faire une étude particulière de chacun des romans de M. Edmond About; il me suffira de dire quelques mots de celui qui a eu le plus de succès et où l'on s'accorde généralement à voir son œuvre la plus forte, le roman de *Germaine*.

Le comte Gomez de Villanera, qui a 1,400,000 francs de rente, désire légitimer l'enfant qu'il a eu de

Mme Chermidy (saluez, lecteur, ou plutôt ne saluez pas une ancienne connaissance, Mme Marneffe des *Parents pauvres*). « Mariez-vous pour quelque temps, dit Mme Chermidy à cet excellent Villanera ; épousez une jeune fille qui reconnaîtra notre fils le jour du contrat. Le docteur Le Bris vous trouvera ce qu'il vous faut... parmi ses malades. » Le docteur Charles Le Bris, *un des hommes les plus aimés de Paris*, un *charmant homme de bien*, se charge volontiers de demander, pour le comte de Villanera, la main de Mlle Germaine de la Tour d'Embleuse, qu'il soigne depuis longtemps, qui est phtisique et n'a plus que quatre mois à vivre. C'est le 1er janvier 1853 que la demande est faite. M. About, nous avons déjà eu occasion de le constater, est d'une merveilleuse précision en ce qui touche l'*art de vérifier les dates* appliqué au roman. Sur ce chapitre, il laisse bien loin derrière lui George Sand, Balzac et Jules Sandeau. Ni Balzac n'a été capable de nous apprendre en quelle année Eugénie Grandet a épousé le président de Bonfons, ni Jules Sandeau de nous dire le jour où le bon docteur Herbeau, monté snr sa vieille jument Colette, a fait pour la première fois son entrée au château de Riquemont. Quant à George Sand, vous pourriez lire vingt de ses volumes avant d'y trouver une seule date, et M. About a dû être souvent tenté de lui dire :

Dans le calendrier lisez-vous quelquefois?
Vous verrez qu'aujourd'hui c'est le premier du mois.

Donc le 1ᵉʳ janvier 1853, le docteur Le Bris demande au duc de la Tour d'Embleuse, — une doublure du baron Hulot, de Balzac, — la main de sa fille, et il offre au futur beau-père, de la part de son futur gendre, 50,000 francs de rente. Un mois après, la noce avait lieu à Saint-Thomas d'Aquin. Les nouveaux époux partent pour l'Italie en compagnie de cet excellent docteur Le Bris, et, après avoir visité Rome, Naples, Sorrente et Castellamare, vont à Malte, puis à Corfou, dont le climat procure à la comtesse un mieux inespéré. Mᵐᵉ Chermidy, qui est restée à Paris, où elle trouve le moyen de se faire offrir par le duc de la Tour d'Embleuse le million qu'il a reçu en échange de sa fille, et de se faire livrer par-dessus le marché les lettres de Germaine, apprend qu'elle va guérir. Comment arrêter en chemin cette guérison qui renverse tous ses projets ? Elle cherche un forçat, s'en procure un, le respectable Mantoux, dit *Peu-de-Chance*, et lui fait donner à table, par un professeur de médecine légale, et sans que celui-ci s'en doute, les renseignements les plus précis sur l'emploi des poisons, scène empruntée au roman des *Intimes*, de Raymond Brucker et Léon Gozlan. Après cette honnête préparation, Mantoux est introduit par l'intermédiaire et sous le patronage du duc, dans la domesticité de la comtesse. Il débarque à Corfou, achète quelques grammes d'acide arsénieux et se met en devoir d'empoisonner Germaine à petites doses. Naïf et trop innocent forçat ! Il avait été pourtant à bonne école, mais il ignorait que l'arsenic, absorbé à doses très faibles, est un remède contre la phtisie. Grâce aux bons soins de Mantoux, la guérison marchait à grands pas, lorsqu'une imprudence de Germaine vient tout compromettre. Le docteur Le Bris écrit à Paris que tout est perdu. A cette nouvelle, Mme Chermidy part pour Corfou, y débarque, *le 24 septembre*, et trouve Germaine remise sur pied. Profondément déçue, elle charge Mantoux de donner un coup de couteau à la comtesse, et lui promet pour cela 50,000 francs, non sans l'avoir averti, au préalable, qu'elle en a 100,000 dans son secrétaire. Mathieu Mantoux a lu l'*Innocence d'un forçat :* il ne trouve rien de mieux à faire que d'imiter son prédécesseur Bonnemain et de copier servilement une scène entière de la jolie nouvelle de Charles de Bernard. Il tue Mme Chermidy et vole les 100,000 francs. Le duc de la Tour d'Embleuse, arrivé de Paris ce soir même à la recherche... de sa fille ? — non, de Mme Chermidy, — pénètre dans la chambre et passe les dernières heures de la nuit accoudé sur le cadavre : il était devenu fou. La justice n'a pas de peine à établir que c'est lui qui, dans un accès de folie, a tué Mme Chermidy : ainsi finit *Germaine*, ainsi finit également l'*Innocence d'un forçat*. A peine Bonnemain a-t-il assassiné M. Gorsaz, que Mme Gorsaz, frappée de folie comme le duc de la Tour d'Embleuse, entre dans la chambre, s'asseoit à côté du cadavre de son mari et joue avec des pièces d'or ensanglantées. L'enquête judiciaire démontre, d'une façon péremptoire, que c'est elle qui a commis le meurtre dans un accès de somnambulisme.

Comme on en peut juger par cette analyse, le livre de M. About n'est qu'un pastiche de Balzac et de Charles de Bernard ; point d'invention, point de caractères, point de situations ni de personnages qui méritent d'être pris un seul instant au sérieux. Il n'y a là rien qui doive étonner, puisque l'auteur lui-même ne prend pas au sérieux ce qu'il écrit. En veut-on un exemple? A l'endroit le plus tragique, au début du chapitre consacré à raconter l'assassinat de Mme Chermidy, chapitre intitulé : *le couteau*, M. About s'amuse à parodier le début du premier livre de *Télémaque :* « Mathieu Mantoux ne pouvait se consoler de la guérison de Germaine. Dans sa douleur, il négligeait son service et s'égarait en rêvant autour de la villa. »

VII

Cette absence de sérieux est, avec l'absence d'originalité, le défaut capital de tous les romans de M. About, de la *Vieille Roche* comme de *Germaine*, de l'*Infâme* comme de *Madelon*, — de *Madelon* qui commence à merveille, mais qui verse bientôt dans l'économie politique et dans le mélodrame, et demande tour à tour ses inspirations à Eugène Sue et à la *Maison rustique au XIXe siècle.*

Dans l'*Infâme*, l'auteur touche à des côtés honteux, il exploite de malsaines curiosités, si bien que son livre échappe à l'analyse. Le héros, Jean-Pierre Gautripon, habite un des plus somptueux hôtels de l'avenue des Champs-Elysées. On cite comme des merveilles sa galerie de tableaux et ses écuries. Le train de sa maison représente au bas prix cent mille francs par mois. Or, il était, hier encore, expéditionnaire à dix-huit cents francs, et sa femme, ancienne élève de Saint-Denis, ne lui a apporté que douze cents francs de rente. Jean-Pierre cependant ne fait pas de dettes, grâce à l'inépuisable obligeance de son ami Léon Bréchot, qui a une fortune de cinquante millions et qui défraie largement toutes les dépenses du ménage. N'allez pas vous récrier ! Gardez-vous de conclure, avec vos préjugés étroits, à l'*infamie* de ce pauvre Gautripon ! Apprenez en effet qu'il élève comme siens les trois enfants de son ami Bréchot, couvre de son nom et de sa présence Mme Gautripon, et tue proprement en duel ceux qui trouvent à redire à sa conduite ! Apprenez encore que ce galant homme, pour lequel M. About n'a point assez de fleurs et de couronnes, s'il habite le splendide hôtel, dont l'ami Léon paye le loyer, se retire, discrètement, la nuit venue, dans une mansarde de la rue de Ponthieu, au cinquième étage, et que, s'il dîne, le soir, à l'hôtel de l'avenue des Champs-Elysées, il déjeune, le matin, rue de la Vieille-Estrapade, au cabaret du *Fidèle Cocher*.

On ne me saura pas mauvais gré, je l'espère, de ne point pousser plus avant une analyse impossible. Ces quelques lignes suffisent d'ailleurs pour montrer que M. About, une fois de plus, a copié Balzac. Son Gautripon est imité du marquis d'Espard, ce pauvre volontaire qui vit dans une misérable maison de la rue de la Montagne-Sainte-Geneviève, pendant que sa femme donne des fêtes en son hôtel de la rue du Faubourg-Saint-Honoré. J'ajoute que, dans l'*Infâme*, l'immoralité et la médiocrité marchent de pair, tandis que l'*Interdiction* de Balzac est un chef-d'œuvre, un livre d'une haute portée morale.

Lorsqu'il ne pille pas Balzac, Charles de Bernard, Léon Gozlan, Méry ou quelque autre, M. Edmond About se pille lui-même. Dès le début de l'*Infâme*, il fait un premier emprunt à *Germaine*. Léon Bréchot marie son ami Gautripon à Mlle Pigat, l'ancienne élève de Saint-Denis, afin de légitimer ses enfants, comme Mme Chermidy, pour légitimer son fils, fait marier le comte Gomez de Villanera avec Mlle de la Tour d'Embleuse. Plus loin il fait un second emprunt à un autre de ses romans. Aux dernières pages de la *Vieille Roche*, le comte Gontran de Mably, un viveur émérite, renonce à Paris et au Jockey-Club, pour aller exploiter une papeterie dans les environs de Grenoble, — sans pour cela réussir à se mettre bien dans les papiers de la critique. A son tour, l'admirable Gautripon prend sa retraite, avec ses enfants, — pardon, avec ceux de l'ami Bréchot, — non plus dans l'Isère, mais dans le Nord, à la filature des *Trois-Croix*, « bien connue sur les principaux marchés de l'Europe, construite à neuf par un homme pratique et outillée dans la perfection. » M. About a-t-il compris que ce dénouement industriel était un peu trop cousu de fil blanc ?

On est tenté de le croire, lorsqu'on le voit accumuler, pour finir, les horreurs les plus fantastiques. Léon Bréchot, qui rôde la nuit autour de l'usine, veut en escalader les murs et se fêle le crâne. L'affaire fait du bruit, et Gautripon quitte la France pour l'Italie, la filature des *Trois-Croix* pour la ferme de Castelmonte, en Calabre, où il arrive avec Mme Gautripon et les trois enfants. Il y est rejoint, un beau jour, par un officier en chemise rouge, cet excellent, ce brave Bréchot, Léon Bréchot lui-même, devenu un des lieutenants de Garibaldi (ce n'est pas nous qui le faisons dire à M. About). A quelque temps de là, des bandits napolitains attaquent la ferme, et Gautripon, atteint de dix ou douze blessures, meurt en exprimant le vœu que son fidèle ami Bréchot épouse Mme Gautripon ; il meurt, non sans avoir savouré la douceur de ces paroles que lui adresse l'auteur, par la bouche d'un de ses personnages : *Tu es bon, tu es noble, tu es grand! tu es le premier entre tous les hommes!*

L'industrie joue un grand rôle dans les dénouements de la *Vieille Roche* et de l'*Infâme*. Dans les *Echasses de maître Pierre* et dans *Ahmed le Fellah*, elle tient toute la place et dit à l'imagination, au sentiment, à la poésie :

> La maison est à moi, c'est à vous d'en sortir.

Maître Pierre est un berger des Landes qui assainit, qui défriche, qui fait du drainage en grand, gagne 25 mille livres de rente et raconte son histoire à M. About.

Ahmed est un fellah des bords du Nil qui applique avec succès à la terre de la vieille Egypte les méthodes agricoles les plus modernes, gagne 500 mille livres de rente, et raconte son histoire à M. About.

Maître Pierre est aimé de Marinette, une honnête fille, qui, depuis douze ans, ne le quitte pas plus que son ombre, et dont les échasses sont toujours voisines des siennes. Il l'aime et l'épouserait volontiers, n'était la crainte que son mariage ne nuisît au défrichement des Landes. M. About le rassure, prend en main la cause de Marinette, la plaide, la gagne et s'éloigne au galop de ses trois chevaux. « Quand je retournai les yeux, dit-il, un vaste compas se dessinait au milieu de la route ; c'était Marinette dans les bras de maître Pierre. »

Ahmed est amoureux de miss Grace, qui donnerait sans trop de répugnance sa main à un musulman, mais qui se laisse arrêter par d'autres obstacles. Heureusement, M. About est là pour les aplanir et lui montrer le néant des préjugés qui la retiennent. En Egypte comme dans les Landes, auprès de miss Grace comme auprès de maître Pierre, le spirituel avocat ne perd pas ses paroles. Au moment de s'éloigner de Port-Saïd, il se retourne vers le *Butterfly*, à bord duquel se trouvent Ahmed en robe bleue et miss Grace en peignoir blanc : « Pendant huit ou dix minutes, deux figures humaines, l'une vêtue de bleu, l'autre de blanc, s'entretiennent avec vivacité à l'arrière ; on distinguait des gestes animés, pour ne pas dire violents. La robe bleue s'incline comme pour prendre humblement congé et s'approche du bordage ; le peignoir blanc ouvre ses bras, les deux taches n'en font plus qu'une. »

On le voit, M. About ne se fait pas faute de faire servir deux fois ses dénouements et, dans ses romans agricoles, de tirer deux moutures du même sac. Au fond, du reste, *Ahmed le Fellah* n'est pas autre chose qu'une longue et ennuyeuse réclame en faveur du vice-roi d'Egypte, de son gouvernement et de ses ministres. Le roman n'est là que pour faire passer le panégyrique. Rien de plus insignifiant que les amours d'Ahmed et de miss Grace ; d'Ahmed, qui mène de front la culture *intensive* et le culte de la beauté, et de miss Grace, qui traite son amoureux de grand *gorille noir*. Honny soit qui mal y pense ! Le vrai héros du livre, c'est le khédive, — le khédive de 1869, — un *client* qui payait généreusement ses avocats, un homme d'esprit qui, appréciant à leur valeur les talents de M. About, avait mis un bateau à vapeur à sa disposition, lui avait fourni des cuisiniers, l'avait comblé des attentions les plus délicates, si bien que notre auteur, en quittant l'Egypte, n'a pu manquer de dire au vice-roi ce que disait à Eraste l'immortelle Marinette (ce n'est pas de celle de *maître Pierre* que je veux parler) :

Pour vous, on emploira toutes sortes d'efforts.

Qu'ils aient pour théâtre la France ou l'Egypte, les romans *utilitaires* de M. Edmond About sont la glorification du *PROGRÈS*, le seul Dieu devant lequel s'incline l'auteur du *Nez d'un notaire*. Il lui a du reste consacré tout un volume sous ce titre même : *le Progrès* (1). Dans ce gros livre, il expose longuement sa métaphysique, sa morale et sa théodicée. « *LE CERTAIN*, écrit-il, c'est qu'entre les grands singes passionnés et intelligents de l'Afrique centrale et les premiers hommes nus, désarmés, ignorants, farouches, toute la différence consistait en un degré de perfectibilité (2). » Plus loin il parle des « carnassiers *SES* précurseurs » (3). Il affirme que l'homme a commencé par être « UN SOUS-OFFICIER D'AVENIR DANS LA GRANDE ARMÉE DES SINGES » (4).

Le matérialisme ne s'est jamais affiché avec plus d'impudeur. Voici en quels termes notre philosophe définit le bien : « Le bien, c'est l'existence. » A cette question : « Quel est l'idéal du progrès ? » il répond : « C'est le maximum du bien désirable ici-bas, c'est que la vie atteigne en quantité et en qualité les dernières limites du possible... Ce but est souverain ; pour l'approcher, *tout est permis*. Aucun des actes qui tendent là ne peut être jugé mauvais sur le globe ni ailleurs. C'est la seule occasion où la fin justifie les moyens (5). » Il évite le mot *devoir* avec autant de soin que le mot *Dieu* : « Vous remarquerez peut-être, si vous lisez ce livre jusqu'au bout, que j'évite le mot *devoir*, quoiqu'il soit très sonore, très clair et très

---

(1) 1 vol. in-8, 1864.
(2) *Le Progrès*, p. 16.
(3) P. 18.
(4) P. 21.
(5) P. 19.

noble. C'est que je me suis interdit la plus furtive excursion dans la métaphysique (1). » En sa qualité de positiviste, « rebelle à toutes les séductions de l'hypothèse », il se gausse de la religion et des miracles; mais dans les élans de sa dévotion au Progrès, il écrit avec un sérieux admirable : « L'industrie est une providence. C'est à elle que nous devrons un jour d'être tous éclairés et tous honnêtes. *Elle fera des hommes sans préjugés et sans vices, comme elle a créé des taureaux sans cornes : le miracle n'est pas plus grand* (2). »

Nous avons dû signaler, dans les romans de M. About, une absence d'imagination vraiment remarquable. Cela tient peut-être à ce qu'il réservait, pour ses ouvrages d'économie politique, celle qu'il avait reçue en partage. S'il a été romanesque une fois dans sa vie, c'est précisément dans ce livre sur le *progrès*, dédié d'ailleurs à *M*^{me} *George Sand*. Dans son chapitre sur l'association, il propose d'établir, à Paris et dans tous les chefs-lieux de département, une centaine de clubs, installés sur le même pied que le « Jockey », où, moyennant « un sou par jour », tous les commis-voyageurs de France seront nourris aussi bien qu'au Jockey-Club de Paris, prendront le meilleur café, trouveront les meilleurs livres. « Pour la nourriture de l'esprit, on traiterait avec la société Franklin, qui établirait partout des bibliothèques

(1) P. 42.
(2) P. 53.

constamment renouvelées. Un voyageur prendrait un livre à son cercle en quittant Paris (*Germaine*, par exemple, ou *Madelon*), et l'échangerait jusqu'à vingt fois de club en club, tout le long de sa route (1). »
On parle d'élever un monument à M. Edmond About. Si la reconnaissance n'est pas un vain mot, MM. les commis-voyageurs se doivent à eux-même de souscrire les premiers à ce monument « intime et cordial. »

A cette souscription ne manqueront pas non plus de prendre part Messieurs les Agents de change et les Compagnies d'assurances sur la vie. En 1866, les directeurs de ces Compagnies lui avaient demandé une brochure-réclame dont ils se faisaient besoin (2). Il avait exécuté sur mesure la commande, dont le coût était de cinq mille francs, qui lui furent comptés en bons louis d'or et pistoles bien trébuchantes. L'auteur d'*Ahmed le Fellah* n'avait point de sottes délicatesses : il tenait que le talent est un capital et doit, à ce titre, produire intérêt. Déjà, quatre ou cinq ans auparavant, il avait rempli une autre commande du même genre, qui lui venait cette fois de Messieurs les Agents de change de Paris. Il leur en avait donné pour leur argent, célébrant avec enthousiasme les bienfaits de la spéculation, les charmes de la prime et la poésie des reports (3). Aussi bien, qui pouvait s'étonner de voir l'auteur des *Mariages de Paris* vanter les beautés de la corbeille ?

(1) P. 86 à 91.
(2) *L'Assurance,* par Edmond About, 1860.
(3) *Ces Coquins d'Agents de change*, par Edmond About, 1861.

VIII

Utilitaire ou non, le roman, nous venons de le voir, était trop lourd pour les épaules de M. Edmond About, plus apte, ce semble, à porter le poids plus léger de la nouvelle. Les *Mariages de Paris* forment un recueil agréable et pour lequel je serais moins sévère que l'auteur lui-même, écrivant dans les *Dernières Lettres d'un bon jeune homme :* « Le public s'est montré trop doux pour les *Mariages de Paris*, un volume de nouvelles *fort médiocres* et que je n'écrirais plus si c'était à refaire (1). » On doit bien penser que cet accès de modestie dura peu. Publiant, à quelque temps de là, les *Mariages de province*, M. About se posait, dans la dédicace, cette question prodigieuse : « Dans vingt ans que préférera-t-on des *Mariages de Paris* ou des *Mariages de province ?* » Cela était écrit en 1867. Les vingt ans sont passés. Nous voilà en 1887, et je dois dire que toutes les personnes à qui j'ai demandé ces jours-ci : « Que préférez-vous des *Mariages de Paris* ou des *Mariages de province ?* » ont cru tout bonnement que j'étais fou.

M. Emile Montégut a fait un juste et suffisant éloge des nouvelles de M. Edmont About lorsqu'il a dit : « Elles sont assez récréatives sans doute, mais elles ont le grand tort de n'être que cela (2). » Elles renfer-

---

(1) *Dernières Lettres d'un bon jeune homme*, p. 318. — 1862.
(2) *Revue des Deux Mondes*, 15 août 1859.

ment infiniment d'esprit (avec M. About, c'est toujours là qu'il faut en revenir), mais c'est tout et ce n'est pas assez. Cet esprit d'ailleurs ne laisse pas d'être un peu vulgaire, grossier souvent, presque toujours sans délicatesse et sans légèreté. Quelques citations sont ici nécessaires. Je les emprunte à *Trente-et-Quarante*, « un chef-d'œuvre » suivant les amis de l'auteur, les mêmes, il est vrai, qui lui ont rendu le mauvais service de le comparer quelquefois à Voltaire :

Le capitaine Bitterlin suivait le drapeau, comme les chiens suivent leur maître.

En 1839, il fut le père d'une fille qui naquit entre le 310° et le 311° kilomètre de la route de Strasbourg à Paris.

A quatre heures du soir, heure militaire, M. Bitterlin sortait sa fille comme un palefrenier sort ses bêtes.

Ce grand diable de nez, qui coupait en deux la figure du capitaine, comme les Apennins divisent l'Italie, avait dû faire des malheureuses en 1820.

M. Penouille réunit le mouchoir à un vaste cartilage, et fait retentir les airs d'une fanfare mélodieuse.

Les ronflements de ce gros homme avaient quelque chose de sinistre : vous eussiez cru entendre les ophicléides du jugement dernier.

Il savait que la terre n'est pas une vallée de chocolat au lait, ni de potage à la reine.

Avec quel empressement il ouvrit les fenêtres et poussa les volets ! « Il fit la lumière et vit que cela était bon », comme dit l'autre.

Ce dernier trait montre bien que M. Ordinaire ne

s'est pas trop avancé lorsqu'il a dit, dans sa lettre à Sainte-Beuve : « M. About étudiait Homère et la Bible, tout comme Bossuet. »

Une dernière citation. La fille du capitaine est élève de Saint-Denis. Le jour où Irma Bitterlin rentre à la maison paternelle, et échange l'uniforme de la Légion d'Honneur contre une jolie robe d'été, son père « jure qu'elle est d'une beauté indécente ». Et M. About, avec la délicatesse de sentiment qui lui est propre, ajoute :

La terreur du capitaine, pour être un peu exagérée, ne paraît pas absolument sotte. Elle sera comprise de tous ceux à qui la nature a confié les fonctions gratuites du dragon des Hespérides. Lorsqu'on garde les oranges et qu'on n'en mange pas, on regrette de bonne foi qu'elles soient si belles et si appétissantes. Le cas d'un mari est tout différent : d'abord, les oranges sont pour lui ; ensuite, il a la ressource de les manger toutes, si ses dents sont bonnes, et de laisser le zeste aux voleurs. C'est pourquoi la même corvée qui chargeait de soucis le front d'un père ou d'un frère aîné, apparaît comme un jeu adorable à tous les jeunes maris.

Et plus loin :

Un soir qu'Irma était un peu rêveuse pendant le dîner : « Attention ! lui cria M. Bitterlin, voilà que tu fais de l'œil à la carafe ! »
Une autre fois, comme elle l'embrassait en lui prenant la tête dans ses deux mains, il la repoussa durement et s'oublia jusqu'à lui dire : « Tu es lorette ! tu finiras mal. »

Depuis l'époque où il jouait de la sorte avec ce qu'il y a de plus pur et de plus sacré dans le cœur de l'homme, le respect du père pour sa fille, M. Edmond About s'est marié, il a eu des enfants ; il a vu grandir ses filles, il a été pour elles, nous sommes heureux de lui rendre ici ce témoignage, le meilleur des pères; s'il a relu cette page, est-ce qu'il n'a pas regretté amèrement de l'avoir écrite ?

IX

Pour compléter cette étude sur M. About, il nous reste à dire quelques mots du critique d'art, de l'auteur dramatique, du polémiste et de l'homme politique.

M. Edmond About a consacré de nombreux volumes aux expositions de peinture qui se sont succédé de 1855 à 1884. On lui doit un *Voyage à travers l'Exposition universelle des Beaux-Arts en* 1855, *Nos Artistes au Salon* de 1857, *le Salon de* 1864, *le Salon de* 1866, *le Salon de* 1884. Les Salons de Paul de Saint-Victor et de Théophile Gautier sont des merveilles de couleur et de style. Leur plume vaut le pinceau. A côté d'eux, M. About, avec son crayon finement taillé, a tracé de jolies esquisses, d'un dessin très net, mais un peu sec. Il se plaît à faire montre de ses connaissances techniques : il ne se refuse pas le plaisir de développer de savantes théories sur l'art, sur la ligne et la couleur. Seulement on sent trop qu'il n'est qu'un vulgarisateur habile et superficiel. Ce n'est pas de lui qu'on aurait pu dire ce que l'on a dit de M. Guizot : « Ce qu'il a appris de ce matin, il a l'air de le savoir de toute éternité. »

Auteur dramatique, M. Edmond About compte presque autant d'insuccès que de pièces. La chute de *Gaëtana*, drame en cinq actes et en prose joué à l'Odéon, le 3 janvier 1862, fut plus retentissante encore que celle de *Guillery*. La langue française s'enrichit même, à cette occasion, d'un mot nouveau. En 1862, et pendant les années qui suivirent, quand on voulait parler d'une pièce outrageusement sifflée, on disait : Cette pièce a été *Gaëtanée*. Après avoir tué le drame de M. About, les siffleurs voulurent l'enterrer. A l'heure de minuit, au son d'une mélopée funèbre, ils se rendirent en bel ordre au domicile de l'auteur, qui demeurait alors au passage Saulnier, et là, sous ses fenêtres, ils entonnèrent à pleine voix un chœur lamentable. Avant de se séparer, la bande nocturne fit une seconde station rue de Valois, sous les fenêtres du *Constitutionnel,* dont M. About était alors l'un des rédacteurs. Cet enterrement de *Gaëtana* n'avait rien de civil : de quelle amertume ne dut-il pas remplir le cœur du malheureux écrivain ! Il épancha sa douleur dans une *Préface* et une *Post-face* légèrement maladroites, et qui ne manquèrent pas de rappeler à plus d'un lecteur ces vers de Victor Hugo :

> Je suis émerveillé
> Comme l'eau qu'il secoue aveugle un chien mouillé.

Il représentait que son drame était « un *capital, fruit légitime de sept ou huit mois de labeur* », et que ce capital, hélas! « avait péri sans profit pour personne »! On l'avait *dépouillé du produit matériel de ses veilles!* « Si j'étais allé, ajoutait-il, me jeter à la Seine du haut d'un pont, avouez, messieurs, que vous auriez fait là une belle besogne (1). » Heureusement, il n'en avait point eu l'idée, et pour cause : il n'ignorait point qu'un homme d'esprit comme lui pouvait, sans se jeter à la Seine, trouver moyen de se faire prendre dans les filets de Saint-Cloud.

Le dramaturge sifflé était du reste dans son droit quand il maudissait ses juges et leur reprochait de l'avoir condamné sans l'entendre. Il est vrai que, s'ils l'avaient écouté, ils auraient reconnu bien vite, pour peu qu'ils eussent lu Charles de Bernard, que l'idée première et les principaux développements de *Gaëtana* étaient empruntés à l'*Innocence d'un forçat*. M. Edmond About, nous l'avons vu, avait déjà fait deux emprunts à cette nouvelle. C'était le troisième, et cela vraiment passait la permission. Grâce au tapage, nul ne s'en douta. On aurait pu siffler le plagiaire ; on se contenta de siffler le journaliste et l'homme politique. C'est de ce dernier qu'il nous faut parler maintenant.

A son retour d'Athènes, en 1854, l'auteur de la *Grèce contemporaine* avait trouvé l'empire à l'apogée de sa puissance, maître incontesté du présent, et, en apparence du moins, maître aussi de l'avenir. Il avait

---

(1) *Les Émotions d'un auteur sifflé*, par M. Edmond About.

bien pu se moquer de ce pauvre diable de roi Othon, qui avait une liste civile de 900.000 francs et une armée de 8.500 hommes. L'idée ne lui vint pas, on peut le croire, de manquer de respect à Napoléon III, qui avait une liste civile de 25 millions et une armée de 400.000 hommes. L'empire était fort ; M. About alla tout d'un trait à l'empire, comme l'alouette vole au miroir. Il offrit ses services, qui furent agréés. Nul, parmi les officieux, ne fit montre de plus de zèle, ne poussa plus loin l'adulation. Il a des accents lyriques pour célébrer Napoléon III, et salue en lui le « bienfaiteur de la nation ». La splendeur du Corps législatif — le Corps législatif de 1859 — lui cause un véritable éblouissement : « Cette assemblée ne jouit plus du *privilège ridicule* d'interrompre à tout moment la marche des affaires, de remplacer l'action par le discours, l'union par la coalition, l'intérêt public par la vanité privée, le progrès sérieux d'un grand peuple par le frétillement de quelques petites ambitions oratoires. » Le fonctionnement des candidatures officielles l'émeut jusqu'aux larmes : « Il suffit qu'un candidat se présente au nom du gouvernement pour qu'il soit élu d'emblée. Le paysan, l'ouvrier, le bourgeois se dit dans son gros bon sens : « Puisque l'empereur veut « celui-là au Corps législatif, c'est celui-là que nous « devons lui envoyer. » Heureuse intimité, trois fois heureux mariage d'un homme et d'une nation ! »

Rien de ce qui touche à l'empire et à l'empereur ne le laisse froid. S'il ne ménage pas l'auteur des *Châtiments* et les livres que celui-ci envoie de Guernesey gros livres, « de difficile concoction, véritable meule d'antithèses, de concetti, d'amphigouris et de galimatias accumulés (1) » ; s'il *blague* « l'exil de M. Victor Hugo qui n'est pas exilé », « cet interminable exil qui pourrait bien n'être qu'une spéculation (2) » destinée à faire plus abondamment pleuvoir les gros sous dans la tirelire du poète, en revanche, il professe hautement son admiration pour les drames de M. Mocquard, chef du cabinet de l'empereur. Il est de ceux d'ailleurs pour lesquels il n'y a qu'un pas des Tuileries au Palais-Royal, et le jour où le prince Napoléon pose devant lui, il trouve, pour le peindre, des tons chauds et rutilants qui n'appartiennent point d'ordinaire à sa palette un peu grise :

Le voilà bien, ce César déclassé que la nature a jeté dans le moule des empereurs romains, et que la fortune a condamné à se croiser les bras sur les marches d'un trône; fier du nom qu'il porte et des talents qu'il a révélés, mais atteint au fond du cœur d'une blessure invisible, et révolté secrètement contre la fatalité qui pèse sur lui... ; fils légitime et non bâtard de la révolution française ; né pour l'action... C'est lui qui, par curiosité, par désœuvrement, pour éteindre un peu les ardeurs d'une âme active, est allé se promener, les mains dans les poches, au milieu des banquises du pôle Nord, où sir John Franklin avait perdu la vie... C'est lui qui, hier encore au Sénat, s'est placé d'un seul bond au rang de nos orateurs les plus illustres, écrasant la papauté comme un *lion du Sahel* écrase d'un coup

---

(1) *Causeries*, 1864.
(2) *Op. cit.*

de griffe une vieille chèvre tremblante, puis, tournant les talons et revenant à sa villa de la rue Montaigne, où l'on respire la fraîcheur la plus exquise de l'élégante antiquité... C'est bien lui qui sollicitait l'honneur de conduire les colonnes d'assaut au siège de Sébastopol, et *qui est revenu à Paris en haussant les épaules, parce que la lenteur d'un siège lui paraissait stupide* (1) !

M. About a tous les courages : il exalte l'héroïsme du prince Napoléon ; il insulte, dans la personne de Pie IX, au droit vaincu, à la majesté désarmée. A la veille de l'invasion des Etats pontificaux, il écrit bravement : « Le pape n'a besoin de soldats ni pour la conquête ni pour la défense ; car ses voisins sont des princes catholiques qui se feraient un cas de conscience d'armer contre un vieillard inoffensif. » Quant à lui, comme il n'est ni prince ni catholique, il dirige contre ce vieillard, ses ministres et son gouvernement, un gros pamphlet rempli des plus grossières injures, des plus violents outrages. Ses amis se mettent alors à trembler pour sa liberté, pour sa vie peut-être. Ils assurent que son courrier lui apporte chaque matin des lettres où on lui dit, comme autrefois à Paul-Louis : *Edmond, les cagots te tueront !* Lui-même voit se dresser, pour la première fois, dans ses rêves, le spectre de la police correctionnelle, mais c'est un spectre de féerie : il est vêtu de rose et l'auteur de la *Question romaine* (2) ne fait qu'en rire.

(1) *Dernières lettres d'un bon jeune homme*, p. 240.
(2) Mars 1859.

Patience ! un jour viendra où ce spectre reparaîtra à son chevet, et cette fois il sera vêtu de noir ; il lui suffira de se montrer pour changer en cyprès les palmes vertes de l'académicien. En 1859, nous n'en sommes point encore là. Non seulement M. About n'est pas encore de l'Académie, mais il aiguise contre elle ses plus fines épigrammes, et pour un peu, il demanderait la suppression de cette institution surannée, de cette « aristocratie élective », qui ne fait pas bon ménage avec la « démocratie impériale », de cette assemblée décrépite « que l'Europe nous envie peu, qui ne fait pas son dictionnaire et qui chante pouille au gouvernement (1) ». Il rappelle à l'ordre, il traite de haut, lui, l'auteur du *Nez d'un notaire*, ces petits esprits qui s'appellent M. Villemain ou M. Cousin ! Mais c'est surtout l'évêque d'Orléans qui a le privilège de le mettre hors des gonds. Mgr Dupanloup ose tenir tête à l'empereur, il n'approuve pas sa politique et se permet de le lui dire ! M. About n'en revient pas ! C'est lui qui vengera les injures de Napoléon III et du prince Napoléon. Il s'emploie de son mieux à cette besogne, faisant flèche de tout bois, multipliant les diatribes contre cet « homme d'Orléans », qui est l'ennemi de César, « contre cet employé salarié du gouvernement », ce « fonctionnaire qui fait plus de bruit qu'une demi-douzaine d'insurgés », dont les « homélies révolutionnaires » excitent à la révolte « les formidables sociétés ultramontaines qui recrutent les

---

(1) *Le Progrès*, p. 333.

hommes par milliers ». Et comme avec M. About la gaîté française ne perd jamais ses droits, ces dénonciations sont agrémentées de plaisanteries charmantes sur le « vinaigre d'Orléans ». et sur les « Dupanlouves du Loiret (1) » !

X

Deux sentiments d'une égale violence se partageaient le cœur de M. About; il désirait avec une égale passion de voir tomber le pouvoir temporel de la papauté et de voir grandir et se développer la puissance temporelle de la Prusse. Nous aurions voulu qu'il nous fût possible de passer sous silence ses deux brochures, *la Prusse en 1860*, et *la Nouvelle carte d'Europe;* mais comment ne pas rappeler qu'il a signé de son nom, six ans avant Sadowa, ces lignes écrites à Saverne, publiées à Paris, pensées à Berlin :

Nous nous sommes pris d'une vive sympathie pour les Allemands à mesure que nous les avons mieux connus.... L'Allemagne est portée par une aspiration légitime vers l'unité et le progrès. Les Allemands ont compris qu'il était inutile et presque ridicule de nourrir trente-sept gouvernements lorsqu'il suffirait d'un seul. Ils pressentent l'énorme accroissement de force, de dignité et de grandeur, que la centralisation leur donnera quelque jour, et ils marchent au but d'un pas résolu, malgré toutes les entraves.

(1) *Lettres d'un bon jeune homme à sa cousine Madeleine.*

Jamais cette noble nation n'a été plus grande que de 1813 à 1815, car jamais elle n'a été plus une... L'Allemagne n'avait plus qu'une seule passion, qu'un seul cœur ; elle se leva comme un seul homme, et *la défaite de nos armées prouva ce que pouvait l'unité allemande...*

Que l'Allemagne s'unisse ; *la France n'a pas de vœu plus ardent ni plus cher...* Que l'Allemagne s'unisse ; qu'elle forme un corps assez compact pour que l'idée de l'entamer ne puisse venir à personne. La France voit sans crainte une Italie de 20 millions d'hommes se constituer au midi; elle ne craindrait pas de voir 32 millions d'Allemands fonder une grande nation sur sa frontière orientale....

Le peuple allemand aime la Prusse. Il regarde ses progrès avec une admiration sympathique et un intérê filial. Si elle se décidait à jouer le rôle du Piémont, tous les Allemands s'empresseraient de lui aplanir les voies. — Aujourd'hui surtout, le régent du royaume. S. A. R. le prince de Prusse, paraît être l'objet d'une adoration poussée jusqu'au fanatisme. Nous sommes heureux d'apprendre que l'unité allemande a trouvé son centre, et rien ne pourrait nous être plus agréable que de voir la nation se grouper autour d'un esprit ferme et d'un cœur droit (1).

En 1861, M. About revient à la charge. Dans une seconde brochure qui a pour titre *la Nouvelle Carte d'Europe,* il fait tenir ce langage à Napoléon III, s'adressant au prince régent : « La monarchie prussienne peut s'agrandir en Europe. Le moyen âge a

---

(1) *La Prusse en 1860,* par Edmond About. Paris, chez Dentu.

laissé autour d'elle une multitude d'Etats microscopiques, découpés au gré du hasard dans une seule et même nation. Réunissez en un seul corps ces malheureuses petites monarchies. Consultez les peuples, ils seront trop heureux de se fondre dans un grand royaume et d'*économiser 90 pour 100 sur les frais généraux* du gouvernement. Dès que l'opinion publique se sera prononcée, annexez hardiment, arrondissez-vous, prenez du corps. *Tout le monde s'en trouvera bien, et surtout les nouveaux sujets de la Prusse.* C'est pourquoi nous n'hésitons point à vous donner, dans le nord de l'Allemagne, tout ce qui ne nous appartient pas (1). »

« Est-il possible ? » demande le prince de Prusse, qui n'en peut croire ses oreilles. Eh ! mon Dieu ! oui, cela était possible, et les rêves de l'auteur de la *Nouvelle Carte d'Europe* se devaient réaliser bientôt. Ses deux brochures contiennent en germe la politique néfaste qui nous a coûté l'Alsace et la Lorraine. Le nom de M. About, — et c'est par là seulement qu'il vivra, — ne se pourra plus séparer du souvenir de nos désastres : on le lira toujours au bas de cette page, la plus triste de notre histoire.

Tant de bons et loyaux services rendus par M. Edmond About à la personne de Napoléon III et à sa politique méritaient assurément une récompense

---

(1) *La Nouvelle Carte d'Europe*, 1861. M. About a réédité cette brochure dans ses *Lettres d'un bon jeune homme*.

éclatante, et cependant la récompense ne venait pas. On lui octroyait bien, de temps à autre, un bout de ruban, celui de chevalier de la Légion d'honneur le 15 août 1858, celui d'officier le 15 août 1867. Il était aussi des fêtes de Compiègne, où il savait se rendre utile, et où les dames de la cour daignaient applaudir à ses petits vers, qui ne valaient pas sa prose. On le recevait aux Tuileries, et c'est lui qui, aux soirées intimes, tournait la manivelle du piano mécanique, aux accords duquel valsaient les invités. Mais c'étaient là menues faveurs, de celles qui s'accordent à un courtisan sans conséquence. L'auteur de *Guillery* avait des visées plus hautes : il rêvait d'un siège au Corps législatif, en attendant le Sénat. Malheureusement, les ministres ne paraissaient pas le prendre au sérieux. M. Rouher s'obstinait à ne voir en lui qu'un *amuseur*. C'était à croire que le *bon jeune homme* avait élu domicile, non dans cette coquette villa de Saverne, dont il aimait à entretenir ses lecteurs, mais dans ce *château du Guignon*, dont il a écrit la *légende* quelque part (1). Pour se déguignonner, il frappa un soir à la porte du cabinet de l'empereur. Il en sortit ayant accepté les fonctions occultes de conseiller intime. Il devait adresser au souverain, une fois par semaine, plus souvent, quand il y aurait lieu, des renseignements sur les mouvements de l'opinion. Prévost-Paradol, qu'il mit dans sa confidence, lui joua le mau-

---

(1) *Le château du Guignon, légende trop historique et malheureusement Savernoise.* CAUSERIES, par Edmond About, p. 333.

vais tour de révéler le fait. La page de Prévost-Paradol est curieuse et doit ici trouver place :

M. About a été longtemps et était naguère encore imbu de la doctrine de la souveraineté du but, et plus que bienveillant pour le gouvernement personnel. Démocrate ardent et convaincu, quoique brouillé dès ses premiers pas avec le parti démocrate, plein de confiance dans la puissance et la bonne volonté d'un seul, admettant volontiers l'existence d'une sorte de gérant qui exercerait pendant la minorité intellectuelle du peuple français une dictature bienfaisante, M. About portait dans ce genre de chimère une bonne foi dont ses amis pouvaient seuls connaître la mesure, car ses adversaires et tout le public lui trouvaient trop d'esprit pour croire une telle erreur très sincère. Pour moi, je n'ai pas oublié (il me pardonnera je l'espère, cette indiscrétion inoffensive et toute à sa louange) le jour, déjà bien éloigné, où il me proposa, avec une amicale candeur, de venir travailler à huis clos, avec lui et une troisième personne, au bonheur public. Mais l'esprit a ses droits, quoi qu'on en dise ; il réveille tôt ou tard le jugement, et cette bizarre erreur de M. About ne pouvait durer toujours.

L'indiscrétion de Prévost-Paradol enlevait à son ancien camarade de l'Ecole normale ses dernières chances. Le *guignon* décidément persistait; il devait durer jusqu'à la fin. Dans les premiers mois de 1870, il y eut une distribution de faveurs qui atteignit ceux-là mêmes qui avaient combattu l'empire avec le plus d'ardeur. Prévost-Paradol était nommé ministre plénipotentiaire près les Etats-Unis. M. J.-J. Weiss, qui s'était signalé, dans le *Journal de Paris*, par la vivacité de son opposition, devenait secrétaire général du ministère des beaux-arts et conseiller d'Etat en service extraordinaire. Le journal dans lequel écrivait alors M. About, commentait ainsi ces nominations : « La nomination de Prévost-Paradol est un *précédent à enregistrer...* On peut donc arriver sans faire queue pendant un quart de siècle dans les emplois inférieurs; *les plus lestes* couperont la file, désormais... Weiss et Paradol ont rompu le charme : *Place à l'esprit* (1). » On ne s'offre pas plus galamment. Inutiles avances ! Tout *leste* qu'il fût, M. About n'avait pu encore parvenir à *couper la file*, lorsque la guerre éclata. Réalisant *le vœu le plus ardent et le plus cher* de l'auteur de *Tolla*, *l'Allemagne s'était unie*, et bientôt nos premières défaites venaient *prouver ce que pouvait l'unité allemande*. Un autre que M. About eût été écrasé sous le poids de la responsabilité que faisait peser sur lui le souvenir de ses deux brochures, *la Prusse en 1860* et *la Nouvelle Carte d'Europe*. Il ne paraît pas en avoir été troublé outre mesure. De l'armée, qu'il accompagna pendant quelque temps, il envoyait des correspondances au journal *le Soir*. Je trouve, dans une de ses lettres, la preuve qu'il avait conservé, au milieu de ces terribles circonstances, une étrange liberté d'esprit : « Nos officiers ont des tentes. Les soldats disent : Ah ! ce n'est pas la TENTE qui nous manque, c'est l'oncle (2) ! »

---

(1) *Le Soir*, n° du 18 juin 1870.
(2) *Le Soir*, n° du 17 août 1870.

XI

L'empire tombé, M. Edmond About n'avait, ce semble, qu'un parti à prendre : renoncer à la politique, revenir aux lettres pour ne les plus quitter, et, puisque aussi bien il n'y avait plus place, au lendemain de nos désastres, pour ses petites histoires et ses petits contes d'autrefois, se consacrer tout entier à quelque grand travail, à une œuvre sérieuse, saine et forte, où se seraient déployées à l'aise les qualités de son remarquable talent. Ses débuts avaient été pleins de promesses ; le jour était venu de les tenir enfin.

Ce livre, dans lequel il aurait donné toute sa mesure, il ne l'a pas écrit. Tandis que, à côté de lui, son ancien camarade M. Taine compose, dans le silence du cabinet, sans souci du succès facile et de la popularité vaine, son *Histoire de la littérature anglaise* et ses *Origines de la France contemporaine*, M. Edmond About continue à se gaspiller et finit par se perdre. Il lui faudrait rompre avec la politique et il se rengage tout à fait avec elle. Ni les caprices ni les ingratitudes de cette fausse maîtresse ne le peuvent rebuter ; pour la suivre, il délaisse celle qui ne trompe pas, l'étude (que d'attraits sous ce nom modeste!) l'étude pure, désintéressée, généreuse et féconde. Il ne veut pas voir que seule elle peut être l'honneur de son âge mûr, comme elle a été la gloire de ses jeunes années. Il ne comprend pas qu'une heure viendra, où contemplant de ses derniers regards le toit paisible sous lequel elle s'abrite, il dira, les yeux pleins de larmes, le cœur plein de regrets : « Le bonheur était là ! »

Peu de mots nous suffiront maintenant pour terminer ce travail, que le lecteur voudra bien nous pardonner d'avoir fait aussi long.

A l'empire a succédé la république. M. Emond About n'est plus impérialiste, — est-il besoin de le dire ? — il est républicain. Il transporte son dévouement, son zèle, ses services, de Napoléon III à M. Thiers. Ne lui demandez pas d'écrire un nouveau roman ; il a bien d'autres soucis : il veut être ambassadeur. M. Thiers lui refuse cette satisfaction ; peut-être trouve-t-il que M. About n'est point d'assez bonne maison ; ou peut-être a-t-il gardé souvenir de certain pamphlet de 1865, dans lequel l'auteur des *Lettres d'un bon jeune homme* le traite comme un simple Jésuite et le met en scène sous le nom de *L. A.* (1) *Clair, ancien démocrate, ancien conservateur, ancien ministre, ancien chef de l'opposition, ancien bonapartiste, ancien chef du parti de l'ordre, actuellement député de la gauche et penchant vers la droite* (2).

En 1872, M. Edmond About abandonne le *Soir*, pour prendre la direction du *XIXᵉ Siècle*. Le 24 mai 1873, au gouvernement de M. Thiers succède celui

---

(1) L. A. Ce sont les initiales des prénoms de M. Thiers (Louis-Adolphe).

(2) *Les Conseillers d'un orateur libéral, scène de la vie politique.*

du maréchal de Mac-Mahon. Cette fois, chose inouïe ! il ne passe pas dans le camp des vainqueurs. Son opposition devient surtout extrêmement vive après le 16 mai 1877. Et les bourgeois de la rue du Sentier (c'étaient, ma foi, des gens d'esprit!) de se dire : « Votons contre le maréchal ; son gouvernement va sombrer, la chose est sûre ; sans cela, M. About ne serait pas contre lui ! »

Sa campagne en faveur des 363 avait été menée avec entrain, avec succès, et il lui était permis d'espérer qu'il serait le 364ᵉ. On lui fit sans doute l'honneur de trouver qu'il avait trop d'esprit pour cela, et on le laissa à la porte de la Chambre. J'estime que l'on fit bien : il avait du talent, il eût déparé la collection.

Si cruelle qu'elle fût, cette déception, venant après tant d'autres, ne le découragea point. Trompée du côté du palais Bourbon, son ambition se tourna vers le palais Médicis. Dès qu'un siège était vacant au Sénat, il posait sa candidature. Hélas ! le Luxembourg est voisin de l'Odéon : c'était chaque fois une chute nouvelle, et l'on entendait alors, sur les bancs du vieux palais, des rires étouffés, qui étaient comme un dernier écho des sifflets de *Gaëtana*.

L'Académie lui fut plus clémente. Sans lui garder rancune de ses épigrammes d'antan, pas même de la page où il demandait la démolition du palais Mazarin et la relégation des Quarante au musée des Antiques, elle le nomma, au mois de février 1884, pour remplacer cet honnête homme, ce vrai romancier qui avait nom Jules Sandeau. Mais il était dit que rien ne réussirait plus à celui qui avait été autrefois « l'heureux About ». Il ne put prononcer son discours de réception, il ne lui fut même pas donné de l'écrire, condamné qu'il était alors à se défendre, dans sa maison du *XIX*ᵉ *Siècle*, contre ses actionnaires qui voulaient procéder à son expulsion et le menaçaient d'une poursuite qui n'avait rien d'académique. Cette lutte brisa ses forces et hâta sa fin, si elle ne la détermina pas. Il est mort le 16 janvier 1885, n'ayant pas encore accompli sa cinquante-sixième année.

XII

En revenant, comme je viens de le faire, sur la vie de M. Edmond About, je n'ai pu me défendre d'un souvenir. Il a écrit plus d'un conte fantastique ; mais aucun d'eux ne vaut le *Pierre Schlemilh* de Chamisso, si populaire en Allemagne et en Angleterre. Pierre Schlemilh possède le sac merveilleux de Fortunatus, d'où l'on peut tirer de l'or sans l'épuiser jamais. Et pourtant il est le plus malheureux des hommes, parce qu'il a perdu son ombre : il court après elle par monts et par vaux, et sa vie se consume en cette vaine poursuite. M. About, lui, avait reçu en don le talent, qui vaut mieux que le sac de Fortunatus. Il en tire d'abord quelques jolis volumes ; et leur succès est le plus vif du monde. Mais le voilà soudain qui s'avise que, même avec le talent, on ne peut se passer d'une position politique, d'une ambassade, d'un ministère, ou, à tout le moins (le sage se contente de peu), d'un siège à la Chambre ou au Sénat ; et à partir de ce moment, il s'engage dans une poursuite folle, qui ne finira qu'avec sa vie. La joie de l'esprit, le repos, l'étude, le succès légitime, la gloire, il sacrifie tout cela pour courir après une ombre!

On sait ce que lui a coûté cette erreur. Le livre qu'on était en droit d'attendre de lui, il ne l'a pas fait. Il a successivement abordé tous les genres, mais comme il a cherché avant tout le succès rapide, immédiat, il n'a nulle part marqué profondément sa trace, pas même dans le roman et le pamphlet.

Romancier, il a composé des récits amusants, mais d'une observation superficielle, d'une invention hâtive, sans émotion et sans idéal, secs autant que spirituels, faits à souhait pour être lus en chemin de fer, — et oubliés sur le coussin du wagon.

Polémiste et pamphlétaire, il a manié gentiment le fleuret, mais à la façon d'un amateur, — un amateur de première force, je le veux bien, — qui, dans une salle d'armes, fait des passes et des voltes avec adresse. On voit trop qu'il s'agit là pour lui d'un simple jeu d'escrime. Il tourne de jolies épigrammes, il n'a ni l'exquise perfection et l'habileté merveilleuse d'un maître en l'art d'écrire, comme Paul-Louis Courier, ni l'indignation d'un satirique, comme Jonathan Swift, ni, comme Louis Veuillot, la passion d'un combattant. Le polémiste chez M. About manque de conviction, comme le conteur manquait d'imagination.

C'est un romancier qui n'a pas su faire tenir debout un seul de ses personnages, — un pamphlétaire qui n'a pas couché sur le carreau un seul de ses adversaires : il n'a jamais tué son homme. Ses articles et ses brochures ne survivront pas aux circonstances qui les ont inspirés. L'auteur des *Lettres d'un bon jeune homme*, de la *Grèce contemporaine* et de *la Prusse en 1860*, n'aura rien à démêler avec la postérité. Il ne s'inquiétait que de la galerie : c'est pour elle qu'il a travaillé — pour elle et pour le roi de Prusse.

J'entends bien ce que l'on dit : — M. Edmond About n'était ni un romancier ni un satirique dans le sens élevé du mot, mais c'était un maître écrivain. — Certes, je fais cas comme je le dois de cette forme claire, simple, naturelle, de cette phrase courte, alerte et souple. Est-ce à dire que l'on soit un grand écrivain à si bon marché et n'y faut-il pas autre chose, ce « superflu si nécessaire », dont parle Voltaire quelque part, l'éclat de la pensée, l'originalité de l'esprit, et par-dessus tout cette vive et personnelle empreinte dont tout homme supérieur marque son œuvre, — toutes qualités qui font défaut à l'auteur des *Mariages de Paris* ? Il eût pu les acquérir sans doute, mais il lui a manqué pour cela de le vouloir et de s'y appliquer résolument et avec suite. On ne devient un grand artiste qu'à la condition d'avoir le respect de son art et d'ajouter à ses facultés naturelles ce ferme support, la conscience.

Au terme de cette étude, — au sortir de la lecture que je viens de faire des ouvrages de M. Edmond

About, de ces vingt-cinq ou trente volumes, dont l'esthétique et la morale, la philosophie et la politique se résument en ceci : *Le Vrai, le Beau, le Bien consistent à économiser 90 pour 100 sur les frais généraux,*— j'éprouve, je l'avoue, le besoin de respirer un autre air, de saluer un rayon de soleil, d'entendre un chant d'oiseau. Je voudrais trouver quelque beau récit plein de grâce et de fraîcheur, où se refléteraient les émotions et les enchantements de la jeunesse, où la sensibilité tempérerait la malice, d'une observation franche et délicate, d'une ironie charmante et voilée. Je voudrais un roman qui serait doux et triste comme la vie, un romancier qui serait un poète. — Je vais relire Jules Sandeau.

LAMARTINE
EN 1829

I

Lamartine est mort à Passy le 1ᵉʳ mars 1869, pauvre, oublié, dans l'ombre et le silence, — heureux pourtant, car il avait à son chevet des amis véritables, une nièce, ou plutôt une fille, digne de porter son nom, Mme Valentine de Lamartine, un prêtre qui allait mériter bientôt les palmes du martyre, celui-là même qui avait reçu le dernier soupir de Chateaubriand, l'abbé Deguerry, curé de la Madeleine. Il mourait fidèle au *Dieu de son berceau;* il pressait sur ses lèvres ce *crucifix* qu'il avait célébré, dans ses *Méditations,* en vers impérissables :

> Au nom de cette mort, que ma faiblesse obtienne
> De rendre sur ton sein ce douloureux soupir :
> Quand mon heure viendra, souviens-toi de la tienne,
>   O toi qui sais mourir !
>
> Je chercherai la place où sa bouche expirante
> Exhala sur tes pieds l'irrévocable adieu,
> Et son âme viendra guider mon âme errante
>   Au sein du même Dieu.

> Ah ! puisse, puisse alors sur ma funèbre couche,
> Triste et calme à la fois, comme un ange éploré,
> Une figure en deuil recueillir sur ma bouche
>   L'héritage sacré ! (1)

Seize ans plus tard, le 22 mai 1885, l'autre grand poète du xixe siècle, Victor Hugo, mourait à son tour, non plus dans la détresse et l'isolement, mais au milieu d'incalculables richesses et dans tout l'éclat d'une apothéose. Jamais plus de bruit ne s'était fait autour de son nom. La foule se pressait aux portes de son hôtel, où s'inscrivaient d'heure en heure toutes les célébrités de la politique, des lettres et des arts. — Mais les portes de cet hôtel avaient refusé de s'ouvrir devant l'archevêque de Paris ; Dieu était absent de cette maison, où mourait, sans consolation et sans prières, celui qui avait dit un jour à sa fille :

> Va prier pour ton père ! — Afin que je sois digne
> De voir passer en rêve un ange au vol de cygne,
> Pour que mon âme brûle avec les encensoirs !
> Efface mes péchés sous ton souffle candide,
> Afin que mon cœur soit innocent et splendide
> Comme un pavé d'autel qu'on lave tous les soirs ! (2)

Non moins différentes ont été les funérailles des deux poètes. Le 3 mars 1869, un cercueil presque solitaire traversait Paris au milieu de l'indifférence publique. Il arrivait le lendemain, à sept heures du matin, à Mâcon, et, après une courte halte à l'église Saint-Vincent, il partait pour Saint-Point, sans

---

(1) *Nouvelles Méditations poétiques*, xxii.
(2) Les Feuilles d'automne : *la Prière pour tous.*

pompe officielle, sans cortège militaire, suivi seulement d'un groupe d'amis, que venaient grossir, à mesure que l'on avançait dans la campagne, d'autres amis, des paysans, vignerons et laboureurs, des femmes, des vieillards. Peu à peu le ciel gris avait effacé sa tenture de deuil; il brillait maintenant comme aux jours heureux. Quelques nuages blancs flottaient dans l'azur, comme des nuages d'encens. Le soleil étincelait sur la neige, dont les champs étaient couverts. Chaque commune, son curé en tête, escortait le char funèbre jusqu'aux limites de son territoire. A Monceaux, à Milly, les paysans se firent ouvrir le corbillard pour jeter de l'eau bénite sur le cercueil; les femmes l'embrassaient avec des sanglots et disaient : « Qu'allons-nous devenir? nous avons perdu notre bon monsieur! » Au terme de la route, à Saint-Point, on posa un moment le cercueil sur le seuil de la maison du maître, où des laboureurs le prirent pour le porter à l'église. Les prières dites, on se dirigea vers la chapelle où le mort avait, dès longtemps, marqué sa place. Sur une tenture noire brillait l'inscription de la reconnaissance populaire : *Ses bienfaits ne sortiront pas de nos cœurs...* Le long de l'arceau resplendissait, en lettres de bronze, la sainte parole : *Speravit anima mea!*

Aucun discours ne fut prononcé. Seule, la cloche sainte mêla à la voix du prêtre sa voix triste, et joyeuse pourtant :

    Si quelque main pieuse en mon honneur te sonne,
    Des sanglots de l'airain, oh! n'attriste personne:

> Ne va pas mendier des pleurs à l'horizon !
> Mais prends ta voix de fête et sonne sur ma tombe
> Avec le bruit joyeux d'une chaîne qui tombe
> Au seuil libre d'une prison !

Le vœu du poète était rempli ; il reposait près de son enfant, entre sa mère et sa femme, dans l'humble cimetière de campagne où dormaient tous les siens (1).

En regard de ces funérailles chrétiennes — les funérailles de Lamartine, — faut-il placer ici celles de Victor Hugo ? Faut-il rappeler ces obsèques de théâtre, ce grand défilé d'opéra, ce cortège de cent cinquante mille hommes partant de l'Arc de Triomphe, traversant l'avenue des Champs-Elysées, comme autrefois les cendres de l'Empereur, au milieu d'une foule immense et d'une immense acclamation ; ces chars magnifiques chargés de couronnes sans nombre, et, à leur suite, attirant tous les regards — aussi glorieux que ce char doré entièrement recouvert, du haut en bas, d'un crêpe violet semé d'abeilles, où des aigles déployaient leurs ailes, où quatorze Victoires portaient sur une table d'or le cercueil de Napoléon, — le char humble et nu, le corbillard du pauvre, où quatre planches supportaient le cercueil de Victor Hugo ; derrière les innombrables étendards de la franc-maçonnerie et de la libre-pensée, les députations de la province et de l'étranger, de la ville

---

(1) *Souvenirs sur Lamartine*, par son secrétaire intime, *Charles Alexandre*. Un volume in-18, 1884, pag. 396 et suivantes.

et de la banlieue, les ministres coudoyant les *Rigolos de Montmartre*, les sénateurs précédant les *Beni-Bouffe-toujours*; partout, sur les trottoirs, aux fenêtres, aux balcons, sur les toits, une mer moutonnante de curieux et de spectateurs ; lorsqu'on arriva au Panthéon, d'où la veille un décret de la République avait chassé sainte Geneviève, vingt et un orateurs, vingt et un discours, grotesques, emphatiques et creux, sans souffle, sans émotion, sans style, d'une platitude inouïe, d'un ridicule monumental ; — et au-dessus de ces vaines rumeurs, par une ironie sublime, dominant cette pompe païenne, cette foule affolée, ce cercueil sans prières, debout, baignée d'air et de soleil, rayonnante, victorieuse, cette croix de pierre que la République n'avait pu abattre, la croix de Jésus-Christ.

Depuis ces obsèques du 1er juin 1885, trois ans à peine sont passés, et déjà de tout ce bruit que reste-t-il? Trois volumes d'œuvres inédites de Victor Hugo ont paru (1), habilement lancés par des disciples qui sont eux-mêmes des maîtres dans l'art de la réclame : le public n'y a pas pris garde. Légion hier, les hugolâtres ne sont plus aujourd'hui qu'une pincée. La réaction s'est produite, immédiate, brutale, exagérée et injuste comme toutes les réactions. Ceux-là mêmes qui n'y ont pas cédé reconnaissent que si l'artiste, chez Victor Hugo, est incomparable, tout

---

(1) *Le Théâtre en liberté*, 1885. — *La Fin de Satan*, 1886. — *Choses vues*, 1887.

chez lui vient de la tête, même ses vers d'amour, de la tête et de la main : rien ne vient du cœur. Il ne s'agit pas pour lui d'émouvoir, mais d'étonner; il ne poursuit pas le vrai, mais l'extraordinaire; et c'est pourquoi, couronnant sa vie par une suprême et colossale antithèse, il veut, lui qui laisse sept millions dans ses coffres, être conduit à sa dernière demeure par le *corbillard du pauvre!* Tout Victor Hugo est là : à ses poésies comme à ses funérailles manque cette qualité que rien ne remplace et hors de laquelle il n'est pas de vraie grandeur, la *sincérité*.

J'écrivais, en 1883, dans un livre consacré à la jeunesse de Victor Hugo : *Lamartine restera le premier poète du dix-neuvième siècle* (1). Cette opinion, qui fit presque scandale il y a cinq ans, est devenue l'opinion commune, et le fidèle secrétaire de Lamartine, M. Charles Alexandre, constatait récemment, en ces termes, l'accord de la critique sur ce point : « MM. de Pontmartin, Alexandre Dumas fils, Eugène Pelletan, Barbey d'Aurevilly, Adolphe Racot, Louis Ulbach, Jules Claretie, Paul Bourget, Anatole France, Louis de Ronchaud, Francisque Sarcey, Jules Lemaître, J.-J. Weiss, Edmond Biré, Ferdinand Brunetière, Alphonse Karr, Edmond Texier, — j'en passe, et des meilleurs, — ont vengé Lamartine des honneurs injustes prodigués à un autre, et dit : « Il est le pre-
« mier (2). »

(1) *Victor Hugo avant 1830*, p. 513.
(2) *Madame de Lamartine...* par Charles Alexandre ; un vol. in-8, 1887, page 338. — Voy. principalement Armand de Pont-

II

Lamartine a été et restera le poète de la Restauration. C'est là son vrai cadre, celui où il a tous ses avantages, où sa politique est aussi noble que sa poésie, où son génie est pareil à ce beau *Lac* qui ne réfléchissait que l'azur du ciel. Je voudrais aujourd'hui le montrer tel qu'il était à la veille de la révolution de Juillet, en ces années où Sainte-Beuve lui pouvait dire :

> Vous chantez, vous priez, comme Abel, en aimant;
> Votre cœur tout entier est un autel qui fume,
> Vous y mettez l'encens et l'éclair le consume ;
> Chaque ange est votre frère, et, quand vient l'un d'entre eux,
> En vous il se repose, ô grand homme, homme heureux (1) !

J'ai là, sur ma table, la collection des deux premières années du *Correspondant*, — 1829, 1830. Lamartine se rattachait à ce journal par une étroite communauté de sentiments et de sympathies. Puisque l'occasion se présente de retracer en même temps les jours les plus glorieux du poète et les débuts d'un recueil qui n'a cessé, depuis plus d'un demi-siècle, de

---

martin, *Nouveaux Samedis*, tomes VII, VIII, XII, et *Souvenirs d'un vieux critique*, tome VI. Cf. les *Etudes littéraires sur le dix-neuvième siècle*, par le P. Vaudon, ch. v et vi. (Vitte et Perrussel, éditeurs, 1888.)

(1) Sainte-Beuve, LES CONSOLATIONS, VI. — *A Alphonse de Lamartine*, juillet 1829.

défendre toutes les nobles causes, le lecteur **me** saura peut-être gré de ne pas la laisser échapper.

Le premier numéro du *Correspondant* a paru le 10 mars 1829, à cette époque dont un rédacteur du *Journal des Débats*, M. de Sacy, devait dire plus tard : « La France n'a pas vu de plus beaux jours que ces jours d'illusion et d'espérance ! M. de Martignac était ministre... » Un des confrères de M. de Sacy à l'Académie française, M. le comte de Carné, a raconté, dans ses *Souvenirs* (1), la fondation du *Correspondant*. Dans ce récit, animé d'une généreuse émotion et tout embaumé d'un parfum de jeunesse, l'auteur ne laisse pas d'avoir commis quelques inexactitudes. D'après lui, la nouvelle feuille, à ses débuts, était semi-hebdomadaire. C'est une erreur. Le *Correspondant*, dont les bureaux étaient rue Saint-Thomas-d'Enfer, n° 5, paraissait une fois par semaine, le mardi, en un cahier de 8 pages in-4°, à deux colonnes. C'est seulement au bout d'une année d'existence, et à dater du 2 mars 1830, qu'il devint semi-hebdomadaire, et parut le mardi et le vendredi, son format restant d'ailleurs le même. — « Le *Correspondant*, dit encore M. de Carné, avait pris pour épigraphe le mot célèbre de Georges Canning : *Liberté civile et religieuse pour tout l'univers*. Enlacée dans un écusson, cette devise figurait en tête du journal. » Ce n'est qu'après la révo-

---

(1) *Souvenirs de ma jeunesse*, par M. Louis de Carné, de l'Académie française. 1872.

lution de Juillet et à partir du 6 août 1830 que le *Correspondant* inscrivit, en tête de chacun de ses numéros, la devise : *Liberté civile et religieuse*. Nous verrons tout à l'heure que ses rédacteurs n'avaient point attendu la révolution pour se déclarer les défenseurs de toutes les libertés.

Aucun des articles du journal n'était signé; tout au plus y rencontrait-on quelquefois de simples initiales, celles-ci par exemple, — C. M. — qui cachaient les dix-neuf ans de Charles de Montalembert. Nous devons à M. de Carné de connaître les noms de la plupart de ses autres collaborateurs, pendant les trois années que vécut le premier *Correspondant*, du 10 mars 1829 au 30 août 1831. Voici cette liste, telle qu'il nous l'a donnée dans ses *Souvenirs* : Edmond de Cazalès, Théophile Foisset, Wilson, le baron d'Eckstein, Henri Gouraud, Charles de Rivières, l'ami de Maurice et d'Eugénie de Guérin, qui, comme eux, devait mourir jeune; Alfred de Montreuil, le président Riambourg, Jourdain, connu plus tard sous le nom de *Charles Sainte-Foi;* de Meaux, Franz de Champagny. Malheureusement cette liste est incomplète; sans être en mesure de combler entièrement les lacunes qu'elle renferme, je puis cependant ajouter quelques noms à ceux que M. de Carné a rappelés. Il a oublié Joseph d'Ortigue et Hector Berlioz (1); Eugène de la Gournerie, auteur de *Rome chrétienne, savant*

---

(1) On lit dans le *Correspondant* du 27 août 1830 : « M. Berlioz, l'un des artistes les plus distingués de Paris, et auquel

et excellent, pour parler de lui comme Sainte-Beuve a parlé de M. Edmond de Cazalès ; Flayol, avocat distingué, à l'imagination ardente, à la repartie la plus vive, élève et ami de Berryer qui, traduit devant la cour d'assises de Blois, au mois d'octobre 1832, l'appela à l'honneur d'être son défenseur ; Louis Binaut, qui avait remporté, au concours général de 1826, le prix de dissertation française, et qui était, comme plusieurs des rédacteurs du nouveau recueil, un ancien élève du collège Stanislas ; — Binaut, le seul des rédacteurs du premier *Correspondant* qui ne soit pas resté fidèle, — ses articles de la *Revue des Deux Mondes* sur Lamennais et sur Joseph de Maistre ne l'attestent que trop, — aux idées qu'avait embrassées et défendues sa jeunesse ; Ludovic Guyot, qui a occupé pendant longtemps le poste de chef de bureau des affaires civiles au Ministère de la justice, et qui a laissé un petit volume de charmantes poésies ; Melchior du Lac qui devint, en 1833, le premier rédacteur du journal l'*Univers*, créé par Bailly, le fondateur même du *Correspondant* ; Liévin Thiébault, écrivain ingénieux et brillant, qui se retira chez lui, en Artois, après la révolution de 1830, et cessa d'envoyer des articles ; de Jouenne d'Esgrigny, esprit fin, délicat, qui quitta lui aussi trop promptement le champ de bataille, et qui a borné son ambition à être maire de village, mais qui, en dépit de sa modestie, arrivera

nous devons plusieurs des articles sur la musique, insérés dans notre journal, vient d'obtenir le premier grand prix au Conservatoire royal de musique. »

peut-être malgré lui à la postérité, car son nom est l'un de ceux qui figurent parmi les correspondants de Mme Swetchine (1), et elle est désormais inséparable de quelques-unes des pages les plus merveilleuses de Lamartine, cette *Lettre à M. d'Esgrigny*, placée, depuis 1849, en tête de toutes les éditions des *Harmonies poétiques et religieuses* (2).

Est-ce tout? Non. Nous avons encore à citer M. Armand de Pontmartin et M. Bonnetty : — M. Bonnetty, administrateur du journal, homme de foi, de courage et de talent, qui, avec 1.500 francs en poche, fonda, en pleine révolution de Juillet, une Revue *destinée à faire connaître tout ce que les sciences humaines renferment de preuves et de découvertes en faveur du Christianisme*, ces Annales *de philosophie chrétienne*, dont le premier numéro a paru le 31 juillet 1830, et que leur vaillant fondateur a conduites jusqu'au quatre-vingt-dix-septième volume ; — M. Armand de Pontmartin, qui dit quelque part, dans ses *Nouveaux Samedis* : « Moi-même, à un demi-siècle de distance, je ne puis oublier avec quel battement de cœur je jetais dans la boîte du *Correspondant* le premier en

(1) Voyez, au tome III des *Lettres de Mme Swetchine*, publiées par le comte de Falloux, les *Lettres au comte d'Esgrigny*.
(2) Mme Swetchine écrivait à M. d'Esgrigny, au mois d'octobre 1849, lors de la première publication de la *Lettre* de Lamartine : « Je suis sous l'impression du ravissant morceau auquel votre nom se rattache ; malgré de cruelles dissidences, comme le cœur se sent près de ce cœur-là ! Je répugne à croire que l'imagination, à elle seule, puisse faire vibrer en nous de telles cordes : ce qui ne serait qu'un cantique d'illusions n'y réussirait pas. »

date de mes innombrables articles, et quelle fut ma joie, trois jours après, en me voyant imprimé tout vif sur la même page que mes aînés, Louis de Carné et Edmond de Cazalès (1). » J'ai été assez heureux pour retrouver cet article dans le numéro du 2 juillet 1830; il est consacré à une séance académique, à la réception de MM. de Ségur et de Pongerville. Les deux récipiendiaires et MM. Arnault et de Jouy, qui leur avaient répondu, avaient attaqué le romantisme avec une véritable furie. Que vouliez-vous qu'il fît contre quatre ?... M. Armand de Pontmartin, sorti la veille des bancs du collège Saint-Louis, tout chargé des couronnes du concours général où il avait eu, en rhétorique, le premier prix de discours français et le second prix de discours latin, sans parler de menus accessits, se fait le champion de la jeune école, et c'est plaisir de voir avec quelle verve charmante il met à mal M. Arnault et M. de Pongerville, sans oublier M. de Jouy. Mes lecteurs savent si les promesses que donnait ce premier article ont été brillamment tenues!

Si je ne me trompe, les détails qui précèdent méritaient d'être sauvés de l'oubli (2). Je les compléterai en donnant la clef de quelques-unes des initiales qui se trouvent au bas des articles du premier *Correspondant*.

Les articles d'Edmond de Cazalès étaient signés A,

---

(1) Armand de Pontmartin, *Nouveaux Samedis*, tome XIII, page 352.
(2) Je suis redevable de plusieurs de ces détails à une bienveillante communication de M. Eugène de la Gournerie.

comme l'avaient été pendant si longtemps, dans le *Journal des Débats*, les articles de l'abbé de Féletz. C. M., c'était Charles de Montalembert ; D. L., Eugène de la Gournerie ; G., Henri Gouraud ; J., Franz de Champagny ; J. O., Joseph d'Ortigue ; K., Louis de Carné ; L. A. B., Louis-Auguste Binaut ; L. G., Ludovic Guyot ; L. T., Liévin Thiébault. Les articles de M. d'Esgrigny, sérieux sous une forme railleuse et des plus piquantes, étaient signés tantôt *Jean* et tantôt N. ou N. V.

A l'exception de M. Riambourg, président à la cour royale de Dijon, qui avait cinquante-trois ans, et du baron d'Eckstein, qui en avait trente-neuf, tous les rédacteurs du nouveau recueil étaient des *jeunes*. La plupart n'avaient pas atteint leur vingt-cinquième année. Ils mettaient leurs vingt ans, — avec quelle noble ardeur et quelle foi généreuse! — au service de la religion et de la liberté, au service aussi de cette vieille maison de Bourbon qui avait fait la France ; et on était heureux de se dire qu'elle avait encore une sève bien puissante, cette monarchie de quatorze siècles, cet arbre antique, qui, après avoir abrité tant de générations, voyait son front vénérable se couronner de jeunes feuilles et de jeunes fleurs.

Ce qui frappait d'ailleurs, dans le nouveau journal, non moins que la fraîcheur et l'éclat du talent, c'était la modération de ces jeunes esprits, calmes au milieu des plus ardentes polémiques et des luttes les plus passionnées. On ne laissait pas de leur en faire parfois un grief, et à ceux qui leur reprochaient *la modéra-*

tion de leur polémique, ils répondaient, le 27 octobre 1829 :

Parlons d'un reproche qui nous a été adressé par des hommes qui, du reste, voient nos efforts d'un œil bienveillant. Le ton de modération qui caractérise notre polémique lui a fait perdre, à ce qu'ils croient, de son efficacité. Nous leur paraissons un peu fades, parce que nous ne nous adressons pas aux passions. L'injure, le sarcasme, l'invective, leur semblent choses propres à faire des prosélytes, et nous en sommes trop avares à leur gré ; ils voudraient nous voir un peu plus de ces *haines vigoureuses* de l'esprit de parti, dont nos adversaires nous donnent l'exemple : ils craignent que ce ne soit transiger avec l'erreur que de ne pas traiter ceux qui errent de *drôles* et de *coquins* ; enfin, ils seraient tentés de nous appeler *modérantistes*, parce que nous sommes *modérés*. Ce serait pourtant une grande injustice. Ce qu'on nomme *modérantisme*, c'est une transaction à l'amiable entre la vérité et l'erreur, souvent même entre la justice et l'iniquité ; c'est surtout l'absence de tute doctrine prononcée. Or, on ne peut pas nier que nos doctrines ne soient très franches, très précises ; nos convictions, pour s'exprimer avec calme, ne sont ni moins fermes ni moins arrêtées que celles de qui que ce soit... Nous avons abordé sans tergiversation tout ce qui était question de principes ; nous avons soutenu avec autant de force que personne tout ce qui était en soi juste légitime, raisonnable

De cet esprit de modération nous trouverions, dans chaque numéro, des témoignages singulièrement remarquables ; mais nous devons nous borner à montrer quels étaient les principes politiques, religieux et littéraires du *Correspondant* à ses débuts, alors que Lamartine, en pleine possession de son génie et de sa gloire, l'honorait de ses communications et s'associait aux efforts de ses rédacteurs.

Le *Correspondant* était hautement monarchique. Il était partisan de la royauté légitime et traditionnelle, et, au mois de mars 1830, lors de la discussion de l'adresse des 221, il était avec Berryer, consacrant les premiers accents de son éloquence au soutien des « prérogatives du roi ». Les débats de l'adresse ayant fait à cette époque, en comité secret, le discours prononcé par Berryer, le 16 mars 1830, n'a pas été recueilli par la sténographie, ni reproduit au *Moniteur*. Le *Correspondant*, dans son numéro du 19 mars, en a donné une analyse qui, pour concise qu'elle soit, a pourtant conservé quelque chose de la flamme qui animait le puissant orateur : *veteris vestigia flammæ*. Le lecteur aimera sans doute à retrouver ici l'écho de cette grande parole :

La Chambre se forme en comité secret. M. Pas de Beaulieu, qui siège au centre gauche, parle contre l'adresse ou du moins pour un amendement qui la modifie. M. Berryer dit que ce discours est plein de raison et de générosité. Lui-même s'élève aux plus hautes considérations et révèle, dès son début, un des plus beaux talents qui aient paru à la tribune. Qu'importe, dit-il en substance, en finissant, quand les droits du roi sont blessés, quand la couronne est outragée, que votre adresse soit remplie de dévouement de respect et d'amour ! Qu'importe que vous disiez : les prérogatives du roi sont sacrées, si, en même temps, vous prétendez le contraindre dans l'usage qu'il en doit faire ! Ce triste contraste n'a d'autre effet que de reporter la pensée vers des temps de funeste mémoire. Il rappelle par quel chemin un roi malheureux fut conduit, au milieu des serments d'obéissance et des protestations d'amour, à changer contre la palme du martyre le sceptre qu'il laissa choir de ses mains. Je ne m'étonne pas que dans leur pénible travail les rédacteurs du projet aient dit qu'ils se *sentaient condamnés à tenir au roi un pareil langage.* Et moi aussi, plus occupé des soins de l'avenir que des ressentiments du passé, je sens que, si j'adhérais à une telle adresse, mon vote pèserait à jamais sur ma conscience comme une désolante condamnation.

Cette magnifique improvisation produit sur l'assemblée la plus vive impression. M. Mauguin, qui d'abord avait demandé la parole, y renonce.

III

Défenseur des droits de la couronne, le *Correspondant* soutenait, avec une égale ardeur, les droits de la liberté. « Nous revendiquons, écrivaient ses rédacteurs le 20 octobre 1829, nous revendiquons dans toute leur plénitude les droits qui tiennent à la liberté individuelle et à la liberté religieuse. Le meilleur gouvernement est celui qui laisse chacun agir dans sa sphère, et dont l'action se fait le moins sentir. » — S'ils condamnaient les révolutions, ils n'hésitaient pas à s'élever en même temps contre les coups d'État, et, le 12 mars 1830, ils disaient : « Certes, la royauté est bien forte, mais elle donnerait beau jeu à ses ennemis, si elle attaquait la première. Il ne faut pas croire que la France soit prête à se mettre en mouvement pour des théories politiques : non, la nation veut le repos, la stabilité, le maintien de ce qui est ; elle craint surtout les révolutions, et c'est par ce sentiment qu'on peut avoir prise sur elle. Supprimer la Charte serait aussi une révolution. Ceux qui menaceraient la Charte effrayeraient tout le monde, comme ceux qui menaceraient la monarchie, et par la même raison. Si, ce qu'à Dieu ne plaise, un combat est inévitable, l'essentiel est d'avoir la nation pour soi, et pour cela il ne faut pas être l'agresseur. »

Ces sages conseils n'ont pas été écoutés. Le combat que prévoyait l'article du 12 mars, le combat est livré : la dynastie est renversée ; les Bourbons reprennent pour la troisième fois le chemin de l'exil. — Quelle sera l'attitude du *Correspondant* en face du pouvoir nouveau qui s'élève sur les ruines de la royauté qu'il a servie, qu'il a défendue, qu'il a aimée ? Cette attitude fut à la fois pleine d'habileté et de noblesse. Dès le 6 août 1830, prenant position sur le terrain religieux, ses rédacteurs écrivaient :

Comme un loyal orateur de l'Assemblée constituante [1], nous pouvons dire que « nous avons défendu les droits du

---

[1] Cazalès, père de M. Edmond de Cazalès, alors le principal rédacteur du *Correspondant*, avec M. Louis de Carné.

.rône sans que nul ait osé nous soupçonner de ne pas aimer la liberté ». Notre profession de foi aujourd'hui sera facile ; car nous n'avons point à renier ni même à abandonner nos principes, mais seulement à en faire de nouvelles applications. La plupart de ces franchises, de ces garanties qu'on va, nous assure-t-on, établir sur des bases solides, nous les voulons, nous les réclamons plus hautement que personne. Sous un gouvernement pour lequel, malgré ses fautes, nous ressentions de la sympathie, dont nous ne pouvions craindre d'oppression, et dont le caractère était d'ailleurs plutôt la faiblesse que la violence, nous avons dû être réservés dans l'expression de nos désirs. Le dévouement affectueux que nous inspiraient les Bourbons, ce n'est pas aujourd'hui que nous le nierons, exerçait une grande influence sur notre manière d'envisager les questions politiques ; il y avait chez nous attachement, confiance, illusion, si l'on veut. Maintenant notre position est différente... Aujourd'hui qu'un appel a été fait à la force et que la victoire a jugé, il ne peut plus être question de droit ; il faut se soumettre au fait et partir du fait. Le fait aujourd'hui, c'est la souveraineté du peuple, puisque les Chambres actuelles ou des Chambres nouvelles vont se trouver investies du pouvoir constituant. Nous prenons notre part de cette souveraineté dont nous n'avons pas ici à discuter la valeur théorique, quoique les théories soient maintenant notre danger le plus imminent.....

Du gouvernement, quel qu'il soit, nous exigerons strictement, tant comme Français que comme catholiques, toutes les garanties qui nous sont nécessaires, et spécialement la liberté des cultes, celle de l'enseignement, et celle de la presse. Notre premier bien, ce sont nos croyances religieuses, et la religion vit de liberté. Ce que nous demandons, des milliers de voix s'élèvent aujourd'hui pour le demander, et sans doute de belles promesses seront faites à cet égard. Mais il faut qu'elles soient tenues : il faut que la liberté, la tolérance, soient choses réelles, il ne faut pas qu'on les comprenne comme en 1793. Nous n'attaquerons pas un gouvernement qui nous assurera ces biens ; mais si jamais une faction triomphante cherchait à nous les ravir, qu'on le sache bien, les catholiques ne seraient pas des ennemis à mépriser. Il ne faut pas s'imaginer, parce qu'on a eu bon marché du royalisme, qu'il serait aussi facile de détruire le catholicisme : la monarchie légitime a des avantages sur la perte desquels on peut gémir, mais la religion est le besoin de tous les instants, le remède de tous les maux : elle fait partie de notre vie. On ne peut y toucher sans s'attaquer à la conscience même, sans violer l'asile impénétrable de la liberté du cœur, et on trouverait là une incroyable énergie pour la résistance. Les hommes attachés à la religion sont encore nombreux en France, et tout parti qui triomphera devra au moins s'assurer leur neutralité en respectant leur indépendance...

Parmi les gouvernements de fait qui vont se succéder, nous n'aurons pas de préférence ni d'inclination pour aucun avant d'en avoir essayé, car tous seront fondés sur des principes que notre raison réprouve... Le temps du triomphe de nos doctrines est encore éloigné ; nous entrons maintenant dans la carrière des expériences : elles seront longues et probablement dures... Si un ordre permanent doit s'établir, il sortira de l'alliance définitive de la religion et de la liberté. Travaillons donc avec courage, dussent nos intentions être méconnues et nos pensées mal comprises ; travaillons dans ce chaos à séparer la lumière des ténèbres, quand nos neveux seuls devraient profiter de nos efforts ; que nous importe de ne pas jouir de cet avenir, à nous dont la patrie est ailleurs que sur la terre (1) ?

Ecrit il y a un demi-siècle, cet article ne semble-t-il pas l'avoir été en vue de la situation présente ? Est-ce dans le numéro du 31 mars 1829, ou dans le numéro du 25 mars 1888, que le *Correspondant* a publié les lignes qui suivent :

Le rapport de M. le Ministre de l'instruction publique contient un exposé de principes contre lesquels nous croyons devoir protester dans l'intérêt des doctrines catholiques : « La direction de l'instruction publique appartient au gouvernement, dit le ministre. C'est un droit sacré ; car il est indispensable pour l'accomplissement d'un grand devoir. L'Etat est tenu d'assurer, non seulement dans le présent, mais encore dans l'avenir, le salutaire empire de la religion, le maintien des institutions, l'observation des lois et la sûreté des mœurs. » Nous désirons, sans doute, autant que le ministre, garantir ces intérêts sacrés. Mais nous croyons que cette tâche appartient à d'autres qu'à l'Etat, et que le soin de préparer l'avenir intellectuel et religieux de la génération qui s'élève, ne peut, dans les circonstances actuelles, appartenir qu'à la conscience et à l'autorité des chefs de famille (2).

---

(1) Cet article-programme avait pour auteur Edmond de Cazalès.
(2) Le *Correspondant*, 31 mars 1829.

Le *Correspondant* disait en 1829, il répète en 1888 :

Nous ne demandons pas que les maisons de l'Université soient fermées : nous demandons que l'Université n'ait pas le monopole de l'éducation (1).

Il disait en 1829, il répète en 1888 :

Comment régénérer cette société, qui n'est plus unie que par des intérêts matériels et une cohabitation sur le même sol ? Comment lui rendre la vie, si ce n'est par la religion, c'est-à-dire par la science et la liberté ? Que cette vérité précieuse et véritablement sainte soit donc proclamée avec franchise ; que la controverse puisse s'établir, et que le catholicisme avec ses dogmes sublimes, ses traditions éternelles, sa morale austère et douce et son immuable sacerdoce, puisse demander compte à la philosophie de ses variations de chaque jour, de son impuissance à répondre à nos plus intimes besoins, de son orgueil colossal et de ses précautions timides ; que la fille du ciel revienne, comme aux premiers jours, seule contre le monde et contre ses vices... Dans le système de politique que nous appelons de tous nos vœux, le gouvernement la laissera à elle-même ; mais il lui donnera toute liberté de déployer son action et de manifester sa puissance. Il la laissera ouvrir des écoles et accomplir sa mission, comme il laissera également la philosophie élever des chaires et envoyer ses apôtres, si elle en a. Il s'abstiendra, dans toutes les questions religieuses, et comme une consé-

(1) *Le Correspondant*, 29 septembre 1829.

quence nécessaire de la position facile qu'il aura su prendre, il accordera à *tout le monde* cette liberté d'enseignement qui, en définitive, ne profitera qu'à nous ; car nous seuls avons de hauts enseignements pour l'intelligence et pour le cœur ; nous seuls avons une parole divine à faire entendre à l'oreille de la créature ; nous seuls avons le mot de l'énigme de l'homme et de l'univers. Cette liberté, la première qui résulte du texte et de l'esprit de la Charte, nous l'avons demandée avec persévérance, presque avec passion, depuis le jour où, pour la première fois, nous avons osé produire devant le public nos opinions indépendantes (1).

La lutte n'était pas moins vive sur le terrain littéraire que sur le terrain politique et religieux. On était alors au plus fort de la mêlée entre classiques et romantiques. Jeunes, menant la campagne contre les doctrines philosophiques du dix-huitième siècle, dont les demeurants étaient tous des tenants du *classicisme*, épris d'ailleurs d'une profonde admiration pour les chefs-d'œuvre de l'art du moyen âge, remis en honneur par la nouvelle école, il semble que les rédacteurs du *Correspondant* auraient dû épouser la cause romantique sans réserves et jusque dans ses exagérations mêmes. Il n'en fut rien, et, là encore, ils firent preuve de cette modération et de cette justesse d'esprit, de ce ferme bon sens qui leur découvrait le vrai et les faisait s'y tenir.

La littérature de l'empire, celle des Jouy, des Jay,

---

(1) Le *Correspondant*, 20 octobre 1829.

des Arnault, des Duval, de ces hommes qui se donnent ridiculement pour les successeurs et les héritiers de Racine, de Molière et de Boileau, n'a pas d'adversaires plus vifs, plus déterminés. Que d'articles ingénieux et piquants sur les livres, sur les tragédies ou les discours de ces pseudo-classiques, de ces poètes *libéraux* qui demandaient que le Théâtre-Français fût fermé aux pièces de l'école moderne; de ces ennemis de la légitimité des Bourbons, tous ou presque tous rédacteurs du *Constitutionnel*, qui suppliaient le roi Charles X de faire un coup d'Etat littéraire, de rendre une ordonnance en faveur de l'unité de temps et de l'unité de lieu, et de proclamer la légitimité d'Aristote (1) ! — Mais s'ils étaient impitoyables pour « les *Hermites en province*, les *Sylla*, les *Bélisaire* et toute la longue séquelle d'ouvrages mort-nés qui n'ont dû la faveur du public qu'au bonapartisme de leurs auteurs et à leur haine bien prononcée contre certains écrivains qui parlaient de la religion avec respect et de la royauté avec amour »(2) ; — s'ils mettaient au contraire en lumière, avec un sympathique empressement, les œuvres de l'école nouvelle ; s'ils se plaisaient

(1) Cette bizarre requête, — à laquelle Charles X fit la réponse si connue : « En fait de littérature, je n'ai, comme chacun de vous, Messieurs, que ma place de parterre », — portait les signatures de A.-V. Arnaud, Népomucène Lemercier, Viennet, Jouy, Andrieux, Jay, Onésime Leroy. Voyez, dans le *Correspondant* du 15 juin 1830, l'article sur la *Conversion d'un romantique*, par M. A. Jay, et dans le numéro du 2 juillet 1830, l'article sur la réception de MM. de Ségur et de Pongerville à l'Académie française.

(2) Le *Correspondant*, 15 juin 1830.

à reconnaître et à proclamer ses mérites, ils n'étaient point aveugles sur ses défauts. On n'a peut-être jamais fait plus équitablement la part des beautés et des défauts chez Victor Hugo, que dans certaines pages du premier *Correspondant*, et en particulier dans deux articles excellents sur le drame d'*Hernani*. Quoi de plus judicieux, par exemple, que les remarques suivantes sur le fameux monologue de Charles-Quint :

Charles-Quint, dans la scène du monologue, parle un peu comme M. Victor Hugo s'est imaginé que Napoléon aurait parlé dans une circonstance semblable. Les âmes des conquérants peuvent avoir plus d'un point de ressemblance; mais je n'ai pas besoin d'insister auprès des connaisseurs sur les différences essentielles entre les génies de ces deux grands hommes. Napoléon pouvait traiter avec mépris les rois de l'Europe, ils étaient ses créatures. Jamais Charles-Quint n'a traité ni n'a pu traiter avec mépris les Electeurs de l'Allemagne : il leur devait la couronne ; on pouvait dire de lui qu'il était leur créature, quoiqu'il les dominât par l'ascendant de son génie. Toute sa vie il eut à lutter contre leurs volontés : témoin les guerres de France et d'Italie, et les préparatifs de ses campagnes contre l'empire ottoman. Les princes de son époque étaient trop redoutables, leur assistance était trop importante pour lui dans la guerre et dans la paix ; Charles-Quint s'entourait trop fréquemment de leurs lumières, les appelait trop souvent à son secours pour que le langage que M. Victor Hugo lui prête fût dans sa position ; il n'était pas non plus dans son caractère.

L'impression seule du temps présent semble avoir inspiré les vers où M. Hugo exprime, par la bouche d'Hernani et de Charles-Quint, son mépris pour les courtisans. Ces expressions ne cadrent nullement avec l'antique existence de la noblesse castillane. D'ailleurs Charles-Quint, même en accueillant les flatteurs, savait les choisir dans les rangs des hommes instruits, grands dans l'Eglise, dans l'Etat, experts dans les affaires, habiles sur le champ de bataille : il aimait les lettres et les arts. De son temps, la noblesse espagnole ne peuplait pas les antichambres ; elle avait beaucoup d'orgueil, elle possédait les lumières de l'époque ; elle ne se serait pas laissé dégrader ni avilir par la bouche de son roi, et Hernani n'avait aucune raison pour parler d'elle comme il le fait. Certainement la tragédie historique, telle que Shakespeare l'a conçue, frappe sur les vices des courtisans, et il y en a eu dans tous les temps, car les flatteurs, les lâches et les complaisants entourent facilement les hommes puissants ; mais il y a époque et époque ; et si M. Victor Hugo avait absolument à exercer sa bile sur les gens de cour, il fallait le faire dans l'esprit du temps de Charles-Quint, et non pas avec les réminiscences du moment actuel. L'ouvrage du comte Castiglione, l'auteur du *Courtisan*, nous donne une autre idée de ce qu'était cette classe d'hommes en Italie et en Espagne, au seizième siècle, et cet écrivain passait pour le modèle de l'homme de cour. Hernani et Charles-Quint s'expriment sur les vices des grands en plébéiens irrités et qui aspirent à envahir le pouvoir : ils ne parlent pas, l'un en noble castillan, l'autre en roi d'Espagne.

J'arrive au célèbre monologue. L'invocation au tombeau de Charlemagne, où Charles-Quint va puiser ses inspirations, est noble et belle. L'image des deux souverainetés est riche de couleurs et n'est pas en dehors du génie du temps ; toutefois l'ensemble est entaché du vice d'une fausse profondeur ; *il y a plus d'images que de pensées, et les pensées arrivent par les images.* J'y vois plutôt l'éclat et la manière de M. de Chateaubriand que la simplicité profonde de Shakespeare. Mon oreille est étonnée, mon âme n'est pas profondément ébranlée (1)...

Si le *Correspondant* mêlait de justes réserves aux éloges qu'il accordait à Victor Hugo, il professait à l'endroit de Lamartine une admiration sans mélange, — admiration légitime, à coup sûr, encore bien qu'elle ne fût pas entièrement désintéressée. Lamartine, en effet, s'il n'était pas un des collaborateurs du *Correspondant*, figurait du moins parmi ses amis du premier degré : il entretenait avec ce recueil des relations sur lesquelles je voudrais m'arrêter pendant quelques instants. Je n'avais même pas d'autre objet en prenant la plume. Si je me suis laissé aller aux développements qui précèdent, c'est que force m'était bien, pour parler des rapports de Lamartine avec le *Correspondant*, de rouvrir ce journal ; et comment le feuilleter sans s'arrêter à tant de pages auxquelles les événements ont si hautement donné raison, à tant d'articles où les plus nobles causes sont défendues dans le plus ferme langage ? Comment se refuser au plaisir d'assister par la pensée au réveil et au mouvement des esprits, pendant ces années qui furent le printemps du dix-neuvième siècle, alors que la France voyait sortir de son sein une magnifique moisson

---

(1) Le *Correspondant*, 12 mars 1830.

d'hommes d'Etat et d'orateurs, d'historiens et de publicistes, de peintres et de musiciens, pléiade incomparable, dont les derniers rayons éclairent encore d'une lueur affaiblie nos jours décolorés ? Comment s'éloigner, sans les saluer du cœur et de la main, de ces rives où l'on se sent retenu par un invincible attrait, celui des causes vaincues, des grandeurs tombées et des splendeurs évanouies. — *Ripæ ulterioris amore ?*

IV

Lamartine, chargé d'affaires de France en Toscane, avait pris un congé au mois de septembre 1828 ; il ne devait plus retourner à son poste, et depuis cette époque jusqu'à la révolution de 1830 il fit de fréquents séjours à Paris. Au mois d'octobre 1829, une place s'étant trouvée vacante à l'Académie française, par suite de la mort de M. le comte Daru, il posa sa candidature, qui fut chaleureusement appuyée par le *Correspondant*.

On lit dans le numéro du 27 octobre 1829 :

Voici qu'une place est vacante à l'Académie et que le premier poète de notre siècle se présente pour l'obtenir. Vous tous qui avez lu et relu les *Méditations*, qui faites vos délices de cette poésie, vous croyez bonnement qu'on va s'empresser pour lui faire place : point du tout. Il pourrait bien, assure-t-on, arriver comme par le passé. Or, il faut bien que vous sachiez, gens de province, que M. de Lamartine a déjà frappé à la porte de l'Académie, et qu'il a été repoussé pour faire place à M. Droz. M. Droz est un excellent père de famille, un homme de bien, ami de M. Andrieux. Nous croyons que M. de Lamartine possède les deux premières de ces qualités, et que les *Méditations poétiques* pouvaient bien suppléer à la troisième. Aujourd'hui que tous les amis de M. Andrieux sont entrés, et les amis de ses amis, il faut trouver d'autres concurrents pour écarter le seul poète dont les ouvrages soient goûtés au delà de nos frontières, le seul dont le nom soit populaire en Allemagne comme en France, en Russie comme en Allemagne. Voici venir un grand seigneur, M. Maret, duc de Bassano, ancien Mécène des poètes de l'empire, qui a reçu leurs dédicaces, et a même, assurent ses amis intimes, fait quelques vers... Que les membres de l'Académie y prennent garde, il y va pour elle de la faveur publique. Elle n'est point un corps délibérant, partie intégrante de la constitution politique de l'Etat. Elle est essentiellement dans le domaine de l'opinion, et si elle repousse M. de Lamartine, le public se vengera en sifflant les ouvrages de M. de Jouy. — MM. de Pongerville, de Salvandy et de Ségur sont également sur les rangs, mais seulement pour prendre date. La question qui se décide, dit-on, jeudi, est toute entre MM. de Lamartine et Maret

C'était, en effet, la seconde fois que Lamartine frappait à la porte de l'Académie. Il s'était déjà présenté en 1824, au lendemain des *Nouvelles Méditations*, pour remplacer Lacretelle l'aîné. L'élection avait eu lieu dans la séance du 2 décembre 1824, et M. Droz, auteur de l'*Essai sur l'art d'être heureux,* l'avait emporté sur *le premier poète de notre siècle*, au quatrième tour de scrutin. Voici comment s'étaient répartis les suffrages :

1er *tour* : M. Droz, 12 voix ; M. de Pongerville, 9 ; Lamartine, 7 ; M. Alexandre Guiraud, 5 ; Charles Nodier, 1.

2e *tour* : M. Droz, 13 ; Lamartine, 11 ; M. de Pongerville, 8 ; M. Alexandre Guiraud, 3.

3e *tour* : M. Droz, 17 ; Lamartine, 13 ; M. de Pongerville, 5 ; M. de Valori, 1.

4e *tour* : M. Droz, 19 ; Lamartine, 16.

L'élection en remplacement du comte Daru eut lieu le 5 novembre 1829. Le duc de Bassano s'était démis de la candidature, ainsi que MM. de Pongerville, Viennet et de Salvandy. Quatre concurrents restaient sur les rangs : Lamartine, le général Philippe de Ségur, l'historien de *Napoléon et la grande armée pendant l'année 1812* ; M. Azaïs, auteur des *Compensations dans les destinées humaines*, et M. David, ancien consul général à Smyrne, auteur de l'*Alexandréide*.

Lamartine fut élu au premier tour de scrutin, par 19 voix contre 14 données à M. de Ségur.

Voici en quels termes le *Correspondant* célèbre, dans son numéro du 10 novembre 1829, le succès du grand poète :

L'Académie française vient de recevoir dans son sein l'auteur des *Méditations poétiques* et du *Dernier chant de Childe-Harold*. C'est un compliment à lui faire, à l'Académie s'entend ; car la gloire de M. de Lamartine n'avait pas besoin de l'habit vert, et nous le trouvons bien modeste d'avoir brigué deux fois la faveur de le porter. Nous ne pouvons mieux fêter sa nomination qu'en offrant à nos lecteurs une pièce inédite que l'amitié de l'auteur veut bien nous permettre de leur communiquer. Voici à quelle occasion elle a été composée. Il existe à Paris des établissements de charité connus sous le nom de Saint-Joseph et de Saint-Nicolas. Dans ces maisons, fondées et dirigées par de pieux jeunes gens, et placées sous la protection spéciale de Mgr le duc de Bordeaux, on élève de pauvres enfants, appartenant aux classes laborieuses, et on les met en état de gagner leur vie, en leur apprenant un métier. M. de Lamartine ayant sollicité l'admission d'un orphelin auquel il s'intéressait, dans la maison de Saint-Nicolas, on eut l'heureuse idée de lui demander, pour ainsi dire, en paiement, un cantique que l'on pût faire chanter aux enfants de l'établissement. C'est à cette circonstance que nous devons la cantate suivante, qui est à la fois, comme on le voit, une bonne œuvre et un bel ouvrage. Nous n'y joindrons pas une préface d'éloges : elle n'en a pas besoin. Jamais peut-être l'auteur des *Méditations* n'a fait entendre des accents plus purs, plus suaves, plus touchants ; jamais la Religion et la Charité n'ont trouvé un chantre plus digne d'elles. On sait avec quel bonheur il a rendu les mouvements impétueux, les vives et fortes images de David et d'Isaïe ; peut-être était-il plus difficile encore de reproduire avec autant de fidélité et de poésie, à la fois, l'onction, la simplicité, la douceur pénétrante de l'Evangile.

Je ne reproduirai pas cette pièce, l'une des plus belles de Lamartine, parce que tous mes lecteurs l'ont dans leur bibliothèque ; elle se trouve à la fin du troisième livre des *Harmonies*. Mais elle se terminait, dans le *Correspondant,* par un *Epilogue,* que le poète a supprimé dans les différentes éditions de son volume, et que je dois rétablir ici. Après la stance :

> Ou comme ces eaux toujours pleines
> Dans les sources de Siloé,
> Où nul flot ne sort des fontaines
> Qu'après que d'autres ont coulé,

venaient les vers suivants :

ÉPILOGUE

> Mais il est un enfant du ciel et de la France,
> Qu'à l'éclat de l'offrande on reconnait soudain;
> A la vertu des rois essayant son enfance,
> De l'ombre du mystère il s'enveloppe en vain;
> Sa grandeur le condamne à la reconnaissance.
> Le sceptre de la bienfaisance
> Brille malgré lui dans sa main;
> L'or tombe et retentit, quoiqu'il l'ouvre en silence.
> L'auguste bienfaiteur est trahi par le don.
> Chaque fois qu'un Français invoque l'espérance,
> Doux espoir de la France, il prononce ton nom.

LE CHŒUR

> Que le ciel entende
> Nos cœurs et nos voix ;
> Que son don s'épande,
> Sa grâce descende
> Sur ce sang des rois.
> Qu'une main plus grande
> En vertus lui rende
> Ses premiers bienfaits :
> Et que sa mémoire
> Prépare à l'histoire
> Des pages de gloire,
> D'amour et de paix (1).

(1) Le *Correspondant,* 10 novembre 1829.

Ces beaux vers ne sont pas indignes, ce me semble, du poète qui avait chanté la *Naissance du duc de Bordeaux;* et un jour, je l'espère, ils reprendront leur place dans l'édition définitive de ses Œuvres.

V

La réception de Lamartine à l'Académie avait été fixée au jeudi 1er avril 1830. Dans son numéro du 30 mars, le *Correspondant* eut la bonne fortune de publier une nouvelle pièce inédite du grand poète, son *Epître à M. Sainte-Beuve;* il la fit précéder de ces quelques lignes :

Au commencement de l'année passée, nous rendîmes compte d'un livre intitulé : *Vie, poésies et pensées de Joseph Delorme.* C'était une peinture de cet état de marasme moral si commun dans notre siècle, qu'engendrent l'orgueil blessé, l'espoir déçu, chez les uns la souffrance, chez les autres la satiété, chez tous l'impuissance de l'âme à supporter toute seule ses douleurs ou ses jouissances. Chez l'auteur de *Joseph Delorme,* la maladie semblait arrivée à son dernier période... Nous avions été péniblement affectés de cette douleur morne et brutale qui aspirait à la tombe sans rien voir au delà; il n'y avait pas un mot d'espérance, pas un regard vers le ciel; et l'incrédulité va si mal à ceux qui souffrent !

Quelques reproches que méritât pour le fond et la forme le faux Joseph Delorme, ses vers révélaient une âme de poète, et une âme de poète est naturellement chrétienne. Quelque peine qu'il eût prise pour effacer sur son front le caractère sacré, un grand juge en pareille matière, M. de Lamartine, reconnut en lui *un de ces enfants de gloire et de lumière,*

Que Dieu fit pour chanter, pour croire et pour aimer.

Avec sa voix pleine de charme et d'autorité, il lui rappela sa vocation : il lui reprocha l'abus, la prostitution du talent, et essaya de rallumer dans son âme ces sentiments de foi et d'espérance, si fortifiants pour le malheureux, si inspirateurs pour le poète. Ces conseils, ces invitations, celles de quelques autres amis n'ont pas été perdues pour M. Sainte-Beuve. Il a réparé *Joseph Delorme* en publiant ses *Consolations*. Ici, il s'est inspiré, non plus de *Werther* ou d'*Adolphe*, mais de l'*Imitation* et des *Confessions de saint Augustin*, et il y a gagné sous tous les rapports. Nous reviendrons bientôt sur ce volume... Nous en extrairons aujourd'hui l'épître à M. de Lamartine. L'amitié de l'auteur des *Méditations* nous permet d'y joindre sa réponse à M. Sainte-Beuve. C'est une bonne fortune en tous temps qu'une pièce inédite de M. de Lamartine ; aujourd'hui c'est de plus, à la veille de sa réception à l'Académie, un morceau de circonstance.

L'*Épître à M. Sainte-Beuve* a pris place, comme la *Cantate pour les enfants d'une maison de charité,* au livre III des *Harmonies*. Je donnerai ici, tels que je les trouve dans le *Correspondant*, les vers que le poète a modifiés, quand il publia son volume, quelques semaines plus tard. Ces *Variantes* m'ont paru mériter d'être recueillies, pour deux motifs : en premier lieu, parce que les *Harmonies* sont un des chefs-d'œuvre de la poésie française, et que l'avenir fera, pour nos grands poètes du dix-neuvième siècle, ce que l'on a fait, de nos jours, avec raison, pour les grands poètes du dix-septième, en relevant d'une façon absolument complète toutes les corrections, tous les remaniements qu'ont subis leur ouvrages ; — en second lieu, parce que Lamartine, et Victor Hugo avant lui, ont affecté de dire, en mainte rencontre, qu'ils n'avaient *jamais* fait subir à leurs vers, une fois publiés, la plus légère retouche de détail. « Une fois que le livre est publié, dit quelque part Victor Hugo, une fois que l'enfant a poussé son cri, il est né, le voilà, il est ainsi fait ; père ni mère n'y pourront plus rien ; laissez-le vivre ou mourir comme il est... Ne vous ravisez pas, n'y retouchez plus. » Quant à Lamartine, on sait quelle superbe indifférence il affichait, en toute occasion, à l'endroit des vers tombés de sa plume. Il est arrivé pourtant à Victor Hugo et à Lamartine de *se raviser* quelquefois et de *retoucher* leurs vers. Ceux de mes lecteurs qui désireraient en avoir la preuve n'auront qu'à rapprocher du texte définitif des *Odes et Ballades* les vers suivants, que j'emprunte à la première édition (1).

(1) La première édition des *Odes* a paru au mois de juin 1822, chez Pélicier, place du Palais-Royal, n° 243, en un volume in-32 de 234 pages, sous ce titre : *Odes et Poésies diverses* ; elle renferme trois pièces qui n'ont pas été recueillies par M. Victor Hugo dans les éditions suivantes : les *Derniers Bardes*, une *Idylle* publiée dans le *Conservateur littéraire* sous ce titre : *les Deux Ages*, et *Raymond d'Ascoli*, élégie également publiée dans le *Conservateur littéraire* sous le titre du *Jeune Banni*. — Voir *Victor Hugo avant 1830*, par Edmond Biré, chapitre vii

Dans l'ode sur la *Naissance du duc de Bordeaux,* strophe IX, vers 4 et suivants :

> Sois aux sombres soucis qui nous rongent encore
> Ce qu'est le flambeau de l'aurore
> Aux vapeurs dont la nuit couvre son char de deuil.

Strophe VIII, vers 5 et suivants, de l'ode sur *Buonaparte* :

> Rappelant sous vingt cieux ses aigles parsemées,
> Le Nord de ses longues armées
> Vit venir l'immense appareil ;
> Mais là parut l'écueil de sa course hardie,
> Et le phare sauveur d'un sanglant incendie
> Fut l'aurore du grand réveil.

Même ode, strophe X, vers 5 et suivants :

> Tous ses pas dans son île ébranlaient nos murailles.
> Exilé des champs de batailles,
> Il se survivait tout entier.
> Il mourut — Quand ce bruit accourut vers nos villes...

Dans le *Génie*, dédié à Chateaubriand, strophe V, vers 5 et suivants :

> Quand ton nom doit survivre aux âges,
> Que t'importent les vils outrages
> D'un vulgaire, né pour mourir,
> Qui, poussé par la calomnie,
> Poursuit encor dans ton génie
> Le grand siècle qu'il veut flétrir !

Strophe X :

> Le camp voyageur du Numide
> T'accueillit, errant sur ce bord
> Où s'élève la Pyramide,
> Tente immobile de la Mort.

> Tu vis encor le mont auguste
> Où, maudit par son peuple injuste,
> Mourut le Sauveur des humains ;
> Sur le tombeau qui nous rachète
> La Muse sainte du prophète
> T'enseigna ses secrets divins.

Enfin, dans l'ode XXIII, *le Cauchemar*, on lisait à la seconde strophe :

> Tantôt dans une eau morte il traîne son corps bleu...

Dieu sait si ce vers qu'aurait signé Delacroix a fait, pendant longtemps, la joie de M. Jay et de ses collaborateurs ! Ils tiraient sur le *corps bleu* comme sur une cible, et les abonnés du *Constitutionnel* de rire, bien persuadés que le jeune poète *ultra* ne s'en relèverait point. Dans sa seconde édition, Victor Hugo a ainsi modifié son vers :

> Tantôt d'une eau dormante il lève son front bleu...

Dans la pièce célèbre qui ouvre les *Feuilles d'automne (Ce siècle avait deux ans...)*, le troisième vers :

> Et du premier Consul, *déjà par maint endroit,*

n'est pas tel qu'il avait été publié d'abord. La pièce parut pour la première fois, au mois d'octobre 1831, dans la *Revue des Deux Mondes* (1), et le vers était alors celui-ci :

> Et du premier Consul, *trop gêné par le droit...*

(1) Tome III, 1831.

Quant à Lamartine, son *Epître à M. Sainte-Beuve*, à laquelle je reviens après ce long détour, ne renferme pas moins de vingt-sept vers qui ont été modifiés dans leur passage du *Correspondant* au volume des *Harmonies*.

Voici ces vers, tels que les a publiés le *Correspondant* du 30 mars 1830. Chacun d'eux, dans la citation qui va suivre, est accompagné du vers corrigé, du texte de l'édition définitif.

Le vers corrigé est imprimé en *italiques* :

Et les traits qu'à ses pieds, de mon bâton d'érable...
Et les mots qu'à ses pieds, de mon bâton d'érable...
Au foyer de l'un d'eux, confidemment admis...
Au foyer l'un de l'autre, à la campagne, admis...
Qu'un vin pur, goutte à goutte épuisé dans le verre...
Et qu'un vin goutte à goutte épuisé dans le verre.
Tes vers où l'hyperbole, enfant de la faiblesse...
Tes vers où l'hyperbole, effort de la faiblesse.
Mais à qui sa racine ample, immense et profonde...
Mais à qui sa racine étendue et profonde.
Et des fruits sans mesure et des jours éternels !
Une sève plus forte et des jours éternels.
Et le cœur ne retient que ce qui l'a charmé...
Et mon cœur ne retient que ce qui l'a charmé.
Je renoue en ces vers notre doux entretien...
Je renoue en ces vers notre intime entretien.
Le compte de mes jours ? Ces jours ? je les oublie...
Le compte de mes jours ? Mes jours ! je les oublie.
Le repos, la prière, un cœur vide d'alarmes...
Le repos, la prière, un cœur exempt d'alarmes.
D'un seul de tous ces dons quel mortel n'est jaloux ?
Mais combien manque-t-il à qui les unit tous ?...
D'un seul de tous ces dons qui ne serait jaloux ?
Mais combien manque-t-il à qui les reçut tous !
Arrête-toi ! Voilà le port que je te marque !
Arrêtons-nous, voilà le port que je te marque !

Dieu lui-même éclaira ces ténèbres profondes...
Jeune encor j'ai sondé ces ténèbres profondes.
Que l'homme doit franchir pour arriver ailleurs...
Que nous devons franchir pour arriver ailleurs.
Tu glissais ! Je parlai ! le Seigneur te sauva...
Tu tombais, je criai : le Seigneur te sauva !
Ainsi, sa vérité t'attendait à son jour...
Ainsi la vérité t'attendait à son jour.
Dût toute vérité se changer en délire...
Dût notre vérité se nommer un délire.
Semblables devant l'homme à ces tristes prophètes...
Semblables devant l'homme à ces hardis prophètes.
Et qui sur leurs tyrans jetaient l'Esprit divin,
Ou gravaient JEHOVA sur les murs du festin !...
Et qui, sur leurs tyrans lançant l'esprit divin,
Gravaient trois mots obscurs sur les murs du festin.
Ou rebrousser le vent ou l'écume des mers !...
Ou rebrousser le vent et l'écume des mers.
Sur l'atome flottant que nous nommons le monde...
Sur cet atome obscur que nous nommons le monde.
Du son qu'il n'entend plus l'air charmé vibre encore...
Du son qu'il n'entend plus l'air ému vibre encore.
Chantons pour exhaler la voix qui chante en nous...
Chantons pour soulager ce qui gémit en nous.
Qu'il n'entend plus la vague, et voit fuir sous ses yeux
Cet abîme d'azur qui pour nous est les cieux !
Qu'il n'entend plus la vague, et qu'il voit sous ses yeux
Ces abîmes d'azur qui sont pour nous les cieux (1) !

Les remaniements que Lamartine a fait subir à ces vers en les transportant du journal dans le livre sont, en général, de peu d'importance ; mais la minutie même de ces retouches prouve combien il était loin

---

(1) Dans les *Poésiées inédites de Lamartine,* publiées par Mme Valentine de Lamartine, on trouvera la version primitive de la Méditation sur *le Lac*. Le poète lui a fait subir d'importantes et très heureuses corrections. Une autre Méditation, l'*Isolement*, est reproduite également, avec de nombreuses variantes, dans la *Correspondance de Lamartine*, T. II, p. 228.

alors de cette infatuation qui, quelques années plus tard, lui interdisait de corriger, dans les éditions successives de *Jocelyn*, les fautes de français et les fautes de grammaire signalées par la critique, et en particuculier par le destinataire de son *Epître* de 1830, M. Sainte-Beuve (1).

Quoi qu'il en soit, deux jours après la publication de l'*Epître à M. Sainte-Beuve,* Lamartine prenait séance à l'Académie. Le *Correspondant* a rendu compte de cette mémorable séance du 1er avril 1830 avec une effusion à laquelle se mêlait peut-être quelque orgueil. Aussi bien, les idées que l'illustre récipiendaire avait revêtues, dans son discours, du plus admirable langage, étaient celles que le journal d'Edmond de Cazalès, de Louis de Carné et de leurs amis, défendait dans la presse avec une courageuse persévérance. Après avoir été si souvent à la peine, le *Correspondant*, ce jour-là, *avait été à l'honneur.* « La séance d'hier, écrivait-il, avait vivement affecté la curiosité publique : on était impatient de savoir ce que deviendrait le génie du premier de nos poètes en passant par la forme du discours académique; d'ailleurs les discours de réception amènent ordinairement et comme par force des professions de foi non seulement littéraires, mais religieuses et politiques. Hâtons-nous de dire que, sous ce rapport, celui de M. de Lamartine a répondu à toutes nos espérances :

(1) *Revue des Deux Mondes*, 1er mars 1836.

nous osons nous flatter que les lecteurs du *Correspondant* y reconnaîtront souvent des idées et des sentiments que nous avons exprimés, avec moins de talent sans doute, mais avec une aussi sincère conviction (1). »

C'était Cuvier qui répondait à Lamartine, et, par sa bouche, la science avait rendu à la poésie un solennel hommage.

Il était convenable qu'en un pareil jour la voix d'un poète se fît entendre, même après la grande voix de Cuvier, et qu'une séance consacrée à Lamartine fût couronnée par des vers. L'auteur de *Marie Stuart*, M. P. Lebrun, lut deux pièces qui n'étaient pas indignes du récipiendaire, une *Ode faite en visitant le mont Liakoura (l'ancien Parnasse)*, et des *Stances sur le ciel d'Athènes*. Ces stances répondaient, comme un écho harmonieux et pur, à celles que le chantre des *Méditations* avait composées sur le *Ciel de Naples*.

Au milieu du concert universel d'éloges qui s'était élevé de tous les journaux pour célébrer cette belle séance, une voix discordante s'était fait entendre. Dans son numéro du 2 avril, le *Constitutionnel* avait attaqué avec vivacité le discours de Lamartine, « discours plein de paradoxes, de vues hasardées en littérature et en philosophie, empreint surtout d'un ascétisme singulier ». Le lendemain, il était revenu à la charge en ces termes :

De l'injustice, même de la haine envers la philosophie et

(1) Le *Correspondant*, 2 avril 1830.

les écrivains du dernier siècle ; la Révolution française jugée avec passion et sans connaissance des faits, et enfin, pour l'assaisonnement de tout cela, des divagations dévotes sur l'impiété des philosophes, sur la foi, l'espérance, voire même la charité ; une homélie de semaine sainte, un hymne d'illuminé, un sermon spiritualiste et métaphysique digne de sainte Thérèse ou de M. Coessin : voilà le discours de M. de Lamartine.

Notre littérature n'est point ultramontaine, elle n'est ni mystique, ni atteinte de spiritualisme, choses essentiellement émanées de l'école d'Ignace, et c'est peut-être là le secret des réprobations de M. de Lamartine... Voué aux doctrines apostoliques, comment pardonnerait-il à la révolution des torts rachetés par le bienfait de la liberté politique ?... L'esprit d'indépendance chez M. de Lamartine est encore de l'illuminisme...

On a remarqué, — dans le discours de M. Cuvier — un passage dans lequel le directeur de l'Académie a parlé des convictions mystiques de M. de Lamartine avec un scepticisme railleur (1).

Le 4 avril, le *Constitutionnel* dirigeait contre Lamartine cette nouvelle attaque :

M. de Lamartine, dit ce matin un journal, est nommé ministre plénipotentiaire auprès du nouveau souverain de la Grèce. Sa nomination était certainement faite avant

---

(1) Le *Constitutionnel*, 3 avril 1830. Est-il besoin de dire qu'en parlant du *scepticisme railleur* de Cuvier et de ses prétendues attaques contre les convictions du récipiendaire, le *Constitutionnel* avait pris ses désirs pour une réalité ? Voyez, en tête des *Premières Méditations poétiques*, la *Réponse de M. le baron Cuvier au discours de M. Alphonse de Lamartine*.

qu'il eût prononcé le discours dont nous avons rendu compte dans notre feuille d'hier. Ainsi, l'on voit que, quand une fausse doctrine n'est pas une cause d'avancement, elle en est quelquefois la conséquence. Le public, habitué à lier les effets aux causes, verra probablement plus de politique que de vérité dans le discours du nouvel académicien. M. de Polignac enverrait-il M. de Lamartine dans la terre classique pour y naturaliser le romatisme ?

Lamartine, qui devait répondre, un an plus tard, aux attaques du poète Barthélemy, par son admirable pièce *A NÉMÉSIS*, répondit aux insinuations malveillantes du *Constitutionnel* par cette noble lettre, que nous trouvons dans le *Correspondant* du 9 avril 1830, et que nous reproduisons d'autant plus volontiers qu'elle ne figure pas dans sa *Correspondance complète*, publiée par sa nièce, Mme Valentine de Lamartine (1).

Paris, le 5 avril 1830.

Monsieur,

Permettez-moi, non comme écrivain, mais comme homme, de protester contre un article inséré dans le *Constitutionnel* d'hier. Cet article suppose que l'indépendance de mes opinions politiques et morales aurait été ou aurait pu être influencée par une nomination au poste de ministre en Grèce; il y a une double erreur dans cette assertion. Premièrement, je ne suis point nommé ministre en Grèce ; secondement, lors même que j'aurais été ou que

---

(1) *Correspondance complète de Lamartine*, 6 volumes in-8°. Hachette et Cie, éditeurs.

je devrais être un jour honoré d'une semblable mission, une considération de convenance ou d'intérêt personnel n'aurait jamais pu et ne pourrait jamais m'engager à changer ou seulement à modifier l'expression consciencieuse de mes opinions ou de mes sentiments. Mes opinions ne sont pas de circonstance; je ne les ai jamais mises à aucun prix; s'il en était autrement, je les mépriserais moi-même, et je laisserais aux autres le droit de les mépriser.

Quoique, dans un article précédent de votre journal, à l'occasion de mon discours à l'Académie, on m'ait attribué des pensées et des paroles diamétralement opposées à mes paroles et à ma pensée, je n'ai point relevé cette injustice; les opinions, les doctrines, le talent surtout, plus ou moins bien interprétés, appartiennent à la discussion et à la critique; mais je réclame aujourd'hui, avec l'énergie de la vérité, contre une insinuation qui offense plus que le talent, le caractère; le caractère d'un homme n'appartient qu'à lui tant qu'il n'a donné, par aucune bassesse, le droit de le suspecter ou de l'avilir; c'est un **droit** que j'espère ne donner jamais à personne.

J'attends de votre loyauté que vous vouliez bien insérer ma lettre dans votre prochain numéro.

Agréez, Monsieur, etc.

Alph. de Lamartine.

VI

Deux mois et demi plus tard, le 11 juin, le *Correspondant* annonçait en ces termes la prochaine apparition des *Harmonies* : « Les *Harmonies poétiques et religieuses* paraîtront lundi 14 juin. Le public attend beaucoup de M. de Lamartine; mais, si nous pouvons en juger d'après les impressions d'une première lecture, son attente ne sera pas trompée. La plupart des pièces qui composent ce recueil sont des hymnes, des cantiques, des élévations à Dieu, j'ai presque dit des psaumes. Depuis les chœurs d'Esther et d'Athalie, personne ne s'était élevé aussi haut. La poésie lyrique, qui est comme la poésie de la poésie, manquait jusqu'ici à notre langue. Si les deux pièces que nous donnons aujourd'hui à nos lecteurs, si tant d'autres que nous aurions pu choisir, n'en sont pas et de la plus belle et de la plus élevée, je ne sais pas où il y en a au monde... » — Cette fois encore, le poète avait bien voulu détacher de son livre, pour en donner la primeur à *son* journal, les deux pièces qui ont pour titre : *Hymne du soir dans les temples,* et *Encore un hymne.*

C'est le 14 juin, nous venons de le voir, que les *Harmonies poétiques et religieuses* ont paru, — le 14 juin 1830, à la veille même des journées de Juillet : les hymnes de Lamartine ont été le chant du cygne de la Restauration. Ne semble-t-il pas d'ailleurs qu'à cette heure suprême les chefs-d'œuvre se pressent sur les pas du vieux roi Charles X, pour faire au petit-fils de Louis le Grand, prêt à descendre du trône et à reprendre le chemin de l'exil, un cortège digne de lui, digne de cette maison de Bourbon qui, après avoir donné à la France le siècle de Louis XIV, venait de lui donner, de 1815 à 1830, « le plus beau comme le plus hardi mouvement intellectuel qu'aucun de nos siècles ait encore vu » (1)? Au dernier salon de peinture de la Restauration, les plus grands noms de l'art au dix-neuvième siècle s'étaient donné rendez-vous : Ingres, Eugène Delacroix, Paul Delaroche, Léopold Robert, le baron Gérard, Devéria, Isabey, Schnetz, Horace Vernet, Gudin, Heim, Sigalon, Brascassat, Bonnington, Granet, Ary Scheffer. La sculpture rivalisait avec la peinture dans ce merveilleux salon de 1827-1828, où l'on admirait, à côté de l'*Apothéose d'Homère* et de l'*Œdipe* d'Ingres, de la *Mort de Sardanapale* d'Eugène Delacroix, des *Femmes Souliotes* d'Ary Scheffer, de la *Sainte Thérèse* de Gérard, de la *Mort d'Elisabeth* de Paul Delaroche, et de la *Naissance de Henri IV* d'Eugène Devéria, les chefs-d'œuvre de Cortot, Dumont, Pradier, David d'Angers, Foyatier, Rude, Nanteuil et Bosio. Et pour nous en tenir à cette dernière année de la Restauration, qui va du mois de juillet 1829 au mois de juillet 1830, Rossini faisait représenter *Guillaume Tell*, et Auber *Fra Diavolo*, Victor Hugo et Alfred de Vigny donnaient au Théâtre-Français *Hernani* et le *More de Venise* (2). Alfred de Musset publiait les *Contes d'Espagne et d'Italie*, Sainte-Beuve les *Consolations*, Lamartine les *Harmonies*. Après s'être essayé sous les pseudonymes d'Horace de Saint-Aubin,

---

(1) Lamartine, *Des destinées de la poésie.*

(2) *Guillaume Tell* a été représenté pour la première fois le 3 août 1829; *le More de Venise*, le 24 octobre 1829; *Fra Diavolo*, le 28 janvier 1830; *Hernani*, le 25 février 1830.

de Viellerglé de Saint-Alme et de lord R'Hoone, Balzac entrait en pleine possession de son talent et écrivait les *Scènes de la vie privée* (1), tandis que Prosper Mérimée, après avoir fait paraître, au mois de mars 1829, la *Chronique du règne de Charles IX*, composait ces nouvelles qui sont restées ses œuvres les plus achevées, la *Partie de Trictrac*, le *Vase étrusque* et l'*Enlèvement de la Redoute*. Victor Cousin, Villemain, Guizot, professaient à la Sorbonne. Cuvier, après quinze ans de silence, reprenait son cours au Collège de France (2). Berryer prononçait son premier discours, Charles de Montalembert écrivait son premier article.

Par une glorieuse coïncidence, à l'heure même où paraissaient à Paris les *Harmonies poétiques et religieuses*, les soldats et les marins de France écrivaient une page nouvelle de cette vieille et incomparable épopée qui a pour titre : *Gesta Dei per Francos*. Le 14 juin 1830, l'armée française opérait son débarquement sur la terre d'Afrique avec un plein succès, et notre drapeau flottait sur le fort de Sidi-Ferruch. D'une lettre écrite *des avant-postes, devant Sidi-Ferruch*, le 17 juin, et insérée dans le *Correspondant*, nous détachons ce passage :

Au moment où je vous écris, toute la ligne est sous les

---

(1) La première édition des *Scènes de la vie privée* a paru au mois d'avril en 1830, en deux volumes in-8°, chez Mame et Delaunay-Vallée.

(2) Le *Correspondant*, 22 décembre 1829.

armes pour l'appel du soir : la musique joue devant le front des régiments ; la brise de la mer emporte vers le désert la tyrolienne de *Guillaume Tell* et les belles marches de *Moïse*. Notre imagination nous montre le Berbère étonné, s'arrêtant pour écouter ces sons inaccoutumés. Tout est calme dans les hauteurs ; devant moi sont les collines où sifflaient les balles, et où plusieurs de nos compagnons ont laissé leur vie ; derrière moi le soleil s'abaisse lentement dans un horizon rougeâtre et se montre à travers les mâts de notre flotte. La presqu'île que nous protégeons se couvre comme par enchantement de magasins et de fortifications ; à travers les vapeurs du soir, nous distinguons les files de tentes blanches et les lignes des travailleurs (1).

J'aime à finir ce chapitre, sur cette page poétique et charmante, qui évoque à la fois le souvenir d'un chef-d'œuvre, — de *Guillaume Tell*, alors dans l'éclat de son succès récent, — et le souvenir de notre première victoire d'Afrique, journée de soleil et de fête à la veille des jours de deuil, dernier rayon à l'heure où les ombres du soir vont envahir le ciel, dernier sourire de la fortune à cette maison de Bourbon qui avait trouvé la France épuisée, appauvrie, écrasée sous le poids d'inénarrables désastres, et qui allait la laisser libre, prospère et forte, avec des finances admirables et une flotte superbe ; qui l'avait trouvée vaincue, humiliée, foulée aux pieds par quatre cent mille envahisseurs, et qui allait lui léguer la plus pure

---

(1) Le *Correspondant*, 29 juin 1830.

et la plus belle de toutes les conquêtes, accomplie sous les yeux et malgré les menaces de l'Angleterre frémissante !

> Toutes ces choses sont passées
> Comme l'onde et comme le vent.

Comment cela s'est-il fait ? Comment cet édifice, si brillant et si solide en apparence, a-t-il pu s'écrouler subitement, pareil à ce palais des contes arabes disparu en une nuit « de manière qu'il n'en restait pas le moindre vestige » ?

Nous n'avons point ici à le rechercher, ni à faire la part des fautes de tous, car tous en commirent, le parti royaliste comme le parti libéral, les ministres comme les Chambres, la presse comme la royauté. Mais puisque nous venons de rappeler *Aladin ou la lampe merveilleuse* (et cela doit nous être permis, les souvenirs d'Orient ayant naturellement leur place dans un article sur Lamartine, et *Aladin* ayant réussi deux fois sur les scènes de la Restauration : la première fois au théâtre de la Gaîté en 1817, et la seconde fois à l'Académie royale de musique en 1822 (1), nous demandons à tirer de ce conte, en terminant, une petite moralité.

Aladin et sa femme, la belle Badroulboudour, étaient parvenus au comble de la félicité ; leur palais

---

(1) C'est dans l'opéra d'*Aladin*, paroles d'Etienne, musique de Nicolo, que le gaz fit ses débuts au théâtre (6 février 1822) ; il prêta ses clartés à *la lampe merveilleuse* et des quinquets éteints remplaça le flambeau.

était magnifique et faisait envie à tous les princes étrangers. Certain magicien africain, ennemi d'Aladin et de son bonheur, se rend dans la ville où il habitait, achète une douzaine de lampes de cuivre toutes neuves, propres et bien polies, et se met à crier sous les fenêtres du palais : *Qui veut changer des vieilles lampes pour des neuves ?* Aladin, qui était parti pour la chasse, avait laissé sur une corniche la lampe merveilleuse, source de son prestige et de ses succès; vieille lampe d'ailleurs, pleine de rouille et passée de mode. Et à ce propos, l'auteur fait une réflexion bien sage : « On dira qu'Aladin aurait dû enfermer la lampe. Cela est bien vrai, mais on a fait de semblables fautes de tout temps, on en fait encore aujourd'hui et l'on ne cessera d'en faire. » Quoi qu'il en soit, une esclave aperçoit la lampe et l'apporte à sa maîtresse, la princesse Badroulboudour, qui l'échange aussitôt contre une lampe neuve, toute heureuse et toute fière de son marché.

Le lendemain matin, le palais d'Aladin avait disparu.

Le jour où la France, dédaignant la *tradition*, parce qu'elle était trop vieille et couverte de poussière, l'a échangée contre une belle révolution toute neuve, n'aurait-elle point, par hasard, commis la même faute que la princesse Badroulboudour ?

PAUL FÉVAL

J'ai parlé longuement d'Edmond About et de Prosper Mérimée, et je suis tenté de me le reprocher. Ce sont de très spirituels conteurs, mais sans imagination sans invention, sans souffle, parfaits dans la nouvelle, mais qui ne sauraient prétendre à prendre rang parmi les romanciers. La critique pourtant leur a toujours fait large mesure, tandis qu'elle affectait de ne pas connaître Paul Féval, un vrai romancier celui-là, qui jetait à tous les vents du ciel, avec une prodigalité sans mesure, ses récits sans nombre, ses contes héroïques ou terribles, ses romans d'aventures, d'un entrain merveilleux, d'une ironie particulière, qui égale celle de Charles Dickens, d'une verve prodigieuse, qui égale celle d'Alexandre Dumas. Le conteur chez lui est doublé d'un écrivain de race ; il a des pages exquises et des pages superbes, il a des livres qui sont des chefs-d'œuvre. La critique, je le répète, n'en voulait rien savoir. Seuls MM. Armand de Pontmartin, Alfred Nettement et Barbey d'Aurevilly ont quelquefois parlé de lui (1) ; Sainte-Beuve, qui consacrait une *Causerie* à chacun des romans de M. Ernest Feydeau, n'a jamais prononcé son nom. Alors que Paul Féval vivait encore, je me suis donné la joie de dire l'estime que m'inspirait son talent ; je voudrais, aujourd'hui qu'il n'est plus, en parler tout à mon aise.

Il y a bien longtemps qu'un homme d'un rare esprit et dont plus d'un trait se retrouverait aisément dans la physionomie de Paul Féval,—c'est Charles Nodier que je veux dire, — a écrit cette page charmante et d'une observation si vraie : « La vie intime de la province a un charme dont on ne conçoit aucune idée à Paris, et qui se fait surtout sentir dans les premières années de la vie. On peut aimer le séjour de Paris dans l'âge de l'activité des passions, du besoin des émotions et des succès ; mais c'est en province qu'il faut être enfant, qu'il faut être adolescent, qu'il faut goûter les sentiments d'une âme qui commence à se révéler et à se connaître. Ce n'est pas à Paris qu'on éprouvera jamais ces émotions incompréhensibles que réveillent au fond du cœur le son d'une certaine

---

(1) Armand de Pontmartin, *Nouveaux Samedis*, tome XVI ; *Souvenirs d'un vieux Critique,* Tome II. — Alfred Nettement, *le Roman contemporain*, p. 81 et suiv. — J. Barbey d'Aurevilly, *les Œuvres et les Hommes*, tome IV.

cloche, l'aspect d'un arbre, d'un buisson, le jeu d'un rayon de soleil sur la ferblanterie d'un petit toit solitaire. Ces doux mystères du souvenir n'appartiennent qu'à la province. J'entendais l'autre jour une femme de beaucoup d'esprit se plaindre amèrement de n'avoir point de patrie. — Hélas! ajouta-t-elle en soupirant, je suis née sur la paroisse Saint-Roch (1). »

Nodier avait raison : « Faites tous vos vers à Paris, » disait Voltaire. Soit; mais si vos premières années se sont écoulées dans cette grande ville où la vie intime n'existe pas, dans une de ces maisons de passage où les habitants se succèdent comme dans une hôtellerie et dont on peut dire, avec un poète plus grand que Voltaire :

<blockquote>Ma maison me regarde et ne me connaît plus (2),</blockquote>

oui, si vous n'êtes pas né, si vous n'avez point passé votre enfance en province, vous ne posséderez jamais quelques-unes des qualités les plus précieuses du romancier : la naïveté du sentiment, la variété des types, l'originalité des caractères. Vos œuvres refléteront peut-être les rayons brûlants du soleil à son midi; elles ne seront pas trempées des larmes de l'aurore, elles n'auront pas la fraîcheur du matin.

Paul Féval a eu cette heureuse fortune de naître, non à Paris, *sur la paroisse Saint-Roch*, mais à Rennes,

---

(1) Charles Nodier, *la Neuvaine de la Chandeleur.*
(2) Victor Hugo, *Tristesse d'Olympio.*

sur la paroisse Saint-Sauveur, le 29 septembre 1816. Voici l'extrait de son acte de naissance :

Le trente septembre mil huit cent seize, devant nous, officier public, a comparu monsieur Jean-Nicolas Féval, conseiller à la Cour royale, âgé de quarante-six ans, demeurant rue du Chapitre, lequel nous a présenté un enfant du sexe masculin, né hier soir à trois heures et demie, de lui déclarant et de dame Jeanne-Joséphine Renée le Baron, son épouse, auquel il a donné les prénoms de Paul-Henry-Corentin, en présence de M. Brice Marie Varin, majeur, avocat général à la Cour (1), demeurant rue de Clisson, et de René Arnaud, substitut de M. le Procureur général, demeurant rue du Chapitre, qui ont signé avec le père et nous.

Le baptême n'eut lieu que le 7 novembre suivant. L'acte fut dressé par M. J. Oliviero, curé de Saint-Sauveur (2)

Le sept novembre mil huit cent seize, nous avons suppléé la cérémonie du baptême à un enfant du sexe masculin, issu du légitime mariage de M. Jean-Nicolas Féval, conseiller à la Cour royale de Rennes, et de dame Jeanne-Joséphine Renée le Baron, né et ondoyé le vingt-neuf septembre dernier, lequel a été nommé Paul-Henry-

---

(1) M. Varin est devenu procureur général à la même Cour : démissionnaire en 1830, il est mort à Rennes, le 12 juillet 1849.

(2) Je dois cet extrait et celui de l'acte de baptême de Paul Féval à l'obligeance de M. Frédéric Saulnier, conseiller à la Cour d'appel de Rennes et auteur d'un très remarquable volume sur *Edouard Turquety*, le poète catholique.

Corentin : parrain, M. Jean-Baptiste-Ferdinand Maheu, l'un des entrepreneurs des messageries de Bretagne ; marraine, dame Catherine-Henriette le Baron, épouse de M. Joseph Potier de la Houssaye, négociant et armateur à Saint-Malo ; le père et la mère présents, qui signent.

La famille paternelle de Paul Féval n'était pas d'origine bretonne. Son bisaïeul, Philippe Féval, était notaire et procureur au siège royal de Châtillon-sur-Marne, en Champagne. Son aïeul, Jean-Nicolas, lieutenant général au bailliage de Châtillon, avant la Révolution, devint, lors de la réorganisation des cours impériales, conseiller à la cour d'Amiens, et mourut dans cette ville le 16 août 1813. Jean-Nicolas (2e du nom), père du romancier, fut amené à Rennes par M. Suin, directeur de l'enregistrement et des domaines, auprès duquel il occupait le poste de receveur rédacteur ou premier commis. Il épousa, le 29 fructidor an VIII (16 septembre 1800), Mlle Jeanne-Joséphine-Rénée le Baron ; et, sous l'influence de son beau-père, qui était à la tête du parquet de Rennes, il quitta l'administration pour entrer dans la magistrature. D'abord juge suppléant à la cour de justice criminelle d'Ille-et-Vilaine (25 octobre 1804), puis juge à la Cour de justice criminelle spéciale (9 janvier 1805), juge à la Cour de justice criminelle ordinaire (28 février 1806), juge au tribunal de première instance de Rennes (14 avril 1811), il était, au moment de la chute de l'Empire, juge à la cour prévôtale des Douanes. La Restauration qu'il accueillit avec bonheur le fit, dès le 29 juillet 1814, conseiller à la Cour royale.

Par sa mère, Paul Féval était de vieille souche bretonne. Son aïeul maternel, Jean-Louis Corentin le Baron, s^r de Létang, né à Quimper, le 26 août 1750, avait été avocat au Parlement de Rennes, et s'y était fait remarquer par son talent et son caractère honorable. Après le 18 brumaire, il fut nommé juge au tribunal d'appel du département d'Ille-et-Vilaine, commissaire près ce même tribunal, et enfin procureur général impérial ; il mourut le 3 octobre 1805 (1). Mme le Baron était fille de Henri-François Potier de la Germondaye, qui, après avoir brillé au barreau, avait rempli les fonctions de substitut du procureur général au Parlement de Bretagne. Potier de la Germondaye, arrière-grand-père de Paul Féval, a publié plusieurs ouvrages, fort estimés en leur temps, mais dont son petit-fils, j'en ai peur, n'a jamais lu un traître mot : tout au plus auront-ils servi à ce dernier à mettre ses rabats, à l'époque où il était avocat à la Cour. Voici, pour l'édification des curieux, les titres de ces vénérables bouquins : *Introduction au gouvernement des paroisses, suivant la jurisprudence du Parlement de Bretagne.* — *Recueil d'arrêts rendus au Parlement de Bretagne, depuis la Saint-Martin 1767 jusqu'au mois de mai 1770, sur plusieurs questions de droit et de coutume 'matières criminelles, bénéficiales et de*

---

(1) En souvenir de son aïeul, *Corentin* le Baron, né à *Quimper*, Paul Féval a donné à l'un de ses récits les mieux venus ce titre : *la Première aventure de Corentin Quimper.*

gruerie. — *Recueil des arrêts de règlement du Parlement de Bretagne, concernant les paroisses* (1).

Après la mort de son mari, Mme le Baron se retira chez son gendre, M. Féval, dans la vieille maison de la rue du Chapitre, *en Saint-Sauveur*, une vraie maison d'autrefois, fidèle aux anciennes mœurs, et qui aurait pu inscrire, au-dessus de son modeste seuil, la devise qu'à cette heure-là même un autre Breton, Chateaubriand, inscrivait en tête de son journal, le *Conservateur* :

Dieu, le Roi et les honnêtes gens.

C'étaient d'honnêtes gens, en effet, dans toute la force du terme, que le père de Paul Féval et tous les siens. Le père était un homme de savoir éminent et de haute vertu. La mère et l'aïeule étaient deux saintes. Les frères et les sœurs se pressaient nombreux autour du foyer de famille. On était pauvre, d'ailleurs, surtout depuis la mort du père, qui arriva le 7 décembre 1827 ; et c'était tout au plus, malgré la petite pension que Madame la Dauphine leur faisait sur sa cassette, si la veuve, la belle-mère et les enfants du conseiller pouvaient avoir une domestique. Mais n'était-on pas en Bretagne, dans un pays *arriéré*, où le *progrès* commençait à peine à poindre, et où une servante trouvait tout naturel

(1) *Biographie bretonne*, par P. Levot ; notice sur *Le Baron* (T. II, p. 193) et sur *Potier de la Germondaye* (T. II, p. 650). — Tous les détails qui précèdent sur les familles paternelle et maternelle de Paul Féval m'ont été communiqués par M. Frédéric Saulnier, à qui je suis heureux de pouvoir exprimer ici ma vive gratitude.

de servir ses maîtres sans gages, sous prétexte qu'elle était de la maison ?

Paul Féval vécut jusqu'à vingt ans dans ce milieu royaliste et chrétien, dont le souvenir ne le quittera plus. Ce sont ces influences bénies de la religion et de la famille qui, plus tard, à Paris, à l'époque de ses plus grands succès, quand il sera le rival des Frédéric Soulié et des Eugène Sue, le préserveront de faire, comme eux, de lâches concessions aux bas appétits du public. C'est grâce à elles que les romans sortis de sa plume, de 1843 à 1876, n'auront besoin que de très légères modifications pour pouvoir être mis entre les mains de la jeunesse. Enfin, si, en 1876, le romancier tout à coup se transforme et devient un apôtre, s'il ne veut plus travailler que pour la gloire et pour la grandeur de Dieu, c'est parce que ces influences l'ont ressaisi avec une force nouvelle, parce que leur souffle l'a puissamment soulevé et l'a transporté sur les hauteurs.

II

C'était en 1838. Paul Féval venait de plaider sa première cause devant la Cour d'assises d'Ille-et-Vilaine. Les jurés avaient ri ; mais ils n'avaient pas été désarmés, et ils avaient refusé à son client, — un pauvre diable nommé Planchon, qui avait volé douze poulets dans une maison habitée, avec escalade et effraction, — le bénéfice des circonstances atténuantes. Le jeune stagiaire sortit de l'ancien palais du Parlement de Bretagne en se disant qu'il n'était pas près de gagner assez d'argent pour en donner à sa mère. Le lendemain, il partait pour Paris, afin de chercher fortune. Il entra d'abord chez un banquier et en sortit bientôt, sans même savoir, je le crois bien, ce que c'est qu'un bordereau de compte. A quelque temps de là son premier feuilleton paraissait dans *la Sylphide*, organe du « monde élégant », que dirigeait alors le futur fondateur du *Figaro*, M. de Villemessant. Un roman breton, *Rollan-Pied-de-Fer*, et quantité de nouvelles insérées dans les feuilles religieuses et monarchiques, l'*Union catholique*, la *Quotidienne* et la *France*, apprirent son nom au public et même aux éditeurs. M. Waille, qui venait de publier les *Contes du Bocage*, d'Edouard Ourliac, lui demanda d'écrire les *Contes de Bretagne*. Le succès de ce petit volume marqua dans la vie de Paul Féval. En même temps qu'il achevait de le faire connaître, il lui valait l'amitié d'Edouard Ourliac: les bons *Contes* font les bons amis.

L'heure, cependant, n'était pas aux petits récits, aux courtes nouvelles. C'était le temps où une révolution se produisait dans la presse, à la suite du prodigieux succès obtenu par les *Mystères de Paris* dans le *Journal des Débats*. Le feuilleton, jusque-là timidement caché au rez-de-chaussée du journal, prenait le haut du pavé, et reléguait le premier Paris au second plan ; — à la condition, il est vrai, d'avoir dix volumes, et de pouvoir redire, pendant dix mois au moins, les paroles magiques : *la suite au prochain numéro.*

Donc, un matin, Paul Féval, qui publiait alors quelque part son second roman breton, *le Loup blanc,* vit entrer dans sa chambre Anténor Joly, directeur littéraire du *Courrier français*. Il venait lui demander de lui faire des *Mystères,* — les *Mystères de Londres.* — « Mais je ne suis jamais allé à Londres ! » objecta l'auteur du *Loup blanc.* — « Eh bien ! vous irez plus tard, entre la première et la deuxième partie ; seulement il faut commencer *tout de suite.* » Trois jours après paraissait le premier feuilleton ; il était signé sir *Francis Troloppe.* En dépit de ce pseudonyme anglais, Paul Féval, qui n'était pas pour rien le compatriote de *M. Surcouf* et le filleul d'une Malouine, s'en donna à cœur joie aux dépens des compatriotes du révérend Pritchard. Le livre, d'ailleurs, était jeune, sincère, impitoyablement saturé de moquerie ; le succès fut immense. Les *Débats* voulurent avoir à leur tour un *feuilleton* du jeune romancier ; il écrivit pour eux *la Quittance de minuit,* une de ses œuvres les plus intéressantes, éloquent plaidoyer en faveur de l'Irlande, qui aujourd'hui plus encore qu'en 1846 aurait un succès d'actualité.

LISEZ L'EPOQUE ! Tous ceux dont les souvenirs remontent au delà de 1848 se rappellent encore le débordement inouï, l'extravagante prodigalité de réclames qui signalèrent, en 1847, l'apparition du journal, bruyant, éphémère et... ministériel, dans lequel M. Auguste Vacquerie fit ses premières armes. Pas de village, si retiré fût-il, où ne pénétrât la bonne parole : *LISEZ L'EPOQUE !* Quant à Paris, les murailles étaient tapissées d'affiches gigantesques, peintes à l'aide d'un procédé tout neuf et qui se voyaient d'une lieue. C'étaient de vrais tableaux à la couleur violente représentant le combat des *trois Hommes Rouges* au-devant du lit de la comtesse Margarèthe. Et au-dessous ce titre flamboyant : *LE FILS DU DIABLE*, et ce nom populaire : *PAUL FÉVAL*.

Hélas ! ni l'*Epoque*, ni M. Granier de Cassagnac, son rédacteur en chef, ni M. Vacquerie lui-même, ne purent sauver le ministère. M. Guizot tomba, et avec lui la monarchie de Juillet. Mais la révolution de février ne renversa pas seulement le roi Louis-Philippe ; elle détrôna du même coup le roman-feuilleton. Fait pour plaire à des esprits tranquilles et entièrement rassurés sur l'avenir, il s'accommodait mal de la République. Assaillis d'inquiétude, effrayés du lendemain, les lecteurs n'avaient plus le loisir de s'attarder aux longues fictions. Aussi bien la politique absorbait les romanciers eux-mêmes. George Sand écrivait les *Bulletins de la République*, Alexandre Dumas posait sa candidature à l'Assemblée nationale, Eugène Sue siégeait sur les bancs les plus élevés de la Montagne, Paul Féval publiait un journal dont il était à peu près l'unique rédacteur.

Cet interrègne ne devait pas durer. Avec l'empire, que je n'ai point à juger ici, la sécurité revint peu à peu ; la tribune et la presse firent silence ; les romanciers retrouvèrent un public. Le cercle se reforme autour des conteurs.

Des quatre écrivains qui, dans les dernières années du gouvernement de Juillet, avaient tenu le sceptre du roman-feuilleton. — Frédéric Soulié, Eugène Sue, Alexandre Dumas, Paul Féval, — le premier était mort dans la force de l'âge et du talent (1); — le second, exilé de France, aigri par la défaite, enrôlé au service de la démagogie, rêvait une revanche non dans l'ordre littéraire, mais sur le terrain politique ; il n'écrit plus pour raconter, mais pour combattre; il lance ses feuilletons à l'assaut de la société; ses romans ne sont plus que des pamphlets socialistes; — le troisième, l'auteur des *Trois Mousquetaires* et de *Monte-Cristo*, fatigué par une longue production, va essayer, sans y pouvoir parvenir, de retrouver les succès d'autrefois : plus encore que par le passé, il s'entourera de collaborateurs, il multipliera les volumes; il courra le monde à la poursuite des aventures; il ira jusques au Caucase pour y trouver des *Impresssions de voyage;* il se fera même, s'il le faut, l'écuyer de Garibaldi. Courses vaines ! peines perdues! Le temps est passé où il lui suffisait d'aller jusqu'à Berne ou à Constance pour en rapporter des récits merveilleux, d'aller à Marseille et à la Cannebière pour *découvrir la Méditerranée!*

Voici que Paul Féval, au contraire, a plus de verve et de jeunesse que jamais. De 1852 à 1870, il n'a

---

(1) Le 23 septembre 1847.

cessé de prodiguer les romans et les contes, et je ne serais pas surpris que, dans ces dix-huit années, il eût publié cent volumes. En 1856, par exemple, je le vois donner à la fois *Madame Gil Blas* à la *Presse*, *les Errants de nuit* au *Pays*, *les Compagnons du silence* au *Journal pour tous*, et *le Bossu* au *Siècle*, — qui n'eut jamais tant d'esprit. Sa fécondité égale celle d'Alexandre Dumas en son meilleur temps, elle la dépasse même; car, à la différence de l'auteur de *Joseph Balsamo*, Paul Féval n'a jamais eu un seul collaborateur; on le sentait bien à son style, qui avait sa marque propre. La vérité est qu'il a dépensé un rare et considérable talent dans ces productions trop nombreuses, dont je ne puis indiquer ici que les principales : *le Jeu de la mort*, *Jean Diable*, *la Fée des Grèves*, *les Belles de nuit*, *la Duchesse de Nemours*, *l'Homme de fer*, *les Deux Femmes du roi*, *les Couteaux d'or*, *la Province de Paris*, *la Pécheresse*, *le Tueur de tigres*, *Aimée*, *Annette Laïs*, *Blanchefleur*, *Bouche de fer*, *Madame Gil Blas*, *les Parvenus*, *le Drame de la Jeunesse*, *le Dernier Vivant*, *les Habits noirs*, *le Capitaine Fantôme*, etc., etc.

L'ensemble de ces ouvrages, où les inspirations sont si diverses, où les inventions s'entrelacent, se croisent à l'infini, produit d'abord sur le lecteur l'effet de ces labyrinthes qui vous font craindre de vous perdre. Mais, avec un peu d'attention, l'on arrive bien vite à s'y retrouver et à reconnaître qu'ils se peuvent partager en trois groupes distincts.

Voici tout d'abord un groupe de contes et de romans nés en Bretagne, véritables fleurs de bruyères, cueillies sur les landes d'Armorique : *la Forêt de Rennes, Fontaine-aux-Perles, les Contes bretons, les Belles de nuit, le Poisson d'or, Château-pauvre.*

Je parlais tout à l'heure des romanciers qui ont eu cette chance heureuse d'avoir une patrie, c'est-à-dire de naître en province, comme Balzac, George Sand, Jules Sandeau. Comparez-les aux romanciers qui sont nés à Paris, Eugène Sue, par exemple, ou Prosper Mérimée.

Où trouver, chez ces deux derniers, une page véritablement sentie, une émotion sincère, un paysage vivant, plein d'air et de lumière, où le sillon fraîchement ouvert exhale, au matin, une vapeur légère; où, le soir, retentit dans le chemin creux le cri monotone du laboureur mêlé au bruit sourd du chariot qui rentre à la ferme?

Que de pages remarquables, au contraire, combien de descriptions neuves et vraies, inspirées à Balzac par les paysages de Touraine, par ces bords de la Loire où s'est écoulée son enfance! Rappelez-vous ses meilleurs romans : *Eugénie Grandet, Ursule Mirouët, le Médecin de campagne, la Recherche de l'absolu, les Paysans, le Curé de village* : tous se passent en province. Jules Sandeau a fait mieux. A l'exception, je crois, de *Sacs et Parchemins,* le moins bon d'ailleurs de ses livres, il n'en est pas un seul qui se passe à Paris; tous ont pour théâtre la Bretagne ou la Creuse, ce pays Marchois où il a placé ses plus charmants récits : *le Docteur Herbeau*, *Catherine*, *Madeleine*.

Et George Sand! elle aussi a écrit cent volumes. Il en est quelques-uns, en petit nombre, dans lesquels les héros ont occasion de toucher barre à Paris; mais comme elle a hâte de revenir en province, dans le Berry, dans ces champs où Jeanne garde ses troupeaux, où Germain, le *fin laboureur*, conduit son double attelage! Mais ni George Sand, ni Jules Sandeau, ni Balzac n'ont eu ce privilège, réservé à Paul Féval, de trouver dans leur pays natal un coin de terre qui avait gardé intacte son originalité, qui avait conservé, avec un soin jaloux, son individualité, sa poésie, ses mystères et ses légendes. Aussi, les œuvres du romancier breton sont-elles plus *personnelles* que celles de ses confrères et ont-elles plus que les leurs un goût de terroir.

Ouvrez un de ses derniers livres, *Châteaupauvre*, et dites s'il est un seul des personnages qui ne soit vraiment pour vous une nouvelle connaissance, s'il en est un seul que vous puissiez impunément transporter à quelques lieues de là, en Normandie ou en Vendée, dans le Maine ou en Anjou? Chez Balzac, chez Jules Sandeau ou chez George Sand, le paysage est fidèlement peint : c'est bien la Touraine, c'est bien la Marche, c'est bien le Berry. Mais les personnages que l'auteur y a placés sont-ils à ce point Tourangeaux, Marchois ou Berrichons, que vous ne puissiez les sortir de leur cadre et les transplanter ailleurs? Non certes; à peine, pour cela, aurez-vous besoin de modifier quelques détails de leur costume. Avec les héros de *Châteaupauvre*, il n'en va pas de même. Ni la vieille Méto, ni Yaume le laboureur, ni le notaire Hervageur, ni la notaresse, ne sont possibles en dehors des Côtes-du-Nord. Et puisque j'ai rappelé la vieille Méto, je me reprocherais de ne pas constater ce qu'il y a de poésie et de grandeur dans ce type de paysanne bretonne, ridicule et sublime, héroïque et avaricieuse, plus grande que nature et pourtant prise sur le vif, telle, en un mot, qu'elle est digne de prendre place à côté de l'une des plus admirables créations de Walter Scott, le vieux Caleb de *la Fiancée de Lammermoor*.

III

Après les romans bretons viennent les romans de cape et d'épée : *le Cavalier Fortune, le Capitaine Fantôme, Flamberge, le Bossu*. Sur ce terrain Paul Féval se rencontre avec Alexandre Dumas, et je ne sais vraiment auquel des deux reste l'avantage. Alexandre Dumas en prend plus à son aise avec l'histoire; il s'attaque bravement aux personnages historiques de premier plan, à Henri III, à Henri IV, à Richelieu, à Mazarin, à Louis XIV; et, à son point de vue, il a raison; car le lecteur, même ignorant, se trouve là en pays de connaissance. Avec Paul Féval, qui n'a pas de telles audaces et se contente de traiter de pair à compagnon avec le duc de Nevers ou avec Philippe de Gonzague, le lecteur est quelque peu dépaysé. Mais chez l'auteur du *Capitaine Fantôme,* comme chez l'auteur du *Comte de Monte-Cristo,* quelle vivacité dans le récit, quel intérêt et quel agrément, quelle verve intarissable ! Lequel l'emporte, du *Bossu* ou des *Trois Mousquetaires,* de Lagardère ou de d'Artagnan ? Lequel a le plus d'esprit, de vaillance et de gaîté ?

Prononce si tu peux et choisis si tu l'oses.

Des romans de cape et d'épée aux romans d'aventures il n'y a qu'un pas, et ce pas, Paul Féval le franchit volontiers. Aussi bien le roman d'aventures, tel qu'il le comprend, n'est guère que le roman de cape et d'épée, transporté en plein dix-neuvième siècle, au beau milieu des maisons neuves du boulevard Malesherbes, éclairées au gaz et rafraîchies par le service d'eau ! Sceptiques, qui en êtes encore à croire qu'il n'y a plus de traîtres, plus de coupe-jarrets, plus d'enfants volés, plus de trésors enfouis, plus de héros et de chevaliers errants, lisez *Jean Diable, les Habits noirs, le Jeu de la Mort, les Compagnons du Trésor, la Rue de Jérusalem, les Couteaux d'or, le Quai de la Ferraille, l'Arme invisible, le Dernier vivant.* Il y a dans tous ces livres une dépense de talent incroyable, des inventions de bon aloi, des scènes qui sont des trouvailles, tout cela au milieu d'un enchevêtrement de personnages, d'un fouillis d'aventures, où l'auteur se retrouve, mais où le lecteur se perd quelquefois.

Il est pourtant tels de ces romans, *Jean Diable*, le *Jeu de la Mort*, le *Dernier vivant*, qui, dans leur genre, sont des chefs-d'œuvre. Le pauvre Prévost-Paradol écrivait un jour qu'ayant commencé la lecture de la *Femme en blanc*, de Wilkie Collins, il n'avait pu s'en détacher, et que les premières lueurs du matin l'avaient surpris dévorant les dernières pages. Si vous ne voulez pas que pareille chose vous arrive, ne vous laissez pas aller le soir à ouvrir le *Dernier vivant*, car il vous serait impossible de fermer ces deux volumes avant d'avoir appris comment Lucien Thibaut a déjoué les perfides combinaisons de M. Louaisot de Méricourt.

Ces récits où l'imagination de l'auteur se joue avec une liberté toute romantique, se rattachent pourtant, par plus d'un côté, aux traditions de l'école classique. De même que son compatriote Chateaubriand, Paul Féval se préoccupait beaucoup de bien composer ses livres. Il les voulait ordonnés savamment, et que, dans la disposition de chacune de leurs parties, il y eût une parfaite régularité, une harmonie irréprochable. « Il y faut, disait-il, de la symétrie, comme en un dessert sur une table bien servie. » Chacun de ses ouvrages, divisé en plusieurs parties, est encadré entre un prologue et un épilogue. Mais il ne s'en tenait pas là. Bannies du théâtre et de la tragédie elle-même, les trois unités avaient trouvé un asile dans ses romans :

Qu'en un lieu, qu'en un jour, un seul fait accompli
Tienne jusqu'à la fin le théâtre rempli.

Après le *Prologue*, qui joue chez lui le rôle de l'Exposition dans la tragédie ancienne, Paul Féval ne manque guère d'amener tous ses personnages en un même lieu, — à Paris ou en Bretagne; l'action s'engage alors, et, si compliquée qu'elle soit, si nombreux que soient les personnages, il lui suffit presque toujours de vingt-quatre heures pour la dénouer. Que cela n'aille pas sans de grosses invraisemblances, je me garderai bien de le dire; mais l'auteur de *Jean Diable* estimait que la première qualité du roman n'était pas d'être vraisemblable, mais d'être *romanesque*. Nous avons changé tout cela; nous voulons que le roman soit une exacte reproduction de la réalité, qu'il soit *naturaliste*, voire même *scientifique*. Est-il bien sûr que Paul Féval n'eût pas raison?

Il n'était pas seulement fidèle à la vieille règle des trois unités; on retrouve, dans un très grand nombre de ses œuvres, un souvenir et comme un écho de l'*Athalie* de Racine. Je vois encore, dans le cabinet de mon père, une gravure royaliste, qui fit grand bruit vers 1838, et qui avait pour titre : *le Couronnement de Joas*. Joas, c'était le duc de Bordeaux, c'était l'héritier dépouillé, proscrit, et qui, après de longues vicissitudes, rentrait en possession de l'héritage. Cette histoire de Joas, combien de fois Paul Féval ne l'a-t-il pas contée dans *le Fils du Diable*, dans *les Amours de Paris*, dans *le Bossu*, dans dix autres romans encore!

Encore une fois, ces romans si romanesques sont les plus invraisemblables du monde. Ils vous *empoignent* pourtant et ne vous laissent pas respirer que vous n'ayez été d'un trait jusqu'à la dernière ligne. La raison en est bien simple ; c'est que l'auteur lui-même a été le premier pris au piège. Ses histoires sont merveilleuses, mais il a confiance dans ses histoires : il croit vraiment *que c'est arrivé.*

Et puis, au milieu de ces drames si noirs, quels éclats soudains de gaieté, quel bon rire, — le rire de l'honnête homme qui écrit pour les honnêtes gens ! Nous avons d'autres romanciers qui ont de l'esprit, du mordant, des mots piquants. Paul Féval a de l'esprit, lui aussi, comme pas un. Mais, à la différence des romanciers dont je parle, il ne fait pas *de l'esprit;* il se garde surtout de courir après. Ses personnages sont un peu, toutes proportions gardées, comme ceux de Molière. Ils n'aiguisent point de traits, ils ne font pas de *mots;* ils n'entendent pas malice à ce qu'ils disent, et chacun d'eux pourrait dire comme Alceste :

> Par la sambleu, messieurs, je ne croyais pas être
> Si plaisant que je suis !

Et voilà justement pourquoi ces personnages sont si plaisants et procurent au lecteur un si réel plaisir. Il y a, dans la *Fée des Grèves*, et dans l'*Homme de fer* qui lui fait suite, un certain moine du Mont-Saint-Michel, le Frère Bruno, qui est une des plus réjouissantes figures, un des types les plus réussis du roman contemporain. Une pareille création suffirait à mettre un écrivain hors de pair; et, dans l'œuvre de Paul Féval, vous en trouverez vingt autres, qui ne le cèdent en rien à celle-là.

IV

Aux romans dont je viens de parler, à ces œuvres d'un intérêt puissant, mais d'une complication excessive, je préfère, je l'avoue, les simples histoires que Paul Féval a semées çà et là en se jouant, ces contes où, sous l'apparente bonhomie de la forme, se cache un art consommé, une extraordinaire habileté de main : *le Poisson d'or, la Dame blanche des Marais, le Saint-Diot, la Croix-Miracle, Jean et sa lettre;* — ou encore ces désopilants récits, où il a donné libre carrière à sa verve, *les Gens de la Noce, la Première aventure de Corentin Quimper.* Ce qu'il y a, dans ces deux derniers livres, de belle humeur, — je ne dis pas d'*humour*, ce mot venu d'Angleterre n'étant pas pour plaire à l'écrivain breton; — ce qu'ils renferment d'esprit, d'entrain, de gaieté folle et pourtant de bon goût, est vraiment inimaginable. Le jour où il les écrivit, Paul Féval était certes en droit de dire, comme Mme de Sévigné, après cette représentation d'*Esther*, où elle avait causé avec le roi, M. le prince et Mme de Maintenon : « Ce jour-là, j'étais en fortune. »

N'allez pas croire, cependant, que l'auteur de *Corentin Quimper* n'ait jamais composé de romans d'analyse. J'en citerai deux qui font le plus grand honneur à son talent : *Bouche de fer* et le *Drame de la Jeunesse*. Le premier, où vous trouverez une peinture de Rennes sous la Restauration, comparable à la peinture d'Issoudun dans les *Célibataires* de Balzac, contient l'analyse de deux caractères aussi profondément étudiés que vigoureusement rendus, celui de Gougeux, le maître de forges, et celui de Géraud, l'avocat. Mais l'œuvre la plus forte de Paul Féval, son livre le plus « vécu » — avant les *Etapes d'une conversion*, — c'est, à mon avis, le *Drame de la jeunesse*. [Les joies et les tristesses du foyer, l'amour des grandes sœurs pour le petit frère, la séparation, le départ pour Paris, ces figures, ces scènes que nous avons tous connues, n'avaient pas encore trouvé un peintre aussi ému, aussi sincère et aussi délicat. « Je n'aime pas à parler longuement de ma mère, dit Fernand Le Prieur, le héros du *Drame de la jeunesse*, *peut-être parce que je pense à elle toujours !* » J'aime moins la seconde partie du livre, celle qui nous transporte dans le milieu parisien. Entre les premières et les dernières scènes il y a un *heurt* trop violent. Cette seconde partie n'en renferme pas moins des chapitres d'une originalité poignante, d'une intensité de vie extraordinaire. Ce sont des pages de mémoires où l'auteur a cru pouvoir être d'autant plus vrai qu'il ne parlait pas en son nom.

Comment s'étonner après cela que les romans de

Paul Féval aient eu des lecteurs sans nombre, à l'étranger comme en France; que tous y aient pris un plaisir extrême et que les plus forts eux-mêmes y aient cherché un délassement et une distraction, au milieu de leurs préoccupations les plus graves? Le comte Lefebvre de Béhaine, aujourd'hui ambassadeur de France auprès du Saint-Siège, était premier secrétaire à Berlin, en 1866, au moment où éclata la guerre entre la Prusse et l'Autriche. Après la bataille de Sadowa, il fut chargé de porter à Vienne les propositions prussiennes relatives à une suspension d'hostilités. De retour, le 15 juillet, à deux heures du matin, il pénétrait immédiatement dans la chambre où campait M. de Bismarck à Brünn, et trouvait l'homme d'Etat couché, ayant sur sa table de nuit une lampe entre deux revolvers et lisant le dernier roman de Paul Féval, *Annette Laïs* (1).

Je suis loin d'avoir passé en revue toutes les œuvres de Paul Féval. Je n'ai rien dit encore des plus remarquables, écrites depuis 1876 et dont nous nous occuperons dans un instant. Qui pourrait cependant méconnaître qu'il y avait, dans les livres que j'ai rappelés, de quoi fonder cinq ou six réputations? Il est vrai qu'en France, surtout depuis quelque trente ans, nous en voulons à ces infatigables producteurs, dont la fécondité est comme une ironie à l'adresse de notre impuissance. Parlez-nous des écrivains qui accouchent

---

(1) *Lettres de Jules de Goncourt*, p. 256.

à grand'peine, tous les deux ou trois ans, d'une chétive nouvelle! à la bonne heure! voilà des gaillards qui ne nous offusquent pas! On vante leur sobriété, leur bon goût, on leur ouvre toutes grandes les portes du Palais Mazarin!

MM. les concierges de Paris ne veulent pas admettre dans *leurs* hôtels les pères de famille qui ont beaucoup d'enfants. De même, à l'Académie, on écarte volontiers les écrivains qui ont fait trop de livres : M. Prosper Mérimée, peu chargé de bagages, y est reçu d'emblée; Balzac est impitoyablement refusé. « Il est trop gros pour nos fauteuils, » disait Sainte-Beuve. En 1874, Paul Féval, comme Balzac et comme Alexandre Dumas (1), eut envie d'être de l'Académie. Il s'agissait, je crois, de remplacer M. Pierre Lebrun, auteur de la tragédie de *Marie Stuart*. Il commença ses visites et poussa jusqu'à la neuvième. « Je n'allai pas plus loin, me disait-il un jour, en me racontant son voyage autour d'un fauteuil : je m'étais aperçu à temps que je n'étais pas *académable*. » Aussi bien, il avait mieux à faire que l'éloge de cet excellent M. Lebrun. Encore un peu de temps, et il composera les *Étapes d'une conversion*, un livre admirable. Qui a écrit un chef-d'œuvre peut bien se consoler de n'être pas de ceux dont on dit, faute de mieux : *C'est quelqu'un de l'Académie.*

(1) Voir dans *le Livre* (n° du 10 juillet 1886) la remarquable et curieuse étude de M. Charles Glinel sur *Alexandre Dumas et l'Académie française*.

V

Le maître de la critique contemporaine, M. Armand de Pontmartin, qui lui non plus n'est pas de l'Académie, — il est vrai qu'il n'a pas fait même les *neuf visites* de Paul Féval, — écrivait le 28 octobre 1877, à propos d'un nouveau livre de l'auteur des *Mystères de Londres* et du *Bossu* :

« ... D'ordinaire lorsqu'un écrivain célèbre est arrivé au seuil de la vieillesse, lorsqu'il a beaucoup produit et accoutumé son public à ne rien lui demander en dehors de sa manière, de ses cadres et de son genre, il n'est pour cela ni épuisé ni fini ; il peut donner, même au delà de la soixantaine, bien des preuves de talent... Ce qui lui est difficile, c'est de se renouveler ; c'est de prodiguer à ses lecteurs les plaisirs de la surprise. La foi vient d'opérer ce prodige chez l'auteur des *Etapes d'une conversion.*

« Ce n'est plus un romancier sexagénaire à qui Dinarzade charmée demanderait volontiers de raconter sans cesse les histoires qu'il conte si bien ; c'est un ardent néophyte de vingt-cinq ans, rajeuni par un coup de soleil de la grâce sur le chemin de Damas, multipliant son *credo* sur tous les points menacés par l'impiété moderne, ne gardant de son art profane que ce qu'il faut pour répandre à flots sur des pages d'apologétique chrétienne la couleur, la passion, le mouvement, l'intérêt, la vie, et prêt à accepter avec joie le martyre, comme couronnement de l'édifice dont il fait un temple (1). »

L'heure était venue en effet où ces influences bénies dont nous parlions en commençant, les souvenirs pieux de son enfance, la vertu de son père, la sainteté de sa mère ; où la pureté de son foyer domestique, les prières de sa femme et de ses enfants, celles de ses admirables amis le P. Olivaint et le P. Hériveau, et par-dessus tout les appels du Dieu bon et miséricordieux l'avaient enveloppé, terrassé, vaincu. *L'honnête homme* qu'il avait toujours été s'était relevé chrétien pratiquant, *dévot ;* et il se trouvait, du même coup, que son talent s'était renouvelé ; qu'en s'épurant, il s'était fortifié : ce dévot, ce *converti,* à l'étonnement et au scandale des esprits forts, allait devenir un grand écrivain.

La Mort du père, premier épisode des *Étapes d'une conversion,* a paru en 1877. « A notre insu, disait Paul Féval dans sa préface, nos joies et nos douleurs, nos triomphes et nos défaites nous rapprochent de Dieu. Ce n'est pas nous qui marchons vers la conversion, c'est la conversion qui vient à nous. J'ai voulu marquer les diverses stations de la mienne et raconter, étape par étape, ce mystérieux voyage de la grâce divine à la rencontre d'une pauvre âme. »

Ce premier épisode forme un tout achevé, un livre

---

(1) Armand de Pontmartin, *Nouveaux Samedis,* t. XVI, p. 195.

complet par lui-même et dont le succès fut aussi grand qu'il était mérité.

Au moment d'ouvrir toutes grandes les portes de la maison où fut son berceau et de faire pénétrer le public auprès du lit de son père, Paul Féval a-t-il été saisi d'un scrupule? A-t-il hésité? Peut-être. Toujours est-il qu'il ne parle pas en son nom et qu'il a placé son récit dans la bouche d'un de ses amis, son ami *Jean*. C'est un singulier personnage que l'ami Jean : « Jean était une nature capricieuse à l'excès, inégale, ayant des lacunes au beau milieu de trop de richesses, et des paresses dans l'élan même de ses témérités ; la mesure lui manquait ; mais en toute ma vie, il ne m'a jamais été donné de feuilleter une imagination comparable à la sienne pour l'éclat, l'étendue et la fécondité...

« ... Il parlait merveilleusement ; ce qu'il disait entraînait et charmait pendant qu'il le disait. Dès qu'on était dehors, il y avait déchet, c'est vrai, mais quelque chose ressortait à côté de ce qu'il avait dit, au-dessus, au-dessous, je ne sais où, et l'on voyait devant soi des horizons ouverts. Peut-être bien avait-il çà et là quelque paillette de génie dans l'énorme mine de son cerveau... Quand je détourne mes regards du présent pour les reporter en arrière, je vois comme si elle était là, devant moi, cette tête si tourmentée (mais si calme !) de l'esclave de la foi qui s'émerveillait d'avoir douté, cette figure du libre-penseur prisonnier de Dieu, ce masque imprévu, absolument divers, frivole et profond, travaillé par la fièvre du savoir, mais tout pénétré de naïves sérénités, qui m'a fait rire si souvent, si souvent penser et pleurer (1). »

Et nous aussi, nous le revoyons dans nos plus lointains souvenirs, tel qu'il nous fut donné de le voir un jour dans sa pauvre mansarde de la rue Saint-Jacques, tout éclairée des rayons de son éloquence; ou plutôt tel qu'il revit dans une admirable et superbe étude de Louis Veuillot (2) et dans le livre de Paul Féval. L'ami Jean s'appelait Raymond Brucker (3). Il avait publié vingt romans, dont deux au moins, le *Maçon* et les *Intimes*, avaient eu un vif succès; puis tout à coup il avait disparu, recherchant le silence comme d'autres recherchent le bruit, réservant pour les ouvriers et pour les pauvres les trésors de son éloquence, et collectionnant, avec une ardeur de bénédictin, des notes sans nombre, destinées à former un gros livre qui se serait appelé *Introduction au catéchisme*, et qui n'a jamais vu le jour.

C'est dans sa bouche que Paul Féval a placé son récit.

Et maintenant, ce récit, l'analyserons-nous? Dirons-nous cette pieuse maison, cet intérieur patriarcal, ce père de famille soudainement frappé par une maladie qui ne pardonne pas; l'effarement de tous, l'étonnement de cet enfant de dix ans qui ne sait pas ce que

(1) *La Mort du père*, p. 6.
(2) *Univers* du 9 mars 1875. — *Mélanges religieux, historiques, politiques et littéraires*, par Louis Veuillot, 3ᵉ série.
(3) Voir, sur Raymond Brucker, de belles pages de M. Léon Gautier, dans son volume: *Vingt nouveaux portraits*, 1878.

c'est que la mort et qui voit pour la première fois cet hôte horrible entrer sous son toit et s'asseoir à son foyer? Dirons-nous les heures suprêmes, l'extrême-onction et le saint viatique, le dernier souffle du juste, et ce vide du lendemain, plus noir, plus affreux que les angoisses du dernier jour?

Que nous voilà loin des romans et des fictions d'autrefois! Hier encore l'auteur déroulait devant vous, avec quelle prestesse de main, avec quelle habileté singulière! les incidents, les imbroglios, les surprises; il entassait les complications, multipliait les péripéties. Aujourd'hui il vous raconte une simple histoire, une scène de la vie ordinaire, dégagée de tout alliage romanesque. Il semble qu'il n'y ait là aucune invention et que chacun de nous en pourrait raconter autant... Oui, mais c'est justement avec cela que l'on fait les œuvres immortelles, avec ce qui est dans la vie et dans le cœur de tout le monde.

VI

C'est encore une histoire toute simple que *Pierre Blot, second récit de Jean.*

Jean rencontre un jour, dans les terrains vagues, gris et mornes, qui entourent le Mont-Valérien, une ancienne cabane de berger, sur roues, abandonnée pour cause de vétusté et qu'on avait enterrée à moitié sous les débris de toute sorte, pour la consolider. Au fond de cette hutte, il y a une femme, un homme et un enfant de trois ans. L'enfant crie, la femme est morte, l'homme a auprès de lui une bouteille vide et il va mourir. Cet homme, c'est Pierre Blot qui, réduit au dernier degré de la misère par l'ivrognerie, la paresse et la maladie, est venu échouer là, avec sa femme et son petit. Il a horreur des riches et des « oiseaux de Saint-Vincent de Paul », et Jean pour lui est un riche ; Jean fait partie de la Société de Saint-Vincent de Paul. Pierre Blot finit pourtant par lui raconter son histoire qui est, sans surcharge d'aucun incident extraordinaire, celle de tous les mauvais ouvriers.

A peu près vers le même temps, M. Emile Zola, dans l'*Assommoir*, retraçait, lui aussi, la vie d'un ouvrier de Paris, victime de l'absinthe, de la débauche et de la politique, ces trois fléaux. Comparez son récit et celui de Paul Féval, et dites de quel côté est le véritable ami du peuple.

Chez l'écrivain catholique, la pitié, la charité, l'affection sincère et profonde ; chez l'écrivain démocrate, l'indifférence, le mépris. Des deux parts, le talent est très grand, très robuste. Mais il y a loin du style de M. Zola, énergique et fort, mais dur, laborieux, malaisé, à cette noble langue de Paul Féval, si française et si chrétienne, animée d'un si beau souffle, et qui s'élève si haut sur les ailes de l'amour et de la foi.

Le récit de Pierre Blot terminé, celui-ci consent, non sans peine, à se laisser conduire à Nanterre, où le corps de sa femme est porté à l'église, — notre ami Pierre aurait préféré un enterrement civil, — et où l'on donnera à son fils, le petit Bonis, le baptême qu'il attend depuis trois ans.

Après le baptême, Jean prend chez lui l'enfant de Pierre Blot; Pierre se range un peu, puis est repris par la maladie de l'absinthe, végète longtemps, vivant de misère, jusqu'au jour où il meurt sur un lit d'hôpital, ayant à ses côtés son fils et son ami Jean. La mort de Pierre Blot est une page de maître, et, pour ma part, je ne sais guère, dans le roman contemporain, de récit qui justifie mieux ce mot de Balzac : « Les drames de la vie ne sont pas dans les circonstances; ils sont dans les sentiments, ils sont dans le cœur ou, si vous voulez, dans ce monde immense que nous devons nommer le *monde spirituel* (1). »

VII

Le *Troisième récit de Jean* a pour titre : la *Première Communion*. Sous ce même titre paraissait, il y a quelque quarante ans, un petit roman dont tous les personnages vivent dans une atmosphère catholique, où il n'est question que de conversions, de confesseurs, d'apparitions. De qui croyez-vous que fût ce roman? D'un rédacteur des *Débats*, M. Delécluze; et M. de Sacy — rédacteur en chef du journal — ne faisait au livre de son collaborateur qu'un seul reproche : il regrettait que la petite Toinette n'eût pas vu apparaître la sainte Vierge! Cet honnête M. Delé-

---

(1) Balzac, *Honorine*.

cluze, qui a laissé d'intéressants *Souvenirs*, où il parle de lui avec une modestie bien rare, avoue que son livre n'eut qu'un médiocre succès. « Ma nouvelle, dit-il, passa à peu près inaperçue (1). » Il n'en fut pas précisément de même du volume de Paul Féval. Et cependant ici point d'héroïne, point de vision, point de mort tragique, aucune des nombreuses machines dont l'invention avait dû donner tant de mal à l'excellent et peu imaginatif M. Delécluze.

Paul Féval s'est même privé du *Tableau* de la première communion, cette fête si délicieuse et si pure, cette cérémonie incomparable, toute pleine d'harmonie, de fleurs et d'allégresse, cette journée bénie entre toutes ; il ne l'a pas décrite : il lui consacre sept lignes, pas davantge. Comme s'il voulait se punir d'avoir tant péché autrefois par l'excès du *romanesque,* il se retranchera cette fois même *le nécessaire.*

Le héros est un enfant de onze ans, le petit Jean, qui n'est ni bon ni mauvais, ni ange ni démon, et qui n'est pas même le premier au catéchisme, ni le dernier non plus.

Voici maintenant la mère et les sœurs de Jean, les plus braves cœurs du monde, mais qui vivent dans le cercle étroit de la famille et ne voient ni ne cherchent rien au delà.

Charles, le frère aîné, le substitut de Loudan, est bien romanesque un brin, celui-là, en ce sens qu'il ne ressemble point à tout le monde ; mais c'est un *dévot,* tout le contraire, par conséquent, d'un héros de

(1) *Souvenirs de soixante années*, par E.-J. Delécluze.

roman, si bien que l'auteur est le premier à nous dire : « Charles est la pierre d'achoppement de mon récit, je ne me fais pas d'illusion à ce sujet. »

François, le second frère de Jean, est soldat, et il mène sans grand éclat la vie de garnison.

Qui avons-nous encore? Julienne, une vieille servante, qui cesse de tutoyer son jeune maître quand elle n'est pas contente de lui et qui lui dit alors : — Ah! vous voilà, vous? — Marie de Moy, une fillette de dix ans; Mme du Boisbréant, qui va tous les matins à la première messe; sa nièce, Mlle Clémence, qui a beaucoup de piété, une bonne instruction et peu de musique; M. Loirier, « un tout petit homme à cheveux gris de souris, plus ras qu'une brosse, et mince et furtif », ancien payeur du département de la Mayenne, toujours armé de son parapluie et ayant toujours aussi le petit mot pour rire.

N'oublions pas le curé, M. Ramond; le vicaire, M. Huet; l'abbé Monin, encore un vicaire. N'oublions pas enfin le docteur Ollivier, savant charitable, qui fera sa première communion à côté du petit Jean.

Sono tutti santi, disait un prélat italien de la pieuse et noble famille dont Mme Craven nous a donné les mémoires dans le *Récit d'une sœur.* Ce sont tous d'honnêtes gens, peut-on dire des personnages de *la Première Communion;* mais où trouver, dans ce milieu honnête et simple, le roman, l'intérêt, l'émotion? Nous n'avons affaire qu'à de braves gens de province, comme nous en avons tous connu, aimables et vertueux sans doute, mais ayant bien leurs petits défauts et leurs petits ridicules. L'auteur, je le sais, a laissé se glisser dans sa bergerie un jeune loup, ou plutôt un jeune renard; mais Adolphe, — c'est notre jeune renard, — n'a encore que onze ans, et ce n'est pas l'âge des héros de roman. Encore une fois, comment tirer de ces éléments, réfractaires, ce semble, à l'intérêt, un récit qui passionne, un drame qui fasse sourire et pleurer ? C'est là cependant ce que Paul Féval a su faire ; et tel chapitre de *la Première Communion — le Vieil Habit de papa,* par exemple — restera parmi ses meilleurs.

J'ai souvenir qu'au moment où parut le livre, le maître critique que j'ai nommé tout à l'heure, Armand de Pontmartin, marqua son dissentiment avec l'auteur, du moins en ce qui touchait le caractère extra-humain du sacrifice de Charles. Peut-être avait-il raison littérairement parlant; il n'hésita pas cependant, pour ne pas chagriner un galant homme, à ne pas insérer son article dans ses *Nouveaux Samedis.*

Le Coup de grâce réconcilia du reste complètement le romancier et son critique. Dans ce volume, où Paul Féval renonce à s'effacer derrière M. Jean, et porte, cette fois, la parole en son nom, il nous raconte les dernières pages de sa vie, — de cette vie commencée à Saint-Sauveur de Rennes, et qui se termine à Montmartre, à l'ombre de l'église du Sacré-Cœur. — Le livre est désormais complet du commencement à la fin. Quatre volumes durant, l'auteur des *Étapes d'une conversion* est resté à la hauteur de son sujet, et il n'en est pas de plus beau : l'histoire d'une âme.

L'année même où paraissait la *Première Communion* de M. Delécluze, Sainte-Beuve, à propos d'un autre ouvrage — *Arthur*, de M. Ulric Guttinguer — déclarait impossible le roman chrétien.

« Le roman, écrivait-il, tout roman (il faut bien le dire) est plus ou moins contraire au sévère christianisme, parce que tout roman renferme en soi et caresse plus ou moins un idéal de félicité sur terre, ou un idéal de douleurs. Depuis le bon évêque de Belley, Camus, qui a fait tant et de si pauvres romans chrétiens, jusqu'à ceux qu'on renouvelle de nos jours, je sais que les auteurs ont cherché à éluder, à se déguiser l'inconvénient; mais il est dans le fond et la nature des choses, et on peut au plus le dissimuler et le diminuer en s'avertissant (1). »

Depuis l'époque où il écrivait ces lignes, le célèbre critique a reçu plus d'un démenti. Sans doute — et en cela Sainte-Beuve disait vrai — tout roman qui renferme en soi et caresse un idéal de félicité sur terre ou un idéal de douleurs, est contraire à l'esprit chrétien. Mais où il se trompe, c'est lorsqu'il croit qu'on ne peut écrire un roman sans caresser ou cet idéal de douleurs, ou cet idéal de félicité. Dans *les Etapes d'une conversion* Paul Féval, et avant lui Louis Veuillot, dans *l'Epouse imaginaire*, et dans *Corbin et d'Aubecourt*, ou M. de Pontmartin dans *Aurélie, la Marquise d'Aurebonne, le Fond de la coupe* et *la Fin du procès*, n'ont eu garde de se forger à eux-mêmes et de forger à leurs lecteurs un idéal de

---

(1) *Revue des Deux Mondes*, 15 décembre 1836.

félicité terrestre ; et, d'autre part, lorsqu'ils ont eu à peindre de grandes douleurs, ils n'ont pas manqué de nous montrer, à côté et au-dessus d'elles, la main de Dieu pleine de miséricordes et de consolation.

Douteuse hier encore, la question de savoir si l'on peut faire un roman chrétien est donc aujourd'hui tranchée. Je n'ignore pas qu'aux yeux de beaucoup de personnes, c'est à M. Octave Feuillet que revient l'honneur d'avoir le premier, dans l'*Histoire de Sibylle*, réalisé l'idéal du roman chrétien. Je ne saurais me ranger à cette opinion. Que M. Feuillet ait beaucoup de talent et que ses intentions soient excellentes, je l'accorde volontiers, mais cela ne suffit pas. Le monde où il place ses romans est charmant, mais il est un peu comme la jument de Roland, qui n'avait qu'un défaut : elle était morte. Le monde de M. Octave Feuillet n'a jamais vécu. On prétend qu'autrefois (entre nous, je n'en crois pas un mot), les princesses ne se nourrissaient que de brioches. Les livres de l'aimable académicien auraient merveilleusement fait leur affaire : c'est en effet de la pâtisserie feuilletée, et de la meilleure. J'aime mieux le pain. Or, les romans de Louis Veuillot ou d'Armand de Pontmartin et les derniers livres de Paul Féval, comparés aux friandises que l'auteur de *Sibylle* sert à ses lectrices, c'est du vrai pain cuit dans un vrai four. Chez eux, rien d'artificiel, rien de factice. On voit quelquefois dans les serres de très belles fleurs, d'une riche végétation, aux couleurs éclatantes. Je préfère les fleurs qui poussent en pleine terre et en plein soleil.

VIII

Les lettres de Paul Féval, rapides, courtes, comme de quelqu'un qui n'a pas le temps, n'en sont pas moins pétillantes d'esprit, pleines des imaginations les plus gaies, des néologismes les plus amusants. J'en ai là, sur ma table, une centaine qui seraient sans défauts, si elles étaient datées ; mais l'illustre romancier avait cela de commun avec Mme de Staël, qui n'était pourtant pas de sa paroisse, que jamais, au grand jamais, il n'a consenti à en dater une seule. Je lis dans l'une de ces lettres, qui doit être de 1877 — à moins qu'elle ne soit de 1878 :

« Voilà les conseils qui viennent en quantité. On me dit : « N'allez pas au-dessus du roman ; ô save-« tier, restez fidèle à la savate ! » Et on me dit : « J'espère bien que c'est fini de patauger dans la mare « aux ficelles. Vous voilà homme sur le tard, tenez-« vous droit ! » Je suis l'homme du monde le plus docile aux conseils, docile jusqu'à l'absurde. Deux hommes, d'avis contraire, rien qu'en me disant tour à tour : allez et n'allez pas, pourraient me retenir pendant un an à moitié chemin de chez moi au bois de Boulogne, sans que je pusse jamais ou rentrer chez moi ou passer la Porte-Maillot (1). »

(1) Paul Féval demeurait alors avenue des Ternes, n° 86.

N'étais-je pas moi-même alors un de ces donneurs de conseils ? Je lui disais : « Descendez dans la lice, puisque vous avez l'ardeur, la force et le courage ; mettez votre talent au service de la vérité ; combattez les préjugés, les calomnies, les mensonges ; mais n'oubliez pas que vous êtes avant tout un romancier et un conteur. Restez ce que Dieu vous a fait, restez romancier ; c'est encore sur ce terrain que vous êtes appelé à rendre de plus de services, à faire le plus de bien. »

D'autres avis prévalurent, qui valaient sans doute mieux que les miens. Paul Féval projeta d'abord d'exécuter un grand tableau, d'écrire, en plusieurs volumes, l'*Histoire générale des Jésuites*. Pour s'y préparer, afin d'en fixer à l'avance les lignes principales et d'en régler les perspectives, il commença par jeter sur la toile une simple esquisse, où il faisait saillir hors de leur plan certains traits, certains faits principaux : ceux précisément qui ont servi surtout de thème aux calomniateurs et qui sont comme la légende du mensonge (1).

Un peu plus tard, l'auteur de *Jésuites* se présentait à nous avec un autre livre d'histoire, composé celui-là avec toute la rigueur de l'érudition contemporaine, ne reculant devant aucun détail, compulsant tous les textes, et, — *mirabile dictu !* — notant avec soin toutes les dates ! Au bas de chaque page, ce sont des renvois, des citations de documents et de manuscrits

---

(1) *Jésuites !* par Paul Féval, un volume in-18. 1877.

à ravir un *minutiste*, à faire pâmer d'aise M. Léopold Delisle, le savant et impeccable directeur de la Bibliothèque nationale. C'était à se demander si l'auteur, à l'âge heureux où il écrivait le *Loup blanc* et la *Fée des Grèves*, ne trouvait pas encore le temps de s'asseoir sur les bancs de l'école des Chartes, et s'il n'avait point quelque part, caché au fond d'un tiroir, un diplôme en bonne et due forme d'archiviste paléographe.

On a dit de M. Guizot : « Ce qu'il sait du matin, il a l'air de le savoir de toute éternité. » Avec Paul Féval, historien, ce n'est pas tout à fait la même chose. Ce qu'il a appris le matin, on voit bien qu'il l'ignorait encore la veille. Je ne voudrais donc pas donner son livre, les *Merveilles du Mont Saint-Michel*, comme le dernier mot de la science sur ce grand et beau sujet ; mais, en dépit des insuffisances, des lacunes, des erreurs même, l'ouvrage de Paul Féval est bien près d'être excellent. A défaut de l'historien, le poète a gravi, d'un coup d'aile, les hauteurs sur lesquelles s'élève la glorieuse basilique : les vitraux étincellent, les pierres crient, et, par instants, il semble que l'on voie briller le glaive de l'archange entouré d'éclairs.

Mais ce n'était là qu'une partie du labeur auquel s'était voué Paul Féval. De 1877 à 1882, chaque mois, souvent chaque quinzaine apportait aux lecteurs de la *Revue du monde catholique* un grand article de lui. Presque tous étaient des morceaux éloquents, tour à tour indignés ou enthousiastes, et dont il m'étonnerait qu'aucun de ceux qui les ont lus alors eût pu perdre le souvenir. Il serait vivement à désirer qu'ils fussent réunis en volumes. Je rappellerai ici les titres des principaux : le *Denier du Sacré-Cœur*, le *Pèlerinage de Tours*, *Vieux mensonges*, le *Glaive des désarmés*, la *France s'éveille*, le *Père Olivaint*, la *Bonne mort d'un homme de lettres*, l'*Outrage au Sacré-Cœur*, les *Pères de la Patrie*, etc. Sous ce dernier titre, — les *Pères de la Patrie* — Paul Féval se proposait de « libeller l'acte de naissance de notre France, de dresser son livret de grande ouvrière, de nommer ses parents, de désigner ses parrains, de nombrer ses patrons ». Rappeler les grands hommes, glorifier les saints, gardiens de nos destinées, garants de nos espérances, saint Denys et saint Martin, sainte Geneviève et Jeanne d'Arc, Charlemagne et saint Louis, tel était l'objet de ce travail qu'il ne lui a pas été donné d'achever. La plume s'est échappée de ses mains au moment où il terminait le cinquième chapitre de ce livre, qui devait être, dans sa pensée, le livre de la France qui prie.

En même temps qu'il s'appliquait avec passion à la composition de tant d'œuvres nouvelles, qu'il écrivait, par exemple, en quelques semaines, sous le titre : *Pas de divorce !* tout un volume en réponse à une détestable brochure de M. Dumas fils, il revoyait avec soin ses œuvres anciennes. Plus de trente de ses romans furent ainsi corrigés par lui de manière à pouvoir être admis dans toutes les familles chrétiennes. Pour suffire à tant de travaux, Paul Féval s'interdisait tout repos, toute distraction. « Je ne vis pas, m'écrivait-il, je suis entraîné. Je ne puis aller qu'à la condition de ne pas m'arrêter *une minute*. » Un jour que j'avais insisté près de lui pour qu'il prît au moins une semaine de vacances et la vînt passer avec moi au bord de la mer, au Pouliguen, il me répondait : « Fichez-moi la paix avec vos grottes de sable fin ; vous parlez, affreux vacançard, à un enragé qui passe sa vie, au fond d'un trou, à corriger, corriger, corriger. » Et, une autre année : « Mes vacances ? Les gelées blanches fondues. Amusez-vous bien au bord de la mer que j'ai tant aimée. »

Une autre fois, après m'avoir donné rendez-vous chez lui, il ajoutait : « Je vous prodiguerai toute une soirée avec la générosité d'un sauvage. Ne riez pas trop. Mon travail devient absurde et inouï... Quand j'aurai douze volumes bien alignés, je soufflerai. — En sortant, nous prendrons un autre rendez-vous du même genre, si vous voulez me l'accorder, mais je ne vous verrai pas à la lueur de Phébus ! Et vous me pardonnerez cette hospitalité judaïque, parce que vous êtes mon ami, et que j'irai un jour chez vous, hélas, quand ? au soleil. J'ai agi en *héros*, depuis seize mois, je vous l'avoue avec pudeur, en *héros*. Et Dieu m'a permis une orgie de travail, qui a réussi bien au delà de mes espérances. Je vous dirai cela, dans six mois, de vive voix, et vous serez content. »

Et cet écrivain qui s'acharnait ainsi à la besogne, qui se tuait pour refaire la fortune de ses enfants, se livrait à des actes de générosité non moins *inouïs* que ses *orgies de travail*. Une de ses brochures, *le Denier du Sacré-Cœur*, appel vibrant et chaleureux en faveur de la basilique du Vœu national, qui a fait verser aux mains des trésoriers de l'Œuvre plus de cent mille francs, a eu un débit énorme. Les droits d'auteur ont atteint un chiffre considérable. Paul Féval en fit l'abandon entier.

L'éditeur de ses anciens romans, M. Dentu, en avait en magasin 4,000 exemplaires. Il les racheta (lui l'auteur) pour les brûler. Et notez que ces romans sont parfaitement honnêtes, plus moraux cent fois que ceux de MM. Daudet, Bourget et Ohnet, couronnés par l'Académie française.

Le drame du *Bossu*, dont les représentations ne se comptent plus, est repris, chaque année, à Paris et en province, et rapporte plus à son auteur qu'une ferme en Beauce. Paul Féval a fait tout ce qui dépendait de lui pour empêcher que son drame ne continuât à être joué; s'il n'y est pas parvenu, c'est parce que son collaborateur (1), usant d'un droit incontestable, n'a pas voulu renoncer à un succès et à des profits très légitimes.

Ces choses invraisemblables — cet écrivain qui rachète ses livres pour les brûler, qui s'oppose à la réimpression de ceux de ses ouvrages qui ont le plus brillamment réussi, et en particulier de celui où il a mis le plus de son talent, *le Drame de la Jeunesse*; — ces choses impossibles, — mais vraies, — se sont passées de nos jours, sous la troisième république, à

---

(1) M. Anicet Bourgeois.

l'heure même où M. Grévy et M. Victor Hugo donnaient à la jeunesse de si beaux exemples d'économie et de sage administration !

Pauvre Paul Féval ! Pauvre grand romancier ! Il avait écrit cent volumes, remplis de verve, d'esprit, d'un style excellent, le vrai style du récit, simple, net, vif, clair, naturel. Il venait d'achever *les Etapes d'une conversion*. Sa vie était un enseignement de travail, de désintéressement, d'honneur et de vertu. L'Académie française, à ce moment, perdit Jules Sandeau et décida de le remplacer par un romancier. Rendons-lui justice ; elle n'eut pas un moment d'hésitation. Ses suffrages allèrent à un homme qui avait fait de petits romans poitrinaires, compliqués, il est vrai, d'une subite et grosse fortune : elle choisit M. Edmond About.

Paul Féval est mort le 8 mars 1887, dans sa soixante-douzième année. Il s'est éteint dans la maison des frères de Saint-Jean-de-Dieu, où il s'était retiré après la mort de sa femme. Depuis plusieurs années déjà il avait cessé d'écrire. A ses obsèques, qui eurent lieu, le 10 mars, à l'église Saint-François-Xavier, l'assistance fut peu nombreuse, cent cinquante personnes en tout. Il en avait été de même aux funérailles de Balzac. L'auteur de la *Comédie humaine* n'en reste pas moins le plus grand romancier du siècle ; et il m'étonnerait fort si tout de suite après lui, au second rang, la postérité ne plaçait pas Paul Féval.

SOUVENIRS D'UN BOURGEOIS DE PARIS

M. ERNEST LEGOUVÉ

I

Jules Janin prend un jour un billet à je ne sais quelle loterie d'Allemagne, gagne le gros lot, un palazzino à Lucques ou à Florence, part pour l'Italie, constate que son palais en Italie n'est pas même un château en Espagne, et, à son retour, il écrit gaiement le *Voyage d'un homme heureux*. Homme heureux, voilà qui est bientôt dit ! mais la chose est plus rare que le mot, et Janin, qui savait si bien ses auteurs, avait eu tort d'oublier le vers de Petit-Jean :

Tel qui rit *le lundi*, dimanche pleurera.

Un académicien se chargea de le lui rappeler. M. Legouvé raconte, d'une façon charmante, dans ses *Souvenirs* (1), ce petit épisode de la vie du *prince des*

(1) *Soixante ans de souvenirs,* par Ernest Legouvé, de l'Académie française. Deux volumes in-8º, 1886-1887.

critiques. Un beau lundi, Janin s'avise de prêter gratuitement à Emmanuel Dupaty des vers ridicules. L'auteur des *Voitures versées* n'était pas patient; c'était là son moindre défaut. Il avait eu dix ou douze duels, et l'une de ces rencontres, avec Martainville, le rédacteur du *Drapeau blanc*, était restée célèbre. Cette fois, sans s'amuser à envoyer des témoins au critique des *Débats*, il tombe chez lui comme la foudre, tenant à la main deux pistolets d'arçon, et criant à tue-tête : *Il faut que je le tue ou qu'il me tue*. On pense si la rumeur fut vive dans la salle de billard où Janin, en compagnie de deux ou trois amis, faisait tranquillement sa partie. « Allons, monsieur, criait le plus bouillant des académiciens, laissez là votre partie. Un de ces pistolets est chargé, l'autre pas. Choisissez, choisissez, morbleu ! Le sort décidera entre nous, mais l'un de nous ne sortira pas d'ici vivant ! » Et notre homme de poursuivre autour de la salle le pauvre Janin, qui se sauvait le mieux qu'il pouvait, sa queue de billard à la main, et répétait, faisant allusion à l'âge de son terrible adversaire : « Monsieur Dupaty, la partie entre nous n'est pas égale ! — Non, certes, elle ne l'est pas ! répondait Dupaty; car si je vous tue, on dira : *C'est bien fait!* et si vous me tuez, on dira : *C'est dommage!* » Et ses deux pistolets poursuivaient toujours le malheureux critique, qui laissa enfin tomber sa queue de billard sur le champ de bataille, comme autrefois Démosthène son bouclier, *relicta non bene parmula*.

Pareille aventure ne serait jamais arrivée à M. Ernest Legouvé, incapable de prêter à un galant homme de méchants vers, passionné pour l'escrime et l'un des premiers tireurs de Paris ; enfin, et c'est là que j'en voulais venir, trop constamment heureux pour n'être pas à l'abri de tels accidents. Il est de ceux qui n'ont pas besoin de mettre à la loterie pour gagner le gros lot. Pas un seul jour le bonheur ne lui a faussé compagnie, si bien que j'avais eu d'abord l'idée d'intituler ce chapitre : *M. Legouvé ou l'homme heureux*. J'y ai renoncé cependant, parce que le trait distinctif du spirituel auteur de *Soixante ans de souvenirs* n'est pas là. D'autres que lui, en effet, peuvent prétendre à ce titre d'*homme heureux*, si rare soit-il. Sans parler de M. Renan, qui ne néglige aucune occasion de nous faire savoir qu'il jouit d'une félicité parfaite, — est-ce aussi sûr qu'il veut bien le dire? — n'avons-nous pas entendu récemment, à l'Académie française, M. Ludovic Halévy, commençant son discours de réception par cette phrase : « On m'a souvent reproché d'être un homme heureux, et je n'ai jamais fait difficulté de reconnaître que cette accusation était pleinement justifiée » ? Et dans la même séance, M. Pailleron, — encore un homme heureux ! — n'a-t-il pas fait l'éloge de la gaieté, l'éloge du rire, « fils de la force, écume débordante de la sève humaine » ? M. Maxime du Camp, à son tour, ne nous dit-il pas, à la dernière page de ses *Souvenirs littéraires*, « qu'il doit rendre grâces à la destinée, car il a été heureux » ? Et de cinq, sans compter les autres. Il faut que les pessimistes en prennent leur parti : le bonheur est la règle et le malheur l'exception... à l'Académie.

L'originalité de M. Legouvé doit donc être cherchée ailleurs, et je la trouve en ceci, qu'il est un *bourgeois de Paris*, et le dernier qu'il nous sera donné de connaître, puisque aussi bien le Paris nouveau n'en saurait plus produire. Autrefois on était bourgeois de Paris, comme on était bourgeois de Chartres ou d'Orléans, parce que Paris n'était que la plus grande, la plus peuplée, la plus spirituelle des « petites villes ». En détruisant dans Paris la « petite ville », les chemins de fer ont tué, du même coup, le bourgeois.

Le 4 octobre 1831, dans le discours qu'il prononça en faveur de l'hérédité de la pairie, M. Royer-Collard disait aux députés qui l'écoutaient : « Avant de faire un pas décisif vers la démocratie, dites, dites un long adieu à la liberté, à l'ordre, à la paix, au crédit, à la prospérité. » Le jour où la première locomotive amena dans Paris le premier flot de la province et de l'étranger, aux Parisiens qui s'applaudissaient de ce nouveau triomphe de l'industrie et du *progrès*, un homme qui aurait lu dans l'avenir, comme Royer-Collard, aurait pu dire, à son tour : « Applaudissez, messieurs, mais, sachez-le bien : *Ceci tuera cela*. Dites adieu à ce qui a fait jusqu'ici la séduction, le charme, la physionomie propre de votre ville ! Bourgeois, mes frères, dites adieu au bourgeois de Paris. »

Lorsqu'une famille est à la veille de s'éteindre, il arrive souvent que son dernier représentant résume en lui les traits et les caractères de sa race, les qualités des ancêtres. Le vieil arbre, avant de tomber, se couronne d'une dernière et brillante frondaison. Ainsi en sera-t-il cette fois encore. A l'heure où la race des bourgeois de Paris va disparaître, il lui aura été donné de rencontrer un galant homme en qui revivent ses meilleures qualités et ses petits travers. Si M. Ernest Legouvé doit être le dernier de ses représentants, il laissera d'elle du moins à nos fils une aimable et souriante image.

II

M. Ernest-Wilfrid Legouvé est né à Paris, le 15 février 1807, au n° 14 de la rue Saint-Marc, dans la maison qu'il habite encore aujourd'hui, où sont nés et où n'ont cessé de demeurer avec lui ses enfants et ses petits-enfants. J'ajoute que l'auteur des *Souvenirs de soixante ans*, — qui, grâce à Dieu, se porte à merveille, — est assuré de mourir dans l'appartement où il est né, car la maison est à lui. Avoir toujours vécu dans la maison qui vous vit naître, telle est la première des conditions que doit remplir le bourgeois de Paris, et l'on voit si M. Legouvé est en fonds de ce côté. Il satisfait également à la seconde de ces conditions, qui est d'avoir sa maison au cœur du vieux Paris. La rue Saint-Marc n'est-elle pas située entre la place de la Bourse et les boulevards, à deux pas de la rue Vivienne et du Palais-Royal, au centre même de ce Paris de la Restauration et du gouvernement de Juillet, que Balzac nous a si merveilleusement décrit? Touchant, par un bout, à la rue Montmartre et, par l'autre, à la rue Favart, n'est-elle pas un trait d'union entre le monde des affaires et le monde des théâtres? Les affaires et les théâtres, n'est-ce pas, en deux mots, tout Paris?

Nascuntur poetæ, non fiunt. Comme on naît poète, on naît bourgeois de Paris, on ne le devient pas. César Birotteau, qui, après avoir été garçon de magasin chez M. et Mme Ragon, *A la Reine des roses*, fait fortune à son tour, peut bien être nommé par Louis XVIII adjoint au maire du deuxième arrondissement et chevalier de la Légion d'honneur; cela ne suffit pas. Le roi lui-même, qui pouvait faire des nobles, ne pouvait faire des bourgeois de Paris. On ne l'était pas, à moins d'en avoir trouvé le titre dans son berceau. Condition fondamentale qui, pas plus que les autres, ne fit défaut à M. Ernest Legouvé. Avocat au Parlement, son grand-père paternel avait tenu sa place, non sans honneur, à côté des Gerbier, des Target, des Bellart, des Berryer (1), des Chauveau-Lagarde. Son père, l'auteur du *Mérite des femmes*, et de plusieurs tragédies jouées avec succès, *la Mort d'Abel*, *Epicharis et Néron*, *la Mort de Henri IV*, était membre de l'Académie française. Riche, homme

---

(1) Pierre-Nicolas BERRYER (1757-1841), père de notre Berryer.

du monde autant qu'homme de lettres, il tenait volontiers table ouverte. Il y a, dans la salle à manger de M. Ernest Legouvé, une statue de Houdon, la *Frileuse*, qui a vu passer devant elle, depuis quatre-vingts ans, les écrivains et les artistes les plus renommés de ce siècle, sans que jamais, paraît-il, sa présence ait refroidi la verve et l'entrain des convives. Quel joli chapitre l'auteur de *Soixante ans de souvenirs* pourrait écrire sous ce titre : *la Frileuse, mémoires d'une statue !* Par sa mère, M. Ernest Legouvé appartient également à la meilleure bourgeoisie parisienne. Jean-Baptiste Sauvan, son aïeul maternel, était, avant la Révolution, « contrôleur du mobilier des châteaux du duc d'Orléans, tant à Paris que dans les provinces ». A ce titre, et aussi en raison de sa fortune personnelle, qui était considérable, il fut arrêté deux fois, pendant la Terreur, au mois d'avril 1793 et au mois de juin 1794. La chute de Robespierre le rendit à la liberté et lui sauva la vie ; il n'était accusé de rien moins, en effet, que d'être « un ennemi du peuple » et « d'avoir tenu table ouverte à des députés fédéralistes », parmi lesquels Vergniaud, Ducos et Lasource. Une de ses filles, Adèle Sauvan, alors âgée de dix-huit ans (et non de treize ans, comme le dit Charles Nodier (1), d'une figure et d'un esprit également distingués, avait sans doute inspiré à Vergniaud le sentiment d'une vive affection, puisqu'il voulut que sa montre

(1) *Le dernier Banquet des Girondins.*

lui fût remise et qu'il avait, quelques heures avant de mourir, gravé sur la boîte, avec la pointe d'une épingle, ces mots : *Vergniaud à Adèle* (1) !

Comment M. Bouilly, qui fut le subrogé-tuteur d'Ernest Legouvé, n'a-t-il pas tiré de ce petit épisode le sujet d'un *Conte à ma fille? La montre de Vergniaud* : il me semble que je vois cela d'ici ! Mariée d'abord avec M. Sue, le célèbre chirurgien, père d'Eugène Sue, Adèle Sauvan épousa, en secondes noces, le 24 janvier 1803, Gabriel Legouvé (2). Elle mourut en 1809, alors que son fils n'avait encore que deux ans. Il en avait cinq lorsqu'il perdit son père, en 1812. L'auteur du *Mérite des femmes*, tombé dans un saut-de-loup très profond établi dans la clôture du parc du château d'Ivry, où demeurait alors Mlle Contat, chez laquelle il était en visite, s'était cassé la clavicule gauche et n'avait survécu que peu de mois à cet accident. M. Sauvan ne pouvait, par suite de son grand âge, administrer lui-même la fortune de son petit-fils ; il en remit la gestion à un homme de loi d'une probité douteuse. Elle périclita bien vite entre ces mains infidèles et se trouvait réduite à 7 ou 8,000 livres de rente, lorsque, vers 1820,

---

(1) VERGNIAUD, *Manuscrits, lettres et papiers inédits*, par C. Vatel, t. II, p. 379.

(2) Mlle Lucile Sauvan, première inspectrice des écoles de filles de la ville de Paris, auteur de remarquables ouvrages sur l'éducation, et l'une des femmes les plus distinguées de ce temps, était la sœur de Mme Gabriel Legouvé. Sa *Vie* a été écrite par M. Emile Gossot, professeur au lycée Louis-le-Grand. Un volume in–18°, Hachette et Ce, éditeurs, 1880.

elle fut confiée à M. Bouilly. Ce dernier était alors à l'apogée de sa réputation. Il s'était fait applaudir sur les trois premières scènes de Paris, avec son drame de *l'Abbé de l'Epée*, sa comédie de *Fanchon la vielleuse* et son opéra des *Deux Journées*. Plus vif encore fut le succès que lui valurent ses *Contes*, depuis les *Contes à ma fille* (1809) jusqu'aux *Contes offerts aux Enfants de France* (1) (1823). Ces contes de M. Bouilly sont restés les modèles du genre. Ils présentent un intérêt anecdotique qui doit les sauver de l'oubli; les figures de plusieurs de ses contemporains, Grétry, Dalayrac, Florian, Gabriel Legouvé, Mme Helvétius, Mme Cottin, etc., etc., y revivent, non sans quelque agrément. Il est même tel de ces contes, *la Manie des romans*, par exemple, qui a fourni à Jules Sandeau la donnée première et le cadre d'une de ses œuvres les plus spirituelles, *la Chasse au roman*. Quoi qu'il en soit, chez M. Bouilly, l'homme de lettres était, paraît-il, doublé d'un homme d'affaires. Il s'acquitta si bien de sa tâche de subrogé-tuteur, il y déploya tant d'habileté, d'ordre et d'économie; tel était, d'autre part, en ces temps heureux, l'essor donné par le gouvernement de la Restauration à la fortune publique et privée que, le jour où le jeune Legouvé eut vingt et un ans, le 15 février 1828, M. Bouilly lui ayant remis ses titres de propriété et ses titres de rentes, il se trouva que son patrimoine avait plus que

---

(1) Mgr le duc de Bordeaux et sa sœur *Mademoiselle*, qui devait être plus tard duchesse de Parme.

triplé en huit ans : sa fortune s'élevait à un revenu net de 26,000 livres (1). M. Legouvé a décrit, dans ses *Souvenirs*, les cahiers qui renfermaient ces merveilleux comptes de tutelle, « huit cahiers recouverts en papier gris bleu, attachés soigneusement par une ficelle rouge ». J'imagine que si un ami lui eût dit, ce jour-là : « Les *Contes à ma fille* sont le chef-d'œuvre de M. Bouilly », il aurait eu de la peine à ne pas répondre, en montrant les « huit cahiers recouverts en papier gris bleu » : — « Vous vous trompez. Son chef-d'œuvre, le voilà : Ce sont les *Comptes à mon pupille*. »

III

Vous vous rappelez l'*Interdiction*, un de ces contes de Balzac qui ont fait oublier ceux de M. Bouilly. La scène se passe précisément en 1828. La marquise

---

(1) *Mes Récapitulations*, par J.-N. Bouilly, tome III, p. 155. — « Parmi les biens confiés à mon administration, dit M. Bouilly, mon pupille possédait, aux Champs-Elysées, allée des Veuves, un arpent et demi de terrains incultes et couverts des rognures de pierres du pont d'Iéna. Plusieurs propriétaires limitrophes conçurent le projet d'y faire bâtir une cité nouvelle sous la dénomination de *François-Premier*. Je profitai de cette heureuse circonstance pour faire vendre aux criées ce qu'enviaient plusieurs grands spéculateurs ; et cette modique propriété, dont je ne retirais aucun produit, fut adjugée à l'un des plus riches capitalistes de Paris, moyennant *cent vingt-neuf mille trois cents francs.* »

d'Espard, une des plus grandes dames du faubourg Saint-Germain, raconte au juge Popinot comment son mari l'a quittée, « lui laissant son hôtel et la libre disposition de ses revenus ».

« Permettez, madame, dit le juge en interrompant, quels étaient ces revenus ?

« — *Vingt-six mille livres de rente,* » répondit-elle.

Ernest Legouvé, à son entrée dans le monde, avait donc tout juste la même fortune que la belle et riche Mme d'Espard, et pour un jeune homme sans parents, libre de ses actions, il y avait là un réel péril. Heureusement pour lui, il était, nous l'avons vu, de bonne race bourgeoise, et si la vie du monde l'attirait, il ne se sentait aucun goût pour la vie de luxe et de dissipation. L'honnête M. Bouilly dut être bien vite rassuré, et comme il avait un faible pour les citations latines (l'homme n'est pas parfait), il n'aura pas manqué d'appliquer à son ex-pupille le vers d'Horace :

Di tibi divitias dederunt, artemque fruendi.

Quelque trente ans plus tard, Sainte-Beuve, sortant de l'Académie avec M. Legouvé, lui disait : « Ce qui est frappant en vous, c'est l'unité de votre vie. Vous avez suivi des routes assez diverses, mais vous avez toujours poursuivi le même but: Dès votre jeunesse, vous vous êtes fait votre plan d'existence, comme un auteur dramatique se fait son plan de pièce, et vous avez marché au dénouement d'un pas ferme, sans vous laisser prendre aux distractions du chemin; vous êtes le fils de votre volonté. » Sainte-

Beuve ne se trompait pas ; nul doute qu'Ernest Legouvé, qui, en sa qualité de fils d'un poète tragique, devait pratiquer le monologue, ne se soit dit, dès le jour où il eut vingt et un ans : « Je suis jeune, je suis riche, on assure que j'ai de l'esprit, du talent peut-être. Avec du talent, de l'esprit et de la fortune, avec du bonheur (car j'aurai du bonheur, je le sens), on peut arriver à tout... Eh bien ! j'aurai de l'ambition ; je viserai haut ; je serai académicien, académicien comme mon père. Le but est éloigné, difficile ; pour l'atteindre, je me mettrai en route dès demain. » Et le lendemain il concourait à l'Académie française pour le prix de poésie ; le sujet proposé était *la Découverte de l'Imprimerie*. Bien qu'il n'y eût pas moins de quarante-quatre concurrents, sa pièce réunit l'unanimité des suffrages. Admirablement lue par Népomucène Lemercier, dans la séance publique du 25 août 1829, elle fut saluée d'applaudissements doublement précieux pour le lauréat, puisqu'ils ne s'adressaient pas seulement à lui, mais aussi à la mémoire de son père.

Ernest Legouvé était encore élève en droit lorsque éclata la révolution de Juillet. J'ai sous les yeux une lettre qu'il écrivait, le 9 août 1830, à Mme Népomucène Lemercier. Le passage suivant m'a paru assez curieux pour mériter d'être reproduit :

J'ai vu ce matin M. Lemercier, que j'ai trouvé souffrant et fatigué de tous ces événements si pressés ; car vous savez sans doute que nous avons un roi. On s'est hâté de bâtir quelques fondations de constitution, et puis l'on a été chercher le duc d'Orléans pour qu'il *attachât le bouquet*, et il a juré de consolider la boutique ; nous sommes payés pour croire aux serments. Je vous avoue que je trouve tout cela un peu prompt. Sans doute, la Chambre devait se presser de poser les bases de la Constitution, et de nommer ensuite le duc d'Orléans ; mais vingt-quatre heures me semblent bien peu de temps pour faire le plan d'une Charte, et je crois que la Chambre s'est trop effrayée du petit mouvement qui régnait dans Paris. Ce mouvement était la suite de la secousse ; quand un homme a eu une attaque de nerfs, ses membres tremblent encore longtemps après. Du reste, tout est d'un calme parfait, et l'affaire marche. Malheureusement le roi (1) ne marche pas, et sa lenteur ressemble à de l'espoir ; mais je crois qu'il se trompe. Excepté les regrets timides de M. Berryer, les regrets pompeux de M. de Chateaubriand, les regrets gascons de M. de Martignac, je ne crois pas qu'il y ait encore des cœurs affectionnés pour lui ; d'ailleurs, si on lui donne quatre millions de rente, je ne le plaindrai pas, et s'il faut un état, je prendrais volontiers celui de roi détrôné. Quelle demi-solde (2) !

Les sentiments *bourgeois*, mon frère, que voilà !

Notre jeune *libéral* eut le bon esprit de ne point déserter les lettres pour la politique. Il publia, en 1832, un premier recueil de vers, *les Morts bizarres*, que suivirent bientôt un roman intitulé : *Max* (1833), et un second volume de vers : *les Vieillards*. Il y avait,

(1) Le roi Charles X.
(2) Collection de M. Gustave Bord.

dans ces trois ouvrages, un certain instinct dramatique où se révélait déjà l'homme de théâtre. Je ne vois pas pourtant qu'ils aient beaucoup réussi, et je n'en suis pas autrement surpris. L'écrivain qui débute, s'il a une grande fortune, a bien du mal à obtenir que l'on voie en lui autre chose qu'un *amateur distingué*. Il porte la peine de sa richesse et il lui faudra souvent, pour arriver, plus de temps, plus de persévérance, plus de talent, qu'il n'en faut à un pauvre diable obligé de vivre de sa plume. Si on le traite de « cher confrère », c'est du bout des lèvres, et plus il a de maisons sur le pavé de Paris, plus on se refuse à admettre qu'il soit *du bâtiment*.

A ce premier obstacle venait s'en ajouter un second. On était, à ce moment, au plus fort de la grande bataille romantique; tous les jeunes gens se rangeaient sous le drapeau de l'école nouvelle, et l'auteur des *Morts bizarres* eût fait volontiers campagne avec eux. Mais le pouvait-il sans commettre un acte d'impiété filiale? Pouvait-il s'associer à ceux qui couvraient d'injures et de mépris les littérateurs de l'Empire, les meilleurs amis de son père et son père lui-même? Est-ce que Victor Hugo n'avait pas ridiculisé l'auteur du *Mérite des femmes* et de la *Mort de Henri IV*, et, dans sa préface de *Cromwell*, n'avait-il pas écrit ceci : « C'est ainsi que le roi du peuple, nettoyé par M. Legouvé, a vu son *Ventre-Saint-Gris* chassé honteusement de sa bouche par deux sentences, et qu'il a été réduit, comme la jeune fille du fabliau, à ne plus laisser tomber de cette bouche royale que des perles, des rubis et des saphirs ; le tout faux, à la vérité » ? Comment être romantique après cela ? Ernest Legouvé aurait consenti peut-être à n'accepter l'héritage paternel que sous bénéfice d'inventaire ; mais le répudier entièrement, il ne le pouvait pas. Entre ses instincts et ses affections, entre les tendances de son esprit et ses traditions de famille, il était comme Sabine, dans *Horace*, partagée entre deux patries, entre deux armées :

J'ai mes frères dans l'une et mon *père* dans l'autre.

De là, dans ses premières œuvres, une incertitude, des tâtonnements, des hésitations, qui suffisent à expliquer leur peu de succès. Il était aisé de voir que le lauréat de 1829 n'avait pas encore trouvé sa voie. Ni ses vers n'annonçaient un poète, ni son roman n'annonçait un romancier. Ce roman de *Max* ne laisse pas d'ailleurs d'être assez curieux à relire aujourd'hui ; et comme M. Ernest Legouvé s'est personnifié dans son héros, comme le livre est devenu introuvable, je m'y arrêterai quelques instants.

« Max — c'est l'auteur qui parle — Max est un *homme-drame*, c'est un homme qui voit et *cherche du théâtre partout* ; la rampe est entre lui et toutes ses sensations, tous ses sentiments, toutes ses actions. » Donc, Max, se trouvant à Venise, va visiter les *pozzi* du palais ducal et supplie le geôlier de l'enfermer dans un cachot bien sombre. Le geôlier (ces gens sont sans pitié !) s'y refuse et met à la porte l'homme-drame, qui se voit ainsi privé du plaisir de devenir l'homme-cachot.

A Rome, Max rencontre la belle Annunciata, à laquelle il fait boire *du champagne* (à l'Académie on dit du vin de champagne), et qui lui inspire cette étrange comparaison :

Les filles romaines ressemblent à la campagne de Rome : c'est une plaine aride, sombre, nue; ce sont les lignes de paysages les plus arrêtées et les plus sévères ; mais autour de cette plaine, l'œil est tout étonné de se reposer sur un amphithéâtre de collines ravissantes de formes et de couleurs ; des tons si fins ! des contours si moelleux ! un bleu si frais et si velouté ! Eh bien ! il en est de même des belles paysannes d'Albano et de Tivoli; leurs traits sont austères dans leur pureté; leur démarche est calme et grave ; leur physionomie sérieuse et sans séduction; mais regardez leurs yeux, et vous trouverez sous leurs larges paupières un charme et une mélancolie intime et pénétrante ; toute leur séduction s'est réfugiée dans leur regard... *c'est la colline au bout de la plaine.*

Pour échapper à la séduction de ce regard — pardon, je veux dire de cette *colline* — Max s'est enfui de Rome ; il est parti « avec une guitare en bandoulière, une canne en fer à la main, un sac de soldat ou d'*artiste* sur le dos. » Au bout d'une semaine, son ami Williams le retrouve, empêtré dans des broussailles, les mains en sang, les habits déchirés, avec un foulard *rouge* sur les yeux. « Ne m'ôte pas mon bandeau, » crie Max, lequel est d'avis maintenant que dans ce monde les aveugles sont rois. Suit un couplet sur le bonheur de ne pas y voir :

Vous autres gens qui y voyez clair, vous vivez toujours

au dehors; la jouissance continuelle des beautés extérieures vous amène la satiété... Mais nous autres aveugles, tout s'unit pour doubler nos plaisirs! Il faut quitter les choses ou les gens pour les apprécier! Si vous saviez comme le monde est beau et éclatant quand on ne le voit plus !... Ajoutez à cela que la réalité n'est jamais parfaite. Vous qui avez le malheur d'avoir des yeux, vous voyez la vase au fond du ruisseau qui coule, le nuage dans le ciel qui brille, le ver dans la fleur qui éclôt; mais pour nous, pas de défauts! Et puis l'imagination! l'imagination... est artiste!

On le voit, Max est comme le rossignol, qui ne chante jamais mieux que quand il a les yeux crevés. Il se décide cependant à rentrer à Rome, et à mettre son foulard rouge dans sa poche, ce qui lui permet de voir Annunciata se jeter par la fenêtre. A la suite de cet incident, il se dirige vers Milan, entend chanter la Darini au théâtre de la Scala, et, dès le lendemain, se présente à l'hôtel de la *prima donna*. — « Madame est partie en chaise de poste cette nuit. » — Max a vite fait de la rejoindre à Paris, où il retrouve également son ami Williams. Les événements se précipitent. La Darini a un bonhomme de père, qui est, lui aussi, un homme-drame, et qui tue sa fille d'un coup de poignard. Williams se bat en duel avec Max. Ils se sont mis chacun un pistolet dans la bouche. La cervelle de Williams éclabousse Max, qui rentre tranquillement chez lui. Que pensez-vous qu'il fasse après cette belle histoire ? Il se marie ; il épouse Eugénie, qui chante, non comme la Malibran ou comme la Darini, mais *comme on fait une crème ou un feston.*

Voilà donc l'homme-drame marié. Ceci, naturellement, est le cinquième acte. En voici la dernière scène. Un ami de Max, le beau Lagny, *corrompu comme un viveur*, entre un jour dans la maison de l'homme-drame. Il trouve Max sans mouvement, presque sans vie, et, dans la chambre voisine, Eugénie suffoquée de sanglots et *à moitié folle aussi* :

Lagny *ne savait que faire*. D'un côté, Max étendu sur un lit, sans mouvement et peut-être sans vie ; de l'autre, Eugénie poussant des cris plaintifs et *rauques*, et appelant au secours. Pas un domestique, pas une servante ; ils étaient tous sortis pour aller chercher le médecin, et, cependant, Lagny entendait la voix d'Eugénie, qui devenait à chaque instant plus *strangulée* et plus sourde ; enfin, il se décide, il court à elle !... il était temps, la malheureuse étouffait ! Saisie d'une affreuse attaque de nerfs... — De l'air ! de l'air ! criait-elle ; j'étouffe ! de l'air ! Et, se tordant dans des convulsions horribles, elle portait sa main au corsage de sa robe pour le déchirer , mais la force lui manquait !... Lagny prend un couteau, il coupe le corsage... Elle respire, elle *revit !*... Ses lèvres pâles et flétries *se recolorent*, le sang commence à remonter à son visage ; son cœur bat avec moins de violence... ses membres *crispés se détendent* ; elle lâche peu à peu la main de Lagny, qu'elle avait saisie *dans la crise*, et qu'elle étreignait avec rage ; puis elle commence à frotter ses lèvres sèches l'une contre l'autre, pour tâcher de les *humidifier*.

Cependant, Max, étendu sur son *lit de douleur*, commençait à revenir à lui ; son horrible accès de délire fut suivi d'une abondante sueur ; cette sueur le soulagea, et sa tête se dégagea peu à peu. Mais, en reprenant sa raison, il sentit que son gosier était tout en feu et qu'une soif ardente le dévorait ; il étend la main sur une table placée près de lui, *pas de verre ;* il appelle faiblement sa femme, *pas de réponse ;* sa soif augmente, il appelle plus fort, *pas de réponse ;* sa soif augmente encore, il crie : Lagny ! Eugénie !... personne. Ses cris *desséchant encore sa gorge,* sa soif devient atroce ; *ce n'est plus une souffrance, c'est une torture :* il se dresse sur son séant, et crie d'une voix déchirante : — A boire !... à boire !... à boire !... Personne ne répond. Alors, ne pouvant plus supporter ce supplice, il se glisse à bas de son lit, et presque nu, tout trempé de sueur, grelottant de fièvre et de froid, *s'accrochant* aux chaises, aux meubles, marchant *presque sur ses mains,* il se traîne dans cette chambre, au milieu de l'obscurité, *cherchant une goutte d'eau,* et criant : A boire !... Personne : *toujours personne ?* Enfin, il aperçoit sous une porte un rayon de lumière, il pousse la porte, il entre...

Lagny serrait dans ses mains les mains d'Eugénie.

A la vue de ce moribond, qui apparut tout à coup, pâle et livide, à l'entrée, ils poussèrent tous deux un grand cri, et *tombèrent pétrifiés !...* Et lui !... lui !... appuyé sur le mur, immobile, les yeux grands ouverts, la bouche béante, il les regardait !

L'homme-drame ne put supporter cette vision : il mourut du coup. *Max,* décidément, n'était pas une autobiographie. Si c'était une gageure, l'auteur l'avait perdue. Avait-il donc trop favorablement auguré de ses forces, le jour où il s'était juré de devenir académicien ? Ses premières tentatives, loin de le rapprocher du but, semblaient l'en éloigner. Déjà le découragement le gagnait ; il allait se résigner peut-être à n'être qu'un avocat bien disant ou même simplement un homme du monde, lorsque, chez lui, fort heureusement, l'homme de lettres fut sauvé, comme nous allons le voir, par le bourgeois de Paris.

IV

C'était autrefois un commun proverbe de dire : « Ceci est à moi comme Paris est au roi. » Rien n'était moins exact ; Paris était au bourgeois, le théâtre surtout était son bien propre, sa chose. Il y était véritablement chez lui. On apercevait bien, à certaines places, quelques étrangers et quelques bons gens de province, Picards ou Bretons — *rari nantes*, — mais à peine quatre ou cinq sur cent. Aussi, n'était-ce pas pour eux que jouaient les acteurs, mais pour les seuls Parisiens et principalement pour les habitués ; car chaque théâtre possédait les siens. En bon habitant de la rue Saint-Marc, Ernest Legouvé avait la passion du théâtre. Il n'avait que le passage des Panoramas à traverser pour être rendu aux Variétés, qu'animaient alors de leur verve et de leurs joyeux lazzis ces deux comédiens excellents, Odry et Vernet. Quelques pas encore, et il pouvait entendre, rue Le Peletier, à l'Académie royale de musique, Nourrit et Mlle Falcon, Mme Damoreau et Duprez. Le Théâtre-Italien occupait, au bout même de la rue Saint-Marc, la salle Favart, où les dilettanti applaudissaient avec transport la Malibran et la Pasta, Julia Grisi et Mlle Sontag, Lablache et Rubini. La salle Favart n'avait pas d'abonné plus fidèle qu'Ernest Legouvé. Il nous apprend, dans ses *Souvenirs*, que, de 1829 à 1831, il a vu soixante fois *Othello*. La première fois qu'il rencontra Lablache dans un salon : « Ah! monsieur, lui dit le grand chanteur, je vous connais bien ! second rang du parterre, à la sixième place. Oh! j'ai bien souvent chanté pour vous ! » Presque tous les habitués du Théâtre-Italien professaient un dédain profond pour l'Opéra-Comique. Ernest Legouvé, parce qu'il admirait Rossini, ne se croyait pas obligé de mépriser Auber ; il était bien trop Parisien pour cela. Il allait donc, en bon voisin, à la salle de la place de la Bourse, écouter l'*Ambassadrice* ou le *Domino noir* les lendemains de *Semiramide* ou de *Mose*. Ses plus longs voyages, et ceux-là aussi étaient fréquents, le conduisaient rue de Richelieu, au Théâtre-Français, où Mme Dorval jouait Kitty Bell, où Célimène était jouée par Mlle Mars. Bien souvent, le soir, en revenant de ce dernier théâtre, il se rappelait avec fierté que, sur cette scène, la première du monde, la foule avait salué de ses applaudissements les pièces de son père. « Qu'est-ce que le succès d'un livre, se disait-il, d'un roman ou d'un volume de vers, auprès de ces triomphes de la comédie ou du drame ? Lorsque nous parlons au public des théâtres, il nous répond par des applaudissements, des larmes ou des sourires. Il jette des

fleurs à nos acteurs, il nous donne ainsi une couronne visible et palpable. Mais le public des livres où est-il ? Comment mettre la main sur les cœurs qu'on a fait battre ? Comment nous mettre en communication avec ce parterre invisible et savoir même s'il existe ? »
Un jour donc, il prit le chemin du Théâtre-Français, non plus à l'heure où entre le public, mais à celle où se réunit le comité de lecture. Il apportait un drame en cinq actes et en prose, *Louise de Lignerolles*, écrit en collaboration avec Prosper Goubaux, chef d'institution et auteur dramatique, à qui l'on doit le collège Chaptal et *Trente ans ou la vie d'un joueur*.

Depuis 1830, le Théâtre-Français, à l'exemple et à suite des scènes secondaires, ne se faisait pas faute de multiplier les pièces dans lesquelles le *grand monde* était peint sous des couleurs odieuses, où le titre de comte ou de marquis n'allait pas sans un peu de gredinerie, où les baronnes et les duchesses se faisaient un jeu de tromper et d'empoisonner leurs maris. Les choses ne se passaient pas autrement, par exemple, dans *Clotilde* et dans la *Famille de Lusigny*, de Frédéric Soulié. Le drame d'Ernest Legouvé, représenté le 7 juin 1838, dut procurer aux spectateurs une agréable surprise. Les personnages de la pièce appartenaient à la plus haute société ; l'un d'eux même était prince, et tous, — c'était à n'y pas croire, — étaient d'honnêtes gens ! La baronne de Givry trahissait, il est vrai, ses devoirs d'épouse ; mais les auteurs avaient bien soin de nous apprendre qu'avant de devenir baronne elle avait été comédienne, et que son mari l'était allé prendre dans les coulisses d'un théâtre de Londres. Quant à Mme de Lignerolles, une vraie comtesse celle-là, c'était le modèle des femmes et des mères ; elle poussait la vertu jusqu'à l'héroïsme. Et ce n'était pas là la seule originalité du nouveau drame. Suivant une tradition plus que séculaire, l'époux trompé était toujours ridicule ; dans *Louise de Lignerolles*, il a le beau rôle, et c'est l'amant qui est le personnage sacrifié. Ernest Legouvé et Prosper Goubaux n'avaient pas craint d'aller plus loin. Lorsque Danville, dans l'*Ecole des vieillards*, abusé par de fausses apparences, se croit trompé par sa femme, il provoque en duel le duc d'Elmar. Le colonel de Givry, quand il découvre l'adultère de la baronne, au lieu d'aller sur le terrain, n'hésite pas à recourir aux armes que lui fournit le Code pénal, et, entre les coupables et lui, il ne veut d'autres juges que ceux de la police correctionnelle. Cette évocation de la sixième chambre à la Comédie-Française, cette variante du *cedant arma togæ*, qui dut réjouir fort M. le procureur général Dupin, si, d'aventure, il était, ce soir-là, dans la salle, était chose hardie au théâtre, trop hardie peut-être, car, au cinquième acte, nos deux auteurs, effrayés de leur audace, rentraient dans le *vieux jeu* et terminaient leur pièce par le coup de pistolet classique et obligatoire.

Ce drame, un peu trop triste, un peu trop gris de ton, renfermait des situations touchantes et habilement ménagées. Il fut remarquablement joué par Joanny, Firmin, Geffroy, Mlle Noblet. Quant à

Mlle Mars, elle fit du rôle de *Louise* une de ses plus brillantes créations.

M. Legouvé consacre à *Louise de Lignerolles* et à *la Comédie française en 1838* un chapitre de ses *Souvenirs*. J'y trouve cette anecdote :

Le soir de la première représentation, avant le lever du rideau, je trouvai Mlle Mars un peu plus agitée que ne le sont d'ordinaire les grands artistes un jour de combat; ils se sentent dans leur élément dans ces moments-là, comme un grand capitaine au feu. Elle s'approcha de moi et me dit : « Vous saurez demain le mérite que j'ai à jouer ce soir comme je jouerai, car je jouerai très bien. » J'appris, en effet, le lendemain, qu'en rentrant chez elle, à cinq heures, elle avait trouvé toute sa maison en émoi. On lui avait volé, dans l'après-midi, soixante mille francs de diamants (1).

Ne vous pressez pas trop d'admirer le sang-froid de la grande actrice et le dégagement avec lequel elle supportait cette perte de soixante mille francs. Ici, comme en maint autre endroit de ses Mémoires, je soupçonne M. Legouvé d'avoir fait comme *Max*, qui « voyait et cherchait du théâtre partout ». Il a dramatisé ses Souvenirs. Il est bien vrai qu'en 1838 Mlle Mars fut victime d'un vol; mais le voleur, un de ses anciens domestiques, nommé Garcin, fut traduit en cour d'assises le 7 décembre 1838, et les détails de son procès, consignés tout au long dans le *Moniteur*,

---

(1) *Soixante ans de souvenirs*, T. II, p. 89.

ne concordent pas précisément avec le récit de M. Legouvé. Le vol eut lieu dans la nuit du 30 mai, huit jours avant la première représentation de *Louise de Lignerolles*. Mlle Mars avait donc eu le temps de se remettre de l'émotion qu'il lui avait causée. Et cela lui avait été d'autant plus facile qu'on ne lui avait pas dérobé un seul de ses diamants. Garcin s'était borné à enlever, dans le salon d'apparat, une couronne de feuilles de lauriers en argent doré, qu'il revendit 80 francs et qui ne valait pas beaucoup plus. Le bijoutier qui l'avait vendue, M. Melleriot, rue de la Paix, n° 5, entendu comme témoin, déclara que la valeur intrinsèque de la couronne ne dépassait pas 150 francs (1). Nous voilà loin des soixante mille francs de diamants !

Quoi qu'il en soit, le succès de *Louise de Lignerolles* fut considérable. Il fait époque dans l'histoire du Théâtre-Français : la même semaine vit, en effet, le dernier grand triomphe de Mlle Mars et le premier début de Mlle Rachel. Cinq jours après la première représentation de *Louise de Lignerolles*, le 12 juin 1838, Mlle Rachel débuta dans *Horace*, et par le rôle de Camille. Puisque je rencontre ce souvenir sur mon chemin et que ces pages ne veulent pas être autre chose qu'un supplément aux *Souvenirs* mêmes de M. Legouvé, je donnerai ici un détail, qui prouve une fois de plus la vérité de cette parole de Joseph de Maistre : « Toutes les grandes choses ont eu de petits

---

(1) *Moniteur* du 10 décembre 1838.

commencements. » Le 23 juin 1838, on jouait *Horace* et une comédie nouvelle, *Faute de s'entendre*. La recette ne s'élève qu'à 303 francs. Au mois d'août elle monte péniblement à 623, à 715, à 800 francs. Une fois, mais c'est un dimanche et avec *Horace* on donne *Tartuffe*, le chiffre atteint 1,225 francs. Au mois de novembre, il dépasse 6,000 francs. — Détail singulier ! Voici M. Legouvé, qui est passionné pour les choses de théâtre, qui a été, pendant plus d'un demi-siècle, un des plus fidèles habitués de la Comédie-Française, qui, en 1838 particulièrement, en a suivi les représentations de très près, qui a écrit enfin tout un chapitre sur Mademoiselle Rachel : amené à parler des débuts de la grande tragédienne, il les place au mois de *septembre 1838* (1), alors qu'ils ont eu lieu, comme je viens de le dire, au mois de *juin*. Ayons du moins cela pour nous, dans notre humble rôle de critique et d'historiographe littéraire, de donner toujours des dates exactes.

V

Le 4 janvier 1845, M. Legouvé reparaissait à la Comédie-Française, avec un drame en cinq actes et en vers, *Guerrero ou la trahison*. Malgré un brillant succès de première représentation et le jugement favorable de la presse, la pièce n'attira pas le public. Qui

---

(1) *Soixante ans de souvenirs*, tome II, p. 90.

avait tort? Le public ou l'auteur? Ce n'était pas le public. L'auteur avait essayé de peindre une passion nouvelle au théâtre, la passion de la guerre. Il avait choisi pour héros un soldat condamné à l'inaction, dévoré et perdu par elle. Mais la passion de la guerre n'est pas une passion dramatique; elle n'est pas pour toucher les spectateurs, parce qu'ils ne s'intéressent qu'aux passions générales et communes à tous, non à celles qui existent seulement à l'état d'exception; cela est vrai surtout des spectatrices : comment voulez-vous que leur cœur s'émeuve à la peinture d'un sentiment auquel elles sont nécessairement étrangères?

Est-ce pour expier la faute de les avoir trop oubliées en écrivant *Guerrero,* que M. Legouvé se mit, dès le lendemain, à écrire les premières pages de l'*Histoire morale des femmes?* Toujours est-il qu'il y travaillait depuis trois ans lorsque éclata la révolution de 1848. En sa qualité de bourgois de Paris, il la vit, je le crois bien, sans trop de déplaisir. Il lui vint même en idée de mettre à profit ses relations avec M. Jean Reynaud, qui dirigeait, sous le couvert de M. Carnot, le ministère de l'instruction publique, pour réaliser un de ses désirs. Son père avait été joué au Théâtre-Français, il avait été académicien et professeur au Collège de France; dès sa jeunesse, Ernest Legouvé s'était promis qu'il serait, lui aussi, auteur dramatique, professeur au Collège de France et membre de l'Académie française. Il avait réalisé la première partie de son programme : il avait eu deux pièces représentées à la Comédie-Française. N'était-ce pas le moment d'obtenir une chaire au Collège de France, en attendant le fauteuil à l'Académie ? Il demanda donc, au mois de mars 1848, l'autorisation d'ouvrir, au Collège de France, un cours public sur *l'histoire morale des femmes*. Pour bien marquer le caractère véritable de sa demande, il stipula expressément qu'il ne lui serait alloué aucune espèce de rétribution, et qu'après un certain nombre de leçons sa mission prendrait fin.

De ces leçons de 1848 est sorti un livre, parvenu aujourd'hui à sa dixième édition. Poète, M. Ernest Legouvé n'est que le disciple et l'héritier de son père, et il semble que, retenu par un sentiment de piété filiale, il redoute de s'élever au-dessus de lui ; prosateur, il se rattache, par une filiation directe, aux maîtres véritables, à ceux du dix-septième siècle. Dans une lettre qu'il m'a fait l'honneur de m'écrire, il y a déjà quelques années, je trouve à cet égard d'intéressantes confidences :

Dans ma jeunesse, jusqu'à vingt-deux ans, j'ai eu la passion de Massillon et de Jean-Jacques Rousseau. J'en savais des chapitres entiers par cœur, et involontairement je les imitais assez bien. Mais je m'en suis bientôt dégoûté. Ce qu'il y a, dans leur style, de travaillé, de symétrique (même dans la passion, comme chez Rousseau), n'a pas tardé à me choquer ; ils ont trop d'art, trop de talent ! Je me suis rejeté très vivement vers Bossuet, que je regarde comme le plus grand écrivain de toutes les langues, vers Pascal, Mme de Sévigné et Saint-Simon ; j'ajoute Fénelon. Cet assemblage vous étonne peut-être. C'est que pour moi le vrai caractère de la langue française, c'est d'être une

langue *parlée*, même quand elle est une langue *écrite*;
tous nos grands écrivains parlent; on entend dans toutes
leurs pages *sonitum vocis humanæ*. C'est ce qui fait que
j'aime tant Joseph de Maistre. Il me paraît le plus éloquent
de nos écrivains depuis Bossuet. J'ai eu un tel goût pour les
Soirées de Saint-Pétersbourg, que je les ai lues deux fois
de suite et que j'en ai fait plus de soixante pages d'extraits.
Dieu sait cependant combien de choses me séparent de
lui! Mais si je ne suis presque jamais de *son opinion*, je
suis presque toujours de *son sentiment*.

De ce commerce avec nos plus grands prosateurs,
M. Legouvé n'a pas tiré peu de profit. Il a surtout
appris à leur école qu'il est puéril de travailler son
style et de ne pas travailler sa pensée, et que c'est se
duper soi-même que se payer de mots et d'images;
qu'il faut écrire comme on parle, — quand on parle
bien, — et qu'au surplus, la première condition pour
bien écrire, c'est de ne prendre la plume que lorsqu'on
a sur un sujet assez d'idées et de convictions pour
sentir le besoin de les répandre au dehors. Tel était
justement le cas de M. Legouvé, quand il a écrit son
Histoire morale des femmes, et voilà pourquoi son
livre est bon.

Sur le fond même de l'ouvrage et sur plus d'un
détail, j'aurais des réserves à faire. Toutes mes critiques se pourraient d'ailleurs résumer dans un mot,
dans une date: 1848. Ce livre, en effet, est né dans
un mauvais voisinage, celui de la république de Février, et, au Collège de France même, dans un autre
voisinage plus détestable encore, celui de la chaire de

Michelet. De là ces sorties contre le « bon vieux temps » ; ces assertions sur la prétendue ignorance des femmes sous l'ancien régime, et, dans cette question de l'émancipation et de la glorification des femmes, où le christianisme a joué un si grand rôle, la part singulièrement restreinte qui lui est faite par l'auteur.

Erreurs et lacunes fâcheuses sans doute, mais pour lesquelles demandent grâce des aperçus ingénieux, des observations délicates, des vues élevées, des pages charmantes. M. Ernest Legouvé a excellemment parlé de la mère, de l'épouse, de la sœur, et, dussé-je le fâcher, je suis bien obligé de dire que ce n'est pas son père, c'est lui qui a écrit le véritable *Mérite des femmes.*

VI

Il y a presque toujours, dans la vie d'un écrivain, un moment où il donne toute sa mesure, où ses vraies facultés trouvent tout leur emploi. Pour peu que les circonstances viennent alors en aide à son talent, tout lui réussit : il gagne jusqu'aux batailles qu'il aurait dû perdre.

Ainsi en fut-il pour M. Legouvé pendant les années qui suivirent 1848 et qui furent marquées pour lui par trois grands succès : en 1849, *Adrienne Le Couvreur* ; en 1850, les *Contes de la reine de Navarre* ;

en 1851, *Bataille de dames.* Ces trois pièces furent composées en collaboration avec M. Scribe, — un bourgeois de Paris, lui aussi, né, non loin de la rue Saint-Marc, en pleine rue Saint-Denis, dans le magasin de soieries où son père avait fait fortune, à l'enseigne du *Chat noir.*

MM. Scribe et Legouvé avaient écrit le rôle d'Adrienne Le Couvreur pour Mlle Rachel. Le comité de lecture du Théâtre-Français, en recevant la pièce, mit pour condition que les auteurs n'exigeraient pas le concours de l'illustre tragédienne, qui n'avait encore jamais joué dans une pièce en prose. Ce fut Rachel elle-même qui réclama le rôle. Elle avait commencé à le répéter, lorsqu'elle déclara soudain qu'elle y renonçait, non qu'elle redoutât un échec, mais parce qu'elle craignait de ne pas s'élever à la même hauteur que dans ses rôles tragiques. Scribe crut pouvoir jouer la partie sans elle et se mit aussitôt en mesure de la remplacer. Peu empressé de le suivre dans cette voie, M. Legouvé fit si bien qu'il décida Mlle Rachel à revenir sur son refus. La première représentation eut lieu le 14 avril 1849. Malgré un second acte tout à fait charmant, qui faisait pénétrer le spectateur dans le foyer intérieur de la Comédie-Française ; malgré un rôle excellent, celui de Michonnet, le *donneur d'accessoires,* la pièce, au fond, manquait de nouveauté, sinon d'intérêt ; c'était la vieille lutte, déjà bien usée au théâtre, de la comédienne et de la *grande dame.* La grande dame, et ce n'était rien moins que la duchesse de Bouillon, empoisonnait tout simplement la comédienne (1). M. Victor Hugo lui-même, dans *Angelo,* n'avait pas poussé la hardiesse jusque-là : Catarina Bragadini, la femme du podestat de Padoue, n'est pour rien dans la mort de la Tisbé. Et cependant la soirée du 14 avril fut un triomphe, que ne purent épuiser quatre-vingts représentations. Du drame de MM. Scribe et Legouvé, Mlle Rachel avait fait une tragédie superbe. Elle n'avait pas seulement joué en grande artiste ; elle avait vraiment *vécu* son rôle ; elle avait été vraiment Adrienne Le Couvreur, ou plutôt elle avait été elle-même. Lorsqu'elle paraissait, au second acte, sous le costume de *Roxane,* ce n'était pas Mlle Le Couvreur, c'était Mlle Rachel qui était en scène ; et quand, au cinquième acte, elle s'écriait : « Mourir si jeune ! non, non, je ne veux pas mourir ! » n'était-ce pas Rachel tout entière, Rachel qui sent venir la mort, et qui ne veut pas mourir ? Par une coïncidence étrange, Rachel et Adrienne Le Couvreur sont mortes toutes les deux au même âge, à trente-huit ans !

Les *Contes de la reine de Navarre* furent représentés le 15 septembre 1850, et cette fois encore le succès fut très grand. Le sujet de la pièce est historique et met aux prises l'empereur Charles-Quint et le roi François Ier, prisonnier à Madrid. Bien que Charles-Quint n'eût alors que vingt-cinq ans, les au-

---

(1) Sur ce prétendu empoisonnement d'Adrienne Le Couvreur par la duchesse de Bouillon, voy. Sainte-Beuve, *Causeries du lundi*, t. Ier.

teurs en ont fait une espèce de Cassandre et en ont pris, avec lui, aussi à leur aise que Casimir Delavigne dans son *Don Juan d'Autriche*. En revanche, le caractère de François Ier est fermement tracé et d'une exactitude qui était faite pour étonner, ni M. Scribe ni M. Legouvé ne s'étant jamais beaucoup piqués d'observer la couleur dite *locale* et de suivre fidèlement l'histoire à la scène. De cette question, d'ailleurs, la plupart des spectateurs avaient un médiocre souci, et là n'était pas pour eux l'intérêt de la soirée. Le Théâtre-Français, à ce moment, traversait une crise très grave. Comme Mlle Rachel, depuis quelques années, avait pris pour devise le mot d'une des héroïnes de Corneille : *Moi! moi! dis-je, et c'est assez!* il était arrivé que notre première scène avait vu s'évanouir peu à peu toute une bonne moitié de son répertoire. Passe encore si Mlle Rachel eût toujours été là; mais elle ne se faisait pas faute de disparaître tout à coup, obligeant le théâtre à monter en hâte une pièce nouvelle qui tombait invariablement. Les choses menaçaient de tourner au tragique. La seule chance qui restât au Théâtre-Français de conjurer les périls de cette situation était de trouver enfin une actrice qui eût le talent, la beauté, le charme, et qui réintégrât la comédie dans la maison de Molière. On allait répétant partout que la comédienne longtemps désirée ferait ses débuts dans les *Contes de la reine de Navarre*; que c'était une jeune fille, presque une enfant, dont le talent ajouterait encore à l'éclat d'un nom deux fois illustré déjà sur la scène du Théâtre-

Français. L'attente du public ne devait pas être déçue. Chargée du rôle de Marguerite de Valois, Mlle Madeleine Brohan le rendit avec une distinction, une finesse, une intelligence singulièrement remarquables. Dans leur enthousiasme, les spectateurs ne se firent pas faute de lui appliquer ce nom que François Ier aimait à donner à sa sœur : *la Marguerite des marguerites*.

Walter Scott, dans l'*Antiquaire*, traçant le portrait de son héros, M. Oldbuck, nous apprend qu'à la suite d'une déception amoureuse, il était devenu un *haïsseur de femmes*. Un *haïsseur de femmes!* M. Ernest Legouvé est précisément tout le contraire, et il faut ajouter qu'il a pour cela les meilleures raisons du monde. Comment pourrait-il tenir rigueur à *ce sexe* (1) qui a fait la fortune de ses pièces ; qui, après lui avoir successivement donné ces admirables actrices : Mlle Mars, Mlle Rachel, Mlle Madeleine Brohan, lui tient encore en réserve Mme Allan et Mme Ristori ?

Comédienne consommée, Mme Allan ne se montra jamais peut-être plus parfaite que dans *Bataille de Dames*. Cette comédie, jouée le 17 mars 1851, n'a pas quitté le répertoire. Le dialogue est vif, alerte, de bonne compagnie ; l'esprit foisonne, non l'esprit de mots, mais, ce qui est bien préférable, l'esprit de ituation.

---

(1) Tombe aux pieds de ce sexe à qui tu dois ta mère.

(Gabriel Legouvé, *le Mérite des femmes.*)

VII

Trois succès ainsi remportés coup sur coup au Théâtre-Français, trois batailles dramatiques brillamment gagnées, autorisaient M. Legouvé à poser sa candidature à l'Académie. Il se mit sur les rangs pour remplacer un contemporain et un ami de son père, M. Emmanuel Dupaty, qui avait encouragé ses débuts, lui avait souvent donné d'utiles conseils, et dont il eût parlé mieux que personne. Le vote eut lieu le 12 février 1852. Il n'y avait pas moins de sept candidats; au premier tour de scrutin, les suffrages se répartirent de la manière suivante : Alfred de Musset, 11 voix; Philarète Chasles, 5; François Ponsard, 5; Ernest Legouvé, 4; M. Mazères, 3; M. Liadières, 2; M. de Valori, 2. Alfred de Musset fut nommé au second tour. Le 18 mai 1854, l'Académie avait à pourvoir au remplacement de M. Tissot et de M. Jay. Elle donna pour successeur à M. Tissot Mgr Dupanloup, et pour successeur à M. Jay M. de Sacy. M. Legouvé avait eu 2 voix pour le fauteuil de M. Jay et 6 voix pour le fauteuil de M. Tissot.

Persuadé qu'il devait attribuer son échec à ce qu'il n'avait encore composé, à l'exception de *Guerrero*, que des pièces faites en collaboration, principalement avec M. Scribe, déjà membre de l'Académie; ayant sous les yeux l'exemple de M. Mazères, qui, après avoir remporté de nombreux et éclatants succès. tantôt avec Scribe et Picard et tantôt avec M. Empis, académiciens tous les trois, se voyait repoussé depuis dix ans, en vertu du vieil adage de droit : *non bis in idem*, ce qui se pouvait traduire ainsi en bon français : « Nous vous avons déjà donné, brave homme »; voulant éviter, à tout prix, un aussi triste sort, M. Legouvé prit un parti héroïque. Il résolut d'écrire, seul, une tragédie en cinq actes et en vers, et il choisit pour héroïne... Médée, l'amante de Jason ! Après tout, Médée était un sujet comme un autre, du moment que Mlle Rachel devait jouer le rôle, et elle s'y était formellement engagée. Mais il arriva qu'au cours des répétitions, elle déclara n'en plus vouloir et s'obstina dans son refus :

Obtenez un arrêt comme il faut que je joue.

M. Legouvé se mit en devoir de l'obtenir.

Le cinquième ou sixième avril cinquante-quatre, Mlle Rachel, revenant de Russie, et rentrant dans son petit hôtel de la rue Trudon (1), y trouvait, libellé sur papier timbré, un message de l'auteur d'*Adrienne Lecouvreur*. Elle était fille d'esprit, et, le lendemain, M. Legouvé recevait cette lettre, qu'il n'a pas reproduite dans ses *Souvenirs*, — ce qui me décide à la donner ici :

Je pars pour les Pyrénées, où je vais rejoindre ma sœur Rébecca, extrêmement malade, conduire l'un de mes en-

---

(1) Rue Trudon, n° 4.

fants, dont la santé m'inquiète profondément, et chercher moi-même un repos qui m'a été expressément prescrit et dont j'ai le besoin le plus absolu. Je pars pour toutes ces causes très graves que vous n'ignorez pas, mais je ne puis m'éloigner de Paris sans prendre un parti sur le procès que vous m'intentez, vous que j'appelais et que j'appelle encore : mon cher monsieur Legouvé.

Je ne fais que traverser Paris, en proie aux plus vives anxiétés, et je reçois de vous, coup sur coup, deux vilains papiers timbrés, au lieu de recevoir cette visite de dix minutes qui, me l'écriviez-vous à Varsovie, devait nous mettre facilement d'accord, et nous eût mis d'accord en effet, si vous n'aviez consulté que vos souvenirs, au lieu de consulter les gens de la chicane.

Dois-je faire comme vous? C'est ce que je me demande entre deux malles remplies de chiffons, mais je ne me le demande qu'un instant. Non, je ne jouerai pas *Médée* par autorité de justice, avec le risque, si la coupable, l'abominable *Médée*, n'a pas le succès que l'auteur en attend, de m'entendre reprocher cet insuccès par tous vos amis. Les gens du monde et journalistes ne manqueront pas de dire que, si Médée n'a pas réussi, c'est la faute de Mlle Rachel qui, par représailles, a opposé la mauvaise grâce à la contrainte, et s'est vengée de l'auteur en assassinant la pièce.

Médée peut égorger ses enfants, elle peut même empoisonner son brave beau-père ; je ne puis en faire autant, alors même que je le voudrais.

Le public n'est pas un complice à prendre pour en faire l'instrument d'une vengeance de théâtre, lorsqu'on porte le nom que je lui dois, et lorsqu'on a pour lui le respect qu'il m'inspire.

Donc, mon cher monsieur Legouvé, j'aurai, dans cette

petite guerre, plus de mesure que vous, quoique l'époque où j'aurai cessé irrévocablement d'appartenir au Théâtre-Français soit bien prochaine ; quoique je n'aie plus à donner qu'un très petit nombre de représentations qui, par reconnaissance, sont dues à mon ancien répertoire ; lorsque tout prouve que je n'aurai plus matériellement le temps de chercher à un échec possible une revanche nécessaire, je n'aurai pas de procès. Vous voulez que, dans les circonstances où nous sommes, je joue *Médée* ? Eh bien ! je le jouerai. Je m'efforcerai même d'oublier vos sommations, vos assignations, vos visites d'huissier remplaçant une visite promise par la lettre de Varsovie. J'oublierai tous mes griefs pour ne me souvenir que des succès que nous nous sommes dus réciproquement, que de nos rapports d'autrefois par vous si facilement rompus.

A l'expiration de mon congé, je m'occuperai de *Médée*. Vous avez assez de mérite pour user de modestie ; mais vous en faites certainement abus en me prouvant que je suis indispensable à votre œuvre.

En attendant que je me dise votre dévouée Médée, je signe encore

Votre toute dévouée, RACHEL.

Paris, le 9 avril 1854 (1).

Avouez qu'il eût été dommage de laisser cette lettre enfouie dans la *Gazette des Tribunaux*.

En septembre 1854, Mlle Rachel rentrait au Théâtre-Français, et cette fois refusait définitivement de jouer *Médée*. M. Legouvé, — c'est lui-même qui nous l'apprend,— « entra dans une véritable rage (2) ». Il trou-

---

(1) *Gazette des Tribunaux* du 19 octobre 1854.
(2) *Soixante ans de souvenirs*, t. II, p. 244.

vait des accents dignes de l'illustre tragédienne pour renouveler contre elle les imprécations de Camille :

> Rachel, l'unique objet de mon ressentiment !...

Le procès vint devant le tribunal de première instance, et, le 18 octobre, malgré une habile et très brillante plaidoirie de Chaix-d'Est-Ange, Mlle Rachel se vit condamner à jouer le rôle de Médée, et, faute de le faire, à payer 200 francs de dommages-intérêts par chaque jour de retard. Elle parut peu s'en émouvoir. Outre que les procès ne l'effrayaient guère et qu'elle jouait les *Plaideurs* à la ville avec autant de supériorité qu'elle jouait *Phèdre* ou *Andromaque* au théâtre, elle avait pour elle son directeur, M. Arsène Houssaye, et M. Achille Fould, ministre d'Etat, de qui relevait alors la Comédie-Française. Lorsque l'huissier de M. Legouvé vint, le plus courtoisement du monde, prier le directeur d'indiquer jour pour les répétitions de *Médée*, celui-ci se retrancha derrière un décret du 5 décembre 1853, aux termes duquel aucun ouvrage reçu par le comité de lecture ne pouvait être mis à l'étude sans l'autorisation du gouvernement. C'était le cas pour M. Legouvé de se dire :

> Ma partie est puissante et j'ai tout lieu de craindre.

Il tient bon pourtant; il assigne M. Arsène Houssaye : mais, à l'ouverture de ces nouveaux débats, surgit un nouvel adversaire, qui n'est rien moins que le préfet de la Seine. M. Haussmann, en vertu des instructions du ministre d'Etat, dépose un déclinatoire tendant à ce que le tribunal se déclare incompétent. M. Legouvé perd son procès (1); mais, toujours heureux, il se trouve avoir joué *à qui perd gagne*. Les salons parlementaires et les feuilles de l'opposition s'accordent à célébrer son *libéralisme*; l'impétueux J.-J. Ampère écrit qu'il reviendra de Rome tout exprès pour voter en faveur de l'*ennemi de César*, et, le 1er mars 1855, l'Académie l'appelle au fauteuil de M. Ancelot. Sur 30 votants, il obtient 18 voix contre 11 données à François Ponsard et 1 à M. Poujoulat.

Deux mois plus tard, le 7 juin 1855, M. Legouvé faisait représenter au Théâtre-Français une comédie en trois actes et en prose, écrite, celle-là, sans collaborateurs, *Par droit de conquête*. Jouée par Bressant, Provost, Mmes Allan et Madeleine Brohan, pleine de scènes tour à tour émues et piquantes, cette pièce obtint un vif succès. Elle ne valait pas cependant *Bataille de dames*, ayant le tort d'être une pièce à thèse. Traitant, à son tour, la question du mariage de la noblesse et de la roture, l'auteur prenait parti contre la noblesse; en vrai bourgeois de Paris, il humiliait les parchemins du vicomte Gontran devant les diplômes de l'ingénieur Bernard. Je n'y vois pas

---

(1) M. Legouvé dit, dans ses *Souvenirs* (t. II, p. 244) : « Je lui fis un procès. Je le gagnai. Elle en appela. Je gagnai encore. Elle fut condamnée à six mille francs de dommages-intérêts. » Cela n'est pas tout à fait exact.

grand mal pour ma part ; je reproche seulement à
M. Legouvé de n'avoir pas abordé son sujet franchement, mais *de biais*. Son roturier est un roturier
pour rire, puisqu'il a le droit de s'appeler M. de
Cernay ; son ingénieur est un ingénieur pour rire,
puisque, après avoir desséché des marais, endigué des
rivières, enrichi son département, il *refuse de toucher ses honoraires !* Je n'insiste pas ; il serait peu
séant aujourd'hui de rire de *l'ingénieur ;* voilà bel
âge que son beau temps est passé ! L'élève de
l'Ecole polytechnique a été détrôné par l'élève de
l'Ecole centrale. Si Alice de Rochegune, l'héroïne de
M. Legouvé, était encore à marier, ce n'est pas un
ingénieur des ponts et chaussées qu'elle épouserait,
c'est un maître de forges !

VIII

Le 28 février 1856, M. Ernest Legouvé vint prendre séance à l'Académie française, à la place d
M. Ancelot. Il y entrait

> Et par droit de conquête et par droit de naissance.

Il avait réalisé la dernière et la plus haute de ses
ambitions ; il était heureux, il était célèbre, il était
riche : il semble que l'heure du repos allait sonner
pour lui. Il n'en sera rien pourtant. On ne divorce pas
avec les lettres. Qui les a aimées aux jours de sa jeunesse, leur reste fidèle jusqu'à la fin. Les *biens de fortune*, comme la Bruyère les appelle, ne sont pas pour

faire oublier à qui les a connus, ne fût-ce qu'une heure, les succès du livre ou du théâtre. Les vrais hommes de lettres sont tous de la famille de cet excellent M. de Lacretelle, — Lacretelle *le jeune*, — qui fut le confrère de M. Legouvé à l'Académie. Un jour, comme il venait de publier un nouveau livre, deux gros volumes à la fois, il s'en va chez Mme Bertin de Vaux, son amie, et lui confie ses inquiétudes. La presse est muette ; les *Débats* eux-mêmes n'ont pas parlé ; il est le plus malheureux des hommes. Mme Bertin le rassure de son mieux : « Il faut attendre, on ne lit pas de si gros volumes en une matinée, le public est distrait pour un rien. » Bref, tout ce qu'on peut dire à un galant homme, qui ne comprend guère que son livre ne soit pas, toute affaire cessante, l'unique préoccupation de tous. Un peu remis, M. de Lacretelle se dispose à sortir : « — Mais vous êtes en deuil, et de qui ? reprend Mme Bertin de Vaux. — De notre vieux cousin. — Il était riche ? — Oui, trop riche... un château, des terres, plus d'un million, si j'en crois le notaire. — Et qui donc est l'héritier de ces grands biens ? demandait la dame. — Ah ! c'est moi, répond M. de Lacretelle, d'un air distrait. » — Elle était alors presque fâchée : « Oh ! disait-elle, que vous voilà bien, vous autres barbouilleurs de papier ; voilà tantôt deux heures que vous me persécutez de votre livre, et vous ne me dites rien d'une fortune qui vous tombe du ciel (1) ! »

---

(1) Jules Janin, *Histoire de la littérature dramatique*, t. V, p. 349.

Et voilà pourquoi M. Legouvé, depuis son entrée à l'Académie, c'est-à-dire depuis trente-deux ans, n'a pas cessé d'écrire de nouveaux livres et des pièces nouvelles.

Il a donné, au Théâtre-Français, *le Pamphlet, les Doigts de fée*, en collaboration avec Scribe, *un Jeune homme qui ne fait rien, A deux de jeu, Anne de Kervillers, la Cigale chez les fourmis,* en collaboration avec M. Labiche ; à l'Odéon, *Béatrix ou la Madone de l'art ;* au Gymnase, *Miss Suzanne ;* au Vaudeville, *une Séparation ;* à l'Opéra-Comique, *l'Amour africain ;* au Théâtre-Italien, *les Deux reines de France,* drame en quatre actes et en vers, avec des chœurs dont la musique est de M. Charles Gounod.

Entre temps, il faisait paraître deux volumes sur les *Pères et les Enfants au XIX*^{e} *siècle,* des *conférences* sur l'abbé de l'Epée, Lamartine, Samson, Mlle Rachel, etc., etc. ; des brochures sur *Sully* et sur *Jean Reynaud,* sur l'*Escrime,* sur la *Croix d'honneur et les comédiens,* un *Petit traité sur la lecture à haute voix,* etc.

On le voit, peu d'existences littéraires ont été mieux remplies ; peu d'écrivains ont eu, comme M. Legouvé, cette heureuse fortune de réussir pendant plus d'un demi-siècle, de conserver jusqu'à la fin cette sûreté de main et de coup d'œil qui permet à un bon tireur de faire mouche un coup sur deux. Et pourtant n'a-t-il pas dû se demander plus d'une fois, en jetant un regard sur le passé, ce qui resterait de tant d'œuvres où il avait mis le meilleur de lui-même, de ces vers écrits avec amour, de ces drames applaudis, de ces comédies souriantes ? Ne lui est-il pas arrivé souvent de songer au sort de son prédécesseur, M. Ancelot, et de se rappeler ce qu'il en avait dit, dans son discours de réception : « M. Ancelot a écrit plus de quarante mille vers, qui presque tous ont été lus ; il a composé plus de quatre-vingts pièces de théâtre, qui presque toutes ont été applaudies. » O vanité de l'esprit et du talent ! De ces quatre-vingts pièces de théâtre, de ces quarante mille vers, rien ne subsiste ! Quelques années seulement se sont écoulées, et, à la place même où ce galant homme avait élevé ce monument, c'est à peine si vous pourriez déchiffrer, sur une pierre à demi brisée, les lettres à demi effacées de son nom ! Serait-il plus heureux que M. Ancelot ? N'était-il pas menacé, au contraire, de mourir, comme lui, tout entier ? Mais voilà que, pendant qu'il roule en lui-même ces pensées mélancoliques, il a écrit, en tête d'un gros cahier de papier blanc, ce titre, qui n'est pas sans lui causer quelque émotion : *Soixante ans de souvenirs*. Il laisse *trotter* sa plume, *la bride sur le cou* ; le gros cahier de papier blanc devient un volume. Aussitôt tout change de face ; la partie, perdue tout à l'heure, est maintenant gagnée. Ce que n'avaient pu faire deux ou trois tragédies, quatre ou cinq drames, quinze ou vingt comédies, je ne sais combien de livres et de brochures, quelques pages de *Souvenirs* le feront de reste. Dans soixante ans et plus, on lira encore les mémoires littéraires de M. Legouvé.

La Bruyère parle quelque part des livres *faits de*

main d'ouvrier; il en fait grand cas et il a raison ; mais j'ai un faible, je l'avoue, pour ces autres livres où l'*ouvrier* ne paraît pas ; où l'auteur (puisque auteur il y a) écrit sans préoccupation d'art et de métier, non pour le public, mais pour lui-même, ou mieux encore pour ceux qui l'ont aimé et qui ne sont plus, ses parents, ses maîtres, ses amis, lecteurs invisibles qui se pressent derrière lui dans l'ombre et lisent par-dessus son épaule la page commencée. Les *Souvenirs* de M. Ernest Legouvé sont un de ces livres. Rien de plus agréable que ces pages, où passent tour à tour devant nous Gabriel Legouvé, Nicolas Bouilly, Népomucène Lemercier, Emmanuel Dupaty, Casimir Delavigne, Béranger, Jouy, Andrieux, Villemain, Hector Berlioz, Eugène Sue, Lablache, Mme Malibran, Prosper Goubaux, Eugène Scribe, Jean Reynaud, Brifaut, Baour-Lormian, Lamartine, Adolphe Nourrit, Mlle Mars et Mlle Rachel. Tous ces portraits ont bien la couleur et la physionomie du temps. On éprouve, à parcourir cette galerie, le même charme mélancolique qui nous arrêtait, il y a cinq ans, à l'exposition des *Portraits du siècle*, devant les toiles d'Hersent et de Boilly.

Çà et là, au cours de ces deux volumes, j'aurais sans doute plus d'une inexactitude à relever ; mais ces rectifications seraient sans grande importance. J'en ferai deux cependant qui portent sur le chapitre consacré à M. Villemain. « Victor de Laprade, dit M. Legouvé, élu à la fin de 1858, avait été reçu à l'Académie le 7 mars 1859 (1). » Ce n'est pas à la fin, mais

(1) *Soixante ans de souvenirs*, t. I, p. 129.

au commencement de 1858, le 11 février, que fut élu Victor de Laprade; il prit séance, non le 7 mars, mais le 17 mars 1869 (1). A quelques jours de là, le secrétaire perpétuel demanda, selon l'usage, audience à l'empereur pour lui présenter le nouvel académicien. A cette audience assistèrent Victor de Laprade, M. Flourens, directeur, M. Villemain, secrétaire perpétuel, et M. Legouvé, chancelier. D'après ce dernier, la conversation suivante se serait engagée : « L'empereur à Victor de Laprade : — A qui succédez-vous, monsieur ? — *A M. Brifaut*, sire. — M. Brifaut; c'était un homme de talent, n'est-ce pas ? — Nous avons tous du talent, répondit M. Villemain, en s'inclinant profondément (2). » L'anecdote est jolie sans doute, mais elle est arrangée à plaisir. Laprade, *successeur d'Alfred de Musset*, n'a pas pu répondre qu'il succédait à M. Brifaut. L'empereur n'a pas pu dire d'Alfred de Musset : « Avait-il du talent ? » et Villemain, par suite, n'a pas pu placer sa très spirituelle réplique.

Dans ce même chapitre sur M. Villemain, M. Legouvé lui fait honneur « d'avoir, le premier, formulé cette maxime nouvelle : *La littérature est l'expression de la société.* » Ce n'est pas Villemain, c'est M. de Bonald qui a dit cela, le premier, dans un article du *Mercure*, publié au mois de mai 1807 (3). Que M. Le-

---

(1) *Victor de Laprade, sa vie et ses œuvres*, par Edmond Biré, p. 221.
(2) *Soixante ans de souvenirs*, t. I, p. 130.
(3) « En effet, revenons au principe, vrai, puisqu'il est fécond,

gouvé, dans sa plus prochaine édition, rende à l'auteur de la *Législation primitive* ce qui lui appartient. Cette petite réparation saurait d'autant moins lui coûter qu'il occupe à l'Académie le fauteuil de M. de Bonald, prédécesseur immédiat de M. Ancelot.

M. Ernest Legouvé, dans ses *Souvenirs*, est un peu comme ces maîtres de maison qui se tiennent volontiers au second plan, et s'effacent pour faire briller leurs amis. C'est d'eux surtout qu'il parle, et toujours pour en dire du bien. N'étant pas de ceux qui reprochent au duc de Saint-Simon et à Chateaubriand de s'être mis tout entiers dans leurs *Mémoires*, j'aurais bien quelque chose à dire sur la trop grande réserve de M. Legouvé, sur ce procédé de salon, aimable à coup sûr, et discret, mais peut-être un peu bourgeois. Ceci me ramène à mon point de départ, au bourgeois de Paris qui est dans l'auteur des *Souvenirs*. J'aime à me le représenter, en finissant, dans cette vieille maison de la rue Saint-Marc, qu'il aurait dû nous décrire en détail, avec ses boutiques sur le devant et ses colonnes grecques au fond de la cour, avec son mobilier qui nous rappelle l'époque de Louis XVI

---

fécond parce qu'il est vrai, que *la littérature est l'expression de la société;* principe dont on peut abuser, comme de tous les principes généraux, lorsqu'on veut en faire l'application à des particularités qui ne sont assez souvent que des exceptions, mais principe qui reçoit une application certaine, entière et parfaitement juste, dans la manière générale dont nous en considérons les deux termes, la littérature d'un côté, et la société de l'autre. » (*Mélanges littéraires, politiques et philosophiques*, par M. de Bonald, t. II, p. 184.)

et celle de Napoléon Ier, le règne de Charles X et celui de Louis-Philippe. On y respire un tel parfum d'autrefois, qu'à peine dans la rue on est tout étonné de ne pas voir passer un garde national en uniforme ou, comme dans les romans de Balzac et de Charles de Bernard, « un jeune homme décoré conduisant un tilbury ». Vainement l'hôte de cet ancien logis fait profession d'aimer le « progrès », le « mouvement », voire même la « république conservatrice », comme ses voisins de la rue du Sentier :

> Tout bourgeois de Paris doit tribut au malin.

Au fond, et quoi qu'il en ait, M. Ernest Legouvé est resté l'homme de sa maison : il a le culte de la famille, le respect de la tradition et le goût du passé. Il aime la flânerie sans but, l'activité sans fièvre, le bien-être sans luxe, toutes ces choses d'hier que ne connaît plus le Parisien d'aujourd'hui. Il ne prise rien tant que la simplicité, le naturel, la raison et le bon sens. La dernière fois que je l'ai vu, il relisait La Fontaine. Vous voyez bien que j'avais raison de vous dire, en commençant, que l'auteur de *Soixante ans de souvenirs* était un homme d'autrefois, — *le dernier des bourgeois de Paris.*

UN GRAND SEIGNEUR LIBÉRAL

LE DUC VICTOR DE BROGLIE

I

En 1818, — date à laquelle s'ouvre le second volume des *Souvenirs du feu duc de Broglie* (1) — nous trouvons M. de Broglie dans les rangs d'un parti dont il sera l'un des chefs et auquel il restera fidèle jusqu'à la fin, le parti *doctrinaire*. Ennemi du commun et du convenu, du commun populaire et du convenu des salons, timide, non sans avoir le sentiment de sa valeur, moins soucieux de servir ses intérêts que de servir ses convictions, il était allé tout droit, par la pente naturelle de son caractère et de ses idées, à ce parti qui, suivant le mot de l'un de ses membres, « pouvait tenir tout entier sur un

---

(1) *Souvenirs du feu duc de Broglie* (1785-1870). Quatre volumes in-8º, 1886-1887.
Les tomes II et III (1818-1830) sont les seuls dont s'occupe le présent chapitre.

canapé », à cet état-major sans soldats qui, placé entre le gros de l'armée royaliste et le gros de l'armée *libérale,* ne pouvait manquer d'être écrasé entre les deux, mais qui se consolait d'avance de cet échec inévitable en se donnant le plaisir de faire la leçon à tout le monde. Groupe rare et singulier, vraiment original et qui, à ce titre, se recommande à notre attention et à nos regrets, en des jours comme les nôtres, où toute originalité a disparu. Tout parti politique, d'habitude, vise d'abord à s'étendre, à multiplier ses recrues, à grossir ses rangs. Les doctrinaires de la Restauration, au contraire, avaient horreur des gros bataillons ; plus leur nombre était petit, plus leur satisfaction était grande. Royer-Collard, au lendemain de ses sept élections de 1827, comme on parlait devant lui de l'importance et de la force du parti doctrinaire, répondait, non sans un peu de mauvaise humeur : « Vous avez la rage de voir partout des doctrinaires ! Ce que je sais, c'est que nous étions trois d'abord, M. de Serre, Camille Jordan et moi. » En 1815, en effet, ils étaient trois. En 1818, ils étaient sept : Royer-Collard, de Serre, Camille Jordan, le comte Beugnot, M. Guizot, M. de Barante et le duc de Broglie. En trois ans, leur nombre avait plus que doublé : cela devenait inquiétant. Heureusement, il survint un temps d'arrêt, et jusqu'en 1824, époque où le *Globe* fut fondé et où le parti reçut dans ses rangs quelques jeunes recrues du plus rare mérite, MM. Duchâtel, Vitet, Duvergier de Hauranne, il ne paraît pas que les doctrinaires aient vu beaucoup grossir leur chiffre de sept. Le duc de Broglie nous dit bien qu'en 1818 M. Charles de Rémusat était des leurs (1); mais, outre qu'il était bien jeune alors, n'ayant guère que vingt et un ans, je doute fort que ce brillant esprit, léger, sceptique, — « le premier des amateurs en tout », a dit de lui Royer-Collard, — se soit jamais enrôlé sérieusement sous la bannière de la doctrine. Tout au plus servait-il en volontaire, et, les jours de parade, caracolait-il sur les flancs de l'escadron, sans s'astreindre à rester dans le rang. On lui pardonnait ses infractions à la discipline en faveur de sa gaieté, de sa finesse et de sa malice. On lui passait même ses chansons, celle-ci, par exemple, qu'il chantait, de salon en salon, et dont les chefs du « parti » eurent le bon esprit de rire les premiers :

> Aujourd'hui tout le monde pense.
> En y pensant, je me suis dit :
> D'un parti chacun est en France ;
> Il m'en faut un, grand ou petit.
> Or il en est un fort paisible,
> Qui daigne m'ouvrir sa maison :
> C'est un parti très peu visible,
> Et presqu'un être de raison.
>
> Avant-hier, quelqu'un m'y présente,
> Le parti s'était attroupé ;
> Toute la faction pensante
> Se tenait sur un canapé.
>
> « Nos Majestés sont décidées,
> Dit le doyen, je vous admets.
> Sous la garde de nos idées
> Venez placer vos intérêts ;

(1) *Souvenirs*, tome II, p. 11.

Mais, en suivant notre bannière,
Souvenez-vous de parler haut ;
Répandez partout la lumière,
Sans être plus clair qu'il ne faut...

. . . .
. . . .

Notre parti, qui croit à l'ombre,
A besoin d'un public discret ;
Vous jouerez le rôle du nombre :
Placez-vous sur ce tabouret. »

Le badinage était joli ; mais si l'on pouvait trouver, dans le petit nombre des doctrinaires, matière à plaisanterie, force était bien de reconnaître qu'ici, plus qu'en aucune autre rencontre, la qualité compensait la quantité. Dans le temps même où Charles de Rémusat composait sa chanson, au début de la session de 1818, n'avait-on pas vu la Chambre des députés, appelée à présenter au roi cinq candidats à la présidence, choisir quatre noms appartenant à ce parti imperceptible : M. de Serre, M. Royer-Collard, M. Camille Jordan et M. Beugnot ? Le parti doctrinaire ne comptait pas d'autres représentants à la Chambre : qu'il en eût eu un cinquième — M. Guizot ou le duc de Broglie — il aurait peut-être, ce jour-là, gagné un quine à la loterie du Palais-Bourbon.

Qu'étaient, au net et au vrai, les doctrinaires, et que voulaient-ils ? Réconcilier les temps anciens et les temps nouveaux, faire vivre ensemble la charte et la royauté, développer la liberté à l'ombre d'un trône inviolable, tel était sans doute le but qu'ils se proposaient d'atteindre ; mais il n'y avait rien, dans un tel programme, qui les pût particulariser, rien qui les différenciât des royalistes purs, dont beaucoup voulaient, comme eux, la liberté, ni des libéraux, dont beaucoup, comme eux, acceptaient la monarchie. Ils se distinguaient des uns et des autres en ce que, pour eux, la politique était, non plus affaire de compromis et d'expédients, mais de *doctrine* et de métaphysique. Ils avaient le goût des idées générales, des systèmes. S'ils ne dédaignaient pas le titre d'hommes d'Etat, ils se piquaient aussi d'avoir quelques droits à celui de philosophes. Ils entendaient donner le pas à l'idée sur le fait. Un jour, à quelqu'un qui opposait avec trop d'insistance un fait à l'une de ses idées, leur chef, qui se souvenait d'avoir été professeur en Sorbonne, répliquait le plus gravement du monde : « Monsieur, il n'y a rien de plus méprisable qu'un fait (1). »

C'est en 1816 qu'un petit journal publié à Bruxelles, *le Nain jaune réfugié,* avait créé pour M. Royer-Collard cette appellation de *doctrinaire,* destinée à devenir si célèbre (2). Venait-elle de ce que M. Royer-Collard avait été élevé dans un collège de prêtres doctrinaires? Ne venait-elle pas plutôt du caractère même de son éloquence, du soin qu'il prenait, dans ses discours, de tout ramener à un système, à des formules, à des *doctrines?* Quoi qu'il en soit, M. Royer-Collard et les quelques amis qui se grou-

---

(1) SAINTE-BEUVE, *Causeries du Lundi,* t. IX, p. 78.
(2) *Histoire du gouvernement parlementaire,* par M. Duvergier de Hauranne, t. III, p. 534.

pèrent bientôt autour de lui ne déclinèrent pas le nom qui leur était ainsi donné par un adversaire. Ils acceptaient aussi très volontiers qu'on leur fît l'application de ces vers de Lucrèce :

> *Sed nil dulcius est bene quam munita tenere*
> *Edita DOCTRINA sapientum templa serena*
> *Despicere unde queas alios, passimque videre*
> *Errare...*

La doctrine, c'était bien cela, en effet : une forteresse bâtie sur les sommets, du haut de laquelle les *sages* regardaient les *autres*, — ministres, députés, pairs de France, — errer dans la plaine comme un troupeau sans pasteur. Le prince de Talleyrand, qui était bien le moins *doctrinaire* des hommes politiques et en tout l'opposé de Royer-Collard, a dit, dans son discours du 24 juillet 1821 sur la liberté de la presse : « Il y a quelqu'un qui a plus d'esprit que Voltaire, plus d'esprit que Bonaparte, plus d'esprit que chacun des directeurs, que chacun des ministres passés, présents et à venir : c'est tout le monde. » Les doctrinaires ne l'entendaient point ainsi ; non assurément que chacun d'eux crût avoir plus d'esprit que Voltaire ou que Bonaparte ; mais ils ne laissaient pas de penser que leur « groupe » avait plus d'esprit que « tout le monde ». Et, de fait, il eût été difficile de trouver réunis ailleurs autant d'esprit, de talent, de savoir et d'éloquence. Dans cette pléiade, — et le mot ici est à sa place, puisque nos sages étaient tout justement au nombre de sept, — il y avait plusieurs étoiles de première grandeur. La moindre de toutes, c'était, si je ne me trompe, M. Beugnot. Eh bien, M. Beugnot était peut-être, avec M. de Talleyrand, l'homme le plus spirituel de France, et il a laissé deux volumes de *Mémoires* qui sont les plus spirituels du monde.

II

Quelle place occupait le duc de Broglie dans ce groupe d'élite ? Agé de trente-trois ans, pair de France depuis 1814, il avait déjà fait preuve d'un véritable talent de tribune, plein de solidité, de précision et de vigueur, tout nourri de fortes études. Ce grand seigneur était un laborieux. Chaque matin, à la même heure, il se mettait au travail, et la journée presque tout entière y était consacrée. Doué d'une vaste mémoire, en possession des langues anciennes et de la plupart des langues modernes, il s'appliquait, avec une égale et persévérante ardeur, aux lettres, à l'histoire, à la philosophie, au droit, à l'économie politique. Hommes du monde et hommes politiques, la plupart ne lisent guère que l'indispensable, et se contentent de prendre une légère teinture des choses, suffisante pour les besoins de la conversation ou du discours, du salon ou de la tribune. Le duc de Broglie, qui ne s'est jamais beaucoup inquiété de la galerie, lisait pour lui-même et il lisait tout. Il ne touchait pas à un sujet sans l'approfondir, si bien qu'il lui est arrivé plus d'une fois, lorsqu'il avait à parler dans une commission ou à faire un rapport, de composer, pour sa satisfaction personnelle et pour lui seul, un traité complet sur la matière. Aussi rencontrons-nous fréquemment, dans ses *Souvenirs*, la mention suivante : « On trouvera dans mes papiers mon travail sur la réforme de notre code d'instruction criminelle (1)... » — « On trouvera dans mes papiers de nombreux et longs fragments de mes études sur l'économie politique (2)... » — « J'ai repris depuis ces idées en sous-œuvre dans un travail sur les impôts, qu'on trouvera dans mes papiers (3)... » On s'étonnera peu qu'un homme adonné à de si graves études, et pour qui le travail était une vraie passion, n'eût aucun goût pour les salons, et s'y fît remarquer par ses distractions et sa sobriété de langage.

« Camille Jordan était un homme charmant et du monde, » a dit Royer-Collard, et il eût pu en dire autant de tous les autres doctrinaires, même de M. Guizot, qui fréquentait alors assidûment les salons de Mme de Sainte-Aulaire, de Mme de Rumford et de Mme de Montcalm, sœur du duc de Richelieu. Seul, le duc de Broglie, celui de tous qui, par l'illustration de sa famille (4), par l'éclat de son nom comme par la

(1) *Souvenirs*, t. II, p. 46
(2) *Id.*, t. II, p. 379.
(3) *Ibid.*, t. II, p. 44.
(4) Le duc de Broglie comptait dans sa famille trois maréchaux de France, son grand-père, son aïeul et son bisaïeul,

qualité de son esprit, semblait le plus naturellement appelé à aimer le monde et à y briller, s'en éloignait le plus que cela lui était possible. Là ne se bornait point son originalité. M. Royer-Collard était soigné dans ses habits. La tenue de M. Guizot était également d'une correction irréprochable. Ainsi des autres doctrinaires, sauf le duc de Broglie. Il avait une toilette de philosophe, habit délabré, vieux chapeau, toujours renversé en arrière. Toilette de philosophe, ai-je dit, ou plutôt de grand seigneur : il faut être ou très riche ou très titré pour se permettre de telles négligences de tenue. Au début de *Quentin Durward*, Walter Scott nous décrit la rencontre du jeune Ecossais avec le roi Louis XI et son compère Tristan : « Le plus âgé de ces deux hommes, dit-il, ressemblait beaucoup à un négociant ou à un marchand de cette époque. Sa jaquette, son haut-de-chausses et son manteau étaient d'une couleur sombre et uniforme, mais montraient tellement la corde que le subtil Ecossais en conclut que celui des deux qui le portait était très riche ou très pauvre, *probablement le premier des deux* (1). »

Sur un autre point, assurément plus grave, le duc de Broglie se différenciait encore de ses amis. Il était beaucoup plus *libéral* qu'eux, — et beaucoup moins royaliste. Royer-Collard qui, de 1798 à 1803, avec l'abbé de Montesquiou, le marquis de Clermont-Gal-

---

Victor-Maurice, comte de Broglie (1659-1727), François-Marie, duc de Broglie (1671-1761), et Victor-François, duc de Broglie (1718-1804).

(1) *Quentin Durward*, chap. II.

lerande et M. Becquey, avait fait partie du conseil royal institué par Louis XVIII (1), était et devait rester jusqu'à la fin légitimiste de cœur et de raison. Si vive que fût son opposition, elle s'arrêtait avec respect au pied du trône; dans son discours sur la guerre d'Espagne, après une attaque violente contre les ministres, il ajoutait ces paroles : « De tous les devoirs que j'ai pu remplir envers la monarchie légitime, aucun ne m'a paru plus sacré et plus pressant. Comme elle a été la pensée, le vœu, l'espérance, je pourrais presque dire l'action de toute ma vie, elle est aujourd'hui le premier de mes intérêts, si on peut donner le nom d'intérêt aux affections les plus désintéressées, les plus inaliénables. Et quel autre sentiment pouvait m'amener à cette tribune? Puisque j'ai vu la Restauration s'accomplir, qu'ai-je à souhaiter, si ce n'est qu'elle s'affermisse et s'enracine chaque jour davantage dans les intérêts publics, si ce n'est qu'elle aime la France pour en être aimée (2)? » Camille Jordan, le comte Beugnot, M. Guizot et M. de Barante étaient, en 1818, des royalistes bourboniens (3). Quant à M. de Serre, qui était un passionné, — et c'est pour cela qu'il fut un si grand orateur, — il avait la passion de la monarchie. Il n'en allait pas de même du duc de Broglie. S'il n'avait pas, comme M. Voyer d'Argenson, son beau-père, sous les yeux duquel il avait été élevé, la

---

(1) *La Vie politique de Royer-Collard*, p. M. de Barante, t. Ier, p. 56.
(2) Discours du 24 février 1823.
(3) *Camille Jordan*, par Sainte-Beuve, *Nouveaux Lundis*, t. XII.

haine des Bourbons de la branche aînée, il ne ressentait pour eux aucun sentiment d'affection. Il était à leur endroit d'une tiédeur absolue. « En politique, a-t-il dit lui-même, je regardais le gouvernement des États-Unis comme l'avenir des nations civilisées et la monarchie anglaise comme le gouvernement du temps présent; je haïssais le despotisme et ne voyais dans la monarchie administrative qu'un moyen de transition (1). » Il ajoute qu'il y avait sans doute en tout cela beaucoup de jeunesse et un peu de rêverie. Il caressait la chimère de jouer en France le rôle d'un de ces grands seigneurs whigs qui, à la Chambre des lords, il faut le reconnaître, ont fait assez bonne figure. Mais ces grands seigneurs whigs avaient prêté la main au renversement des Stuarts; ils avaient aidé à un changement de dynastie. Entendait-il aller jusque-là? Lui arrivait-il parfois de penser qu'une révolution de 1688, de ce côté-ci de la Manche, ne serait peut-être pas chose trop malheureuse? La duchesse de Broglie, dans le journal qu'elle écrivait chaque soir, raconte ce qui uit, à la date du 18 juin 1820 :

J'ai eu une dernière conversation avec M. de Serre. Nous nous sommes expliqués à fond sur la légitimité. Il m'en a parlé avec une profondeur de vérité qui me fait regretter de ne pas penser comme lui.

— La loyauté, m'a-t-il dit, n'est pas seulement dans les actions, elle est dans le cœur. De même qu'il n'est pas permis dans le mariage de penser qu'on serait plus heu-

(1) *Souvenirs*, t. Ier

reux avec une autre femme que la sienne ; de même que, selon l'Évangile, c'est être déjà adultère au fond de son cœur, celui qui pense qu'il serait plus heureux sous un autre gouvernement a déjà commis la trahison dans son cœur [1].

Trahison est un bien gros mot ; mais M. de Serre, je l'ai dit, était un passionné. La vérité est que le duc de Broglie resta fidèle à la Restauration tant qu'elle vécut, — mais un peu à la façon de ces femmes qui, n'aimant pas leur mari, lui font payer cher la fidélité qu'elles lui gardent. Vivant, elles ne lui ménagent pas les traits de leur mauvaise humeur ; mort, elles l'en poursuivent encore, montrant bien par là combien cette fidélité, où n'entrait pour rien l'affection, leur avait été pesante.

Les *Souvenirs* du duc de Broglie ont été écrits sous le second empire, après que deux ou trois révolutions et quatre ou cinq gouvernements avaient relégué bien loin dans le passé le règne de Louis XVIII et celui de Charles X. Chose étrange ! il n'a pas désarmé. Ces notes, jetées sur le papier, après que s'est écoulé déjà deux fois ce *long temps* dont parle Tacite, — *ævi grande spatium*, — elles sont aussi vives, aussi brûlantes que si elles avaient été écrites dans le feu de la lutte, quand le fer était encore chaud, le soir d'un jour de bataille. Virgile, en ses *Géorgiques*, nous peint les

---

(1) *Souvenirs*, t. II, p. 166.

combats des abeilles et termine son admirable description par ces vers charmants :

> *Hi motus animorum, atque hæc certamina tanta*
> *Pulveris exigui jactu compressa quiescent.*

Ici, rien de semblable. Cette poussière que les années nous jettent en passant et qui, au soir de la vie, nous emplit les yeux comme le sable emplit ceux des enfants, au soir de leurs premières journées, n'a pas suffi à éteindre ces grandes colères d'autrefois. Tandis qu'à côté de lui M. Guizot ne se départ pas, dans ses *Mémoires*, d'une impartialité sereine, ne froisse aucun de ses anciens adversaires, et, sans rien désavouer de son passé, parle de M. de Villèle comme en parlera l'histoire, le duc de Broglie se montre sans pitié pour le grand ministre de la Restauration et ses amis du côté droit ; il oublie trop, dans ses *Souvenirs*, que les *ultras* n'ont pas été les seuls à commettre des fautes, et qu'à gauche aussi l'on s'est bien souvent trompé :

> *Iliacos intra muros peccatur et ultra.*

Il oublie surtout, — et c'est là le principal reproche que j'adresserai à son livre, — qu'à se replacer ainsi au milieu même de la lutte, pour en faire revivre tous les incidents, à signaler les fautes particulières, les erreurs et les faiblesses individuelles, on s'expose à n'être point juste, si l'on ne tient pas compte en même temps des grandes choses réalisées, des immenses services rendus. Parlons, je le veux bien, des torts de M. de Corbière ou de ceux de M. de Peyronnet ; amusons-nous aux détails; recueillons les anecdotes et les petits faits (et nul ne les aime plus que moi); mais à une condition cependant, c'est que nous rappellerons à ce pays, trop enclin à l'oublier, que la Restauration a sauvé deux fois la France perdue deux fois par Napoléon, qu'elle a fermé ses plaies et cicatrisé ses blessures; qu'elle a rétabli nos finances, diminué nos impôts, ranimé notre marine, délivré la Grèce, fait flotter notre drapeau à Cadix, malgré l'Angleterre, et, malgré l'Angleterre, à Alger; qu'elle a donné à notre commerce un essor jusqu'alors inconnu; qu'elle a relevé la tribune, suscité un admirable mouvement intellectuel, et mêlé au progrès de l'industrie l'éclat de la poésie et des lettres.

III

Au plus fort des luttes de 1816, lorsque Chateaubriand, à la tête des royalistes d'extrême droite, était engagé dans une voie politique diamétralement contraire à celle de Mme de Staël, celle-ci disait à son amie Mme Récamier : « Mon système est toujours en opposition absolue avec celui qu'on suit, et mon affection la plus sincère est pour ceux qui le suivent (1). » Le duc de Broglie n'a pas hérité sur ce point des sentiments de son illustre belle-mère. Chateaubriand est son antipathique; son hostilité pour lui éclate en toute

---

(1) Sainte-Beuve, *Portraits de femmes*, p. 136.

rencontre. Elle le conduit, après avoir rappelé comment, au mois de juin 1824, l'auteur de *la Monarchie selon la charte* fut brusquement renvoyé du ministère, à ajouter ce qui suit :

Le 8 juin (1), à dix heures du matin, le lendemain du jour où son sort avait été décidé à son insu, comme il entrait aux Tuileries pour faire sa cour à M. le comte d'Artois, son secrétaire, consterné et la larme à l'œil, lui remit un message qui le congédiait à peu près aussi cavalièrement qu'un laquais de bonne maison...

Je dois ajouter, pour ne rien omettre, que les amis de M. de Villèle ne se firent pas faute de l'excuser, comme on excuse en ce bas monde, en aggravant le tort par la calomnie, en insinuant malignement que l'auteur du *Génie du christianisme* devait s'en prendre à lui-même si son congé ne l'avait rejoint qu'en plein midi et en pleine cour ; qu'il l'aurait reçu en temps et lieu convenables, s'il fût rentré chez lui la veille au soir, et s'il y eût passé la nuit. J'ai toujours regardé, pour ma part, cette sottise comme inventée à plaisir et après coup. M. de Chateaubriand, dans ses *Mémoires d'outre-tombe*, en m'imputant (gratuitement, de son propre aveu) un acte de persécution aussi faux en lui-même qu'étranger, j'ose le dire, à mon caractère, a trouvé bon d'y joindre cette réflexion, qu'en tous cas j'en étais bien capable. Il ne tiendrait qu'à moi de lui rendre ici la pareille ; mais les mauvais procédés et les mauvais exemples ne sont bons qu'à éviter (2).

(1) C'est le 6 juin — et non le 8 — que Chateaubriand fut renvoyé du ministère.
(2) *Souvenirs*, t. II, p. 405.

Mettons tout d'abord en regard de cette page des *Souvenirs* la page du *Congrès de Vérone*, où Chateaubriand a raconté lui-même son renvoi, *audiatur et altera pars* :

Le 6, au matin, nous ne dormions pas ; l'aube murmurait dans le petit jardin ; les oiseaux gazouillaient : nous entendîmes l'aurore se lever ; une hirondelle tomba par notre cheminée dans notre chambre ; nous lui ouvrîmes la fenêtre : si nous avions pu nous envoler avec elle ! Les cloches annoncèrent la solennité de la Pentecôte ; jour mémorable dans notre vie : ce même jour, nous avions été relevé à sept ans des vœux d'une pauvre femme chrétienne ; après tant d'anniversaires, ce jour nous rendait à notre obscurité première ; de là s'en allait nous attendre au palais des rois de Bohême, où nous devions saluer ce Charles X exilé, à qui l'on ne nous permit pas, en 1824, de chanter aux Tuileries l'hymne des félicitations.

A dix heures et demie, nous nous rendîmes au château. Nous voulions d'abord faire notre cour à Monsieur. Le premier salon du pavillon Marsan était à peu près vide ; quelques personnes entrèrent successivement et semblaient embarrassées. Un aide de camp de Monsieur nous dit : « Monsieur le vicomte, je n'espérais pas vous rencontrer ici ; n'avez-vous rien reçu ? » Nous lui répondîmes : « Non, que pouvions-nous recevoir ? » Il répliqua : « J'ai peur que vous ne le sachiez bientôt. » Là-dessus, comme on ne nous introduisit point chez Monsieur, nous allâmes ouïr la musique à la chapelle.

Nous étions tout occupé des beaux motets de la fête, lorsqu'un huissier vint nous dire qu'on nous demandait. Nous suivîmes l'huissier, il nous conduit à la salle des

Maréchaux. Nous y trouvons notre secrétaire, Hyacinthe Pilorge ; il nous remit la lettre de M. de Villèle et l'ordonnance royale, en nous disant : « Monsieur n'est plus ministre. » M. le duc de Rauzan, directeur des affaires politiques, avait ouvert le paquet pendant notre absence et n'avait osé nous l'apporter (1)...

L'ordonnance royale, qui chargeait M. de Villèle *par interim* du portefeuille des affaires étrangères, en remplacement de M. de Chateaubriand, se terminait ainsi : « Donné à Paris, en notre château des Tuileries, *le 6 juin* de l'an de grâce 1824. »

C'est le dimanche 6 juin que Chateaubriand se présente aux Tuileries ; l'ordonnance qui le renvoie du ministère est de ce même jour ; elle n'a donc pas pu être portée chez lui la veille au soir. Que devient, en présence de ce fait indéniable, de cette date incontestée, le récit du duc de Broglie ? Que deviennent les bruits, les insinuations recueillis dans ses *Souvenirs ?* Sainte-Beuve rappelle quelque part un mot d'un des amis de Mme de Staël, le duc de Laval, qui disait un jour, non sans faire une certaine moue : « Les dates, c'est peu élégant (2) ! » C'est peu élégant, sans doute, mais c'est quelquefois bien utile.

Non content d'aimer les dates exactes, j'ai un autre faible, je l'avoue, au risque de paraître décidément *peu élégant :* j'aime les démonstrations complètes. On me permettra donc, pour achever celle que j'ai entre-

---

(1) *Congrès de Vérone*, par M. de Chateaubriand, t. II, p. 389.
(2) *Nouveaux Lundis*, t. XII, p. 290.

prise, de faire encore une citation. Je l'emprunte aux carnets de M. de Villèle :

Le 6 juin, jour de la Pentecôte, je fus mandé *à dix heures du matin* chez le roi. Je m'y rendis, et à peine la porte du cabinet était-elle fermée, qu'il me dit : « Villèle, Chateaubriand nous a trahis (1)... Je ne veux pas le voir ici à ma réception d'après la messe. Faites l'ordonnance de son renvoi. Qu'on le cherche partout, et qu'on la lui remette à temps. Je ne veux pas le voir à ma réception. » Je représentai au roi la brièveté du temps. Il me fit dresser l'ordonnance sur son propre bureau, ce qu'il n'aurait jamais fait dans une autre occasion. Il la signa, j'allai l'expédier. *On ne trouva plus M. de Chateaubriand chez lui, il était déjà dans les appartements de S. A. R. Monsieur, attendant la sortie du prince pour lui présenter ses hommages.* Ce fut là seulement qu'on put lui remettre l'ordre du roi qui le révoquait de ses fonctions. De cette circonstance fâcheuse sont sorties toutes les récriminations sur la forme (2).

IV

J'ai dû examiner, en premier lieu, le côté politique des *Souvenirs* du duc de Broglie. Les réserves que j'ai faites laissent intacts, grâce à Dieu, la dignité de ca-

(1) Chateaubriand avait refusé de défendre à la Chambre des pairs le projet de loi sur la conversion de la rente, projet qui fut rejeté à la majorité de 120 voix contre 105.

(2) Cet extrait des carnets de M. de Villèle a été publié par M. Alfred Nettement, dans son *Histoire de la Restauration*, t. VI, p. 706.

ractère, le haut désintéressement, la parfaite sincérité qui ont marqué sa vie tout entière. Elles ne portent, après tout, que sur le point de vue auquel il s'est placé en écrivant. J'ai pu regretter qu'il fût resté trop fidèle aux idées, aux sentiments dont il était animé aux jours de la Restauration ; mais cette fidélité même n'est-elle pas pour lui faire honneur ? De combien d'hommes, en notre siècle, peut-on dire, comme notre admirable Montalembert l'a dit de lui-même : *Qualis ab incœpto ?* Le duc de Broglie fut de ceux-là. Nul n'a porté plus loin la droiture, la probité politique, le détachement de toute ambition. Il ne tenait pas au pouvoir, il tenait encore moins à la popularité. On pense bien qu'en composant ses *Souvenirs,* — et ici je suis heureux de rentrer dans mes attributions de critique littéraire, — il s'est beaucoup moins préoccupé de plaire au public que de se satisfaire lui-même. Il a donc écrit à l'abri de toute recherche du succès, d'un style simple, naturel et libre. De telles pages viennent à leur heure aujourd'hui pour rafraîchir nos palais échauffés. C'est si rare un livre où toutes les prétentions, toutes les sollicitudes, tous les artifices de l'homme de lettres ne brillent que par leur absence ! N'est-ce pas un vrai plaisir, par exemple, d'avoir affaire à un auteur qui, au cours de son récit, rencontre la mort de Napoléon, et qui, au lieu d'entonner un air de bravoure, écrit tout bonnement ces lignes : « L'empereur Napoléon était retombé malade le 1er mai 1821 ; sa maladie était un cancer à l'estomac. Dès le troisième jour, on désespéra de sa vie ;

le quatrième, on reprit quelque espérance ; mais le lendemain 5 mai, à six heures moins dix minutes du soir, il expira sans convulsions, après une courte agonie, âgé de cinquante et un ans huit mois et vingt jours (1). » Et c'est tout. Je sais bien que Théophile Gautier, au début de son livre sur *Constantinople*, se trouvant en vue de l'île de Corse, s'est borné à écrire ceci : « Ce serait peut-être ici le lieu de placer un morceau brillant sur Napoléon, mais j'aime mieux éviter ce lieu commun facile. » L'homme de métier s'est trahi : Théophile Gautier évite l'écueil, mais il a soin de nous faire remarquer qu'il l'évite.

Les portraits sont nombreux dans les *Souvenirs*, et ici encore nulle trace de métier. Le duc de Broglie n'a point enseigne de peintre ; il n'a point un atelier comme feu Timon, point de « palette » ni de « pinceaux (2) », mais un simple crayon qui lui suffira pour tracer, d'une pointe fine et nette, de vivants croquis. Citons-en quelques-uns. Et d'abord celui de Royer-Collard :

M. Royer-Collard, vétéran illustre en fait de royalisme, néophyte ardent en fait de libéralisme, également entier, absolu, intraitable dans les deux sens, dont la popularité était au comble, que les divers arrondissements s'étaient disputé ; les faiseurs à leur tour se le disputaient ; chacun le tirait par la basque de son habit ; mais il ne voulait

---

(1) *Souvenirs*, t. II, p. 209.
(2) *Livre des orateurs*, par Timon (M. de Cormenin), t. II. p. 212.

entendre à rien ni à personne ; il se retranchait derrière la répugnance très réelle que lui inspirait le ministère, parlait avec le dernier mépris de celui-ci à celui-là, de chacun à chaque autre, et ne consentait, dans sa pensée comme dans son langage, à se laisser aborder qu'à la condition d'être le maître, et d'imposer ses conditions en tout et à tous (1).

Et à quelques pages de là :

Il y fallait M. Royer-Collard... le patriote de 1789, le royaliste de 1792, l'homme aux cloches de l'an V, le confident de la légitimité en exil, le plébéien de 1814, répondant : *Noble vous-même !* à l'offre d'un titre de noblesse, et bientôt le grognard de 1830, suivant, à regret, le char du vainqueur, comme l'esclave antique, non pour lui rappeler, cette fois, qu'il était homme, mais pour lui rappeler qu'il était roi, et lui criant : *Sursum !* pour peu qu'il fît mine de courber la tête devant l'émeute (2).

Au mois d'avril 1826, l'abbé de la Mennais fut traduit devant le tribunal de police correctionnelle de la Seine pour la publication de son livre, *la Religion considérée dans ses rapports avec l'ordre politique et civil*. Le duc de Broglie, qui avait assisté à l'audience, esquisse ainsi la physionomie du célèbre écrivain :

Le héros de la fête ne paya pas plus de mine qu'il n'a fait depuis dans nos assemblées républicaines. C'était dès lors un chétif prestolet, souffreteux, rabougri, renfrogné

---

(1) *Souvenirs*, t. III, p. 119.
(2) *Ibid.*, t. III, p. 234.

et ne disant mot ; il s'assit dans un bon fauteuil qu'on lui avait fait préparer, et y demeura les mains jointes et les yeux baissés ; deux ou trois couples de petits grimauds lui faisaient cortège, le couvant des yeux comme un sauvage son fétiche, s'empressant au moindre signe, qui lui ramassant son mouchoir, qui lui poussant son tabouret ; il laissa pérorer Berryer lui-même assez embarrassé ; puis, au dernier moment, il lut, en ânonner, quelques lignes insignifiantes, sur un papier mal griffonné (1).

Que d'autres portraits non moins remarquables je pourrais détacher des *Souvenirs :* Benjamin Constant, Martignac, le prince de Talleyrand, Salvandy, Villemain ! Je ne résiste pas au plaisir de donner celui de Villemain, tel qu'on le pouvait voir à trente ans, dans ces salons de la Restauration dont il nous a laissé une si aimable peinture :

M. Villemain a été mercredi soir le plus drôle du monde. Il a dans l'esprit du rapport avec Benjamin Constant ; il lui est impossible de rien dire sérieusement deux minutes de suite, et il a, dans le corps, un *dépenaillage* inconcevable, comme si ses membres ne tenaient pas non plus bien sérieusement ensemble, et qu'à la première mésintelligence, ils fussent prêts à s'en aller, chacun de son côté.

Mais je m'aperçois qu'ici ce n'est plus le duc de Broglie qui tient la plume, c'est la duchesse. La du-

(1) *Souvenirs*, t. III, p. 34. « Berryer lui-même assez embarrassé... » Il n'y paraît guère à la lecture du plaidoyer de Berryer, qui mit, ce jour-là, au service de la plus saine doctrine, la plus admirable éloquence. Voyez les *Plaidoyers de Berryer*, t. I, p. 187-238.

chesse de Broglie écrivait, chaque soir, les événements, les impressions, les entretiens de la journée. Son mari a fait à ce précieux manuscrit de nombreux emprunts, — de ces emprunts qui enrichissent leur homme. — Outre que rien ne vaut ces notes au jour le jour pour donner une idée vraiment fidèle de l'état de la société et du mouvement des esprits, nous avons affaire ici à la fille de Mme de Staël, à un écrivain de race qui écrit sans recherche et sans effort, d'une façon parfaite. Dans le salon de Mme de Sainte-Aulaire et dans le sien, dans ce petit groupe doctrinaire où tout le monde avait de l'esprit, elle rencontrait, chaque soir, des femmes du plus rare mérite, Mme Guizot et Mme de Rémusat. Mais elle avait sur ses deux amies une supériorité incontestable : Mme Guizot et Mme de Rémusat faisaient des livres ; l'une composait des contes et l'autre des romans, toutes deux des traités sur l'éducation. La duchesse de Broglie ne se piquait pas d'avoir le talent d'écrire, peut-être même ne croyait-elle pas le posséder ; elle avait ce don suprême, le naturel et l'ingénuité. Ce sont, à chaque page de son *Journal*, des traits heureux, des portraits charmants. J'ai cité tout à l'heure celui de Villemain. En voici un autre, encore une simple esquisse, mais vivement enlevée :

A dîner, nous avons eu Lanjuinais... C'est un homme courageux comme un lion, ferme comme un roc, mais la tête la plus confuse qui fût jamais. De façon que ce sont des déclamation sur les jésuites et sur les missionnaires ; des anciens discours prononcés par lui à la Convention ;

des citations de l'Evangile, une incohérence d'idées inconcevable, un sautillement continuel. Il commence une attaque contre l'imprimerie impériale, puis il s'embarque dans une bible polyglotte, dans le sanscrit, dans l'Orient, etc. Nous l'avons pris à part pour lui parler de Grégoire (1) ; mais alors il a déclamé contre les perfidies de Pitt et de Cobourg, contre les émigrés, mêlant tout cela d'humilité chrétienne, disant que Grégoire a eu tort, mais que donner sa démission serait une lâcheté, sautillant d'un bout de la chambre à l'autre, parlant tout bas et puis tout haut, nous embrassant à bras le corps. Enfin, après l'avoir laissé parler pendant deux heures, citer du latin à faux, etc., Auguste (2) est parvenu à le tenter par l'idée que Grégoire pouvait faire une belle lettre en donnant sa démission (3).

Ailleurs, sur M. Royer-Collard, elle a deux lignes seulement, mais singulièrement remarquables :

Il a le doute le plus dogmatique et l'incertitude la plus tranchante qu'on puisse voir (4).

Plus loin, deux lignes encore lui suffisent pour peindre ses amis les libéraux :

La marotte de nos libéraux, c'est l'économie ; ils ne voient dans la liberté qu'une soupe économique (5).

(1) L'abbé Grégoire avait été élu à Grenoble, le 11 septembre 1819. La Chambre des députés vota son exclusion, à titre de régicide.
(2) Le baron Auguste de Staël, frère de la duchesse de Broglie.
(3) *Souvenirs*, t. II, p. 103.
(4) *Ibid.*, t. II, p. 108.
(5) *Ibid.*, t. II, p. 95.

V

Encore une citation empruntée au *Journal*; ce sera la dernière, et elle va nous ramener au duc de Broglie:

10 novembre (1819). M. de Serre est venu trouver Victor et lui a demandé d'entrer dans le ministère. Victor lui a expliqué les inconvénients que cela aurait pour lui; qu'on attribuerait toute sa dernière conduite à l'ambition; la peur qu'il ferait au centre; sa jeunesse, son peu de titres, son peu de crédit, etc...

17 novembre. Dimanche, M. de Serre est encore venu chez Victor pour lui reparler du ministère. Il lui a dit qu'ils avaient pensé à M. Roy, à Victor et à M. Royer-Collard; qu'ils avaient même envoyé un courrier à M. de Richelieu. Victor lui a toujours fait la même réponse...

19 novembre. Hier matin, Victor est entré chez moi avec une grande lettre, où il exposait tous les motifs qui le portaient à croire qu'il serait nuisible à la cause. A six heures est arrivé M. de Serre; il avait envoyé la lettre de Victor à M. Decazes, qui l'avait remise au roi; il rapportait la réponse du roi à M. Decazes. Cette lettre était très gracieuse, très bien écrite et faite pour être montrée. Victor est dans la joie de son cœur (1).

Lorsque la duchesse de Broglie écrivait ces lignes dans son journal, le ministère Decazes-Dessoles était à la veille de subir une importante modification. Il s'agissait de remplacer le maréchal Gouvion Saint-

---

(1) *Souvenirs*, t. II, p. 106.

Cyr, M. Dessoles et le baron Louis. Le duc de Richelieu fut instamment prié par le roi de reprendre la présidence du Conseil ; le duc de Broglie et M. Royer-Collard furent très vivement sollicités d'entrer dans la combinaison nouvelle, le premier avec l'administration de la guerre, le second comme chef de l'Université. Ils refusèrent tous les trois. Après que la présidence du Conseil eût été ainsi déclinée par le duc de Richelieu, elle fut offerte au garde des sceaux, M. de Serre, qui y avait droit par ses grands succès de tribune de la session précédente. M. de Serre refusa. Singulier temps, époque invraisemblable et quasi fabuleuse, où, chez les hommes politiques, talent et désintéressement marchaient de compagnie !

Cet épisode de la carrière du duc de Broglie lui fait le plus grand honneur ; rien de plus élevé, de plus noble que les raisons pour lesquelles il ne voulut pas à ce moment accepter le portefeuille qui lui était offert. Les motifs de sa détermination sont exposés dans une très longue et très belle lettre, dont il n'avait pas gardé copie et qui ne figure pas dans ses *Souvenirs*, mais que lecteur trouvera dans la *Correspondance du comte de Serre* (1). Cette lettre ayant été placée sous les yeux du roi par M. Decazes, celui-ci reçut le lendemain de Louis XVIII le billet suivant, qui fut aussitôt transmis au duc de Broglie :

Je vous renvoie, mon cher comte, la lettre du duc de

(1) *Correspondance du comte de Serre*, t. II, p. 446-453.

Broglie, que j'ai lue avec une satisfaction peu commune. Je ne puis être de son avis sur le troisième point; on ne peut se montrer plus homme d'Etat qu'il ne le fait dans cet écrit, et certes c'est de tous les talents le plus essentiel à un ministre. Mais les autres motifs qu'il donne de son refus sont tellement péremptoires, que je suis bien malgré moi contraint d'y céder pour le moment. Une chose me console, c'est la pensée que, dès cette session, le vol qu'il prendra *dans le salon de la rue* Vaugirard le mettra au-dessus de ces mêmes motifs, et, malgré mes soixante-sept ans, j'espère vivre assez pour employer au service de l'Etat des talents que lui-même ne se contestera plus. A ce soir, mon cher comte ; j'attends avec impatience mais sans inquiétude le résultat de la conférence qui a lieu dans ce moment.

Ce jeudi.

Ce billet n'est-il pas charmant, et le duc de Broglie n'aurait-il pas dû se montrer plus indulgent pour des princes qui écrivaient de ce style?

.... Car ces malheureux rois,
Dont on dit tant de mal, ont du bon quelquefois.

Homère, dans l'*Iliade,* nous montre les princes des Troyens, les plus sages d'entre les vieillards, assis sur les murs de la ville, au-dessus des portes Scées, et ne pouvant se défendre de louer Hélène, au moment où elle passe devant eux, couverte de voiles blancs. « Et ils étaient pareils à des cigales qui, dans les bois, posées sur un arbre, exhalent leur voix *de lis* (1). » Le poète ajoute que ces sages vieillards

(1) *Iliade,* III, 151-152.

étaient « d'excellents agorètes (1) », c'est-à-dire de parfaits *doctrinaires*. Que l'auteur des *Souvenirs*, qui était, lui aussi, un « excellent agorète », ait célébré la liberté, comme les vieillards de Troie célébraient Hélène, et qu'il ait dit comme eux : « Certes, il est juste que les Troyens et les Grecs aux belles cnémides subissent tant de maux, et depuis si longtemps, pour une telle femme, car elle ressemble aux déesses immortelles par sa beauté ! » ce n'est pas moi qui l'en voudrais blâmer. J'ai regret seulement de ne point retrouver chez lui, comme chez M. de Serre et M. Royer-Collard, cet accent royaliste, — cette voix dont parle le divin Homère et qui rappelle la *blancheur du lis*.

(1) Orateurs.

M. CUVILLIER-FLEURY

I

M. Cuvillier-Fleury, dont la mort vient de porter à trois le nombre des fauteuils vacants à l'Académie française (1), était un homme de talent, laborieux, instruit, spirituel, également passionné pour la politique et pour les lettres, et qui avait eu cette double chance d'entrer à l'Académie et de rester à la porte de la Chambre des députés. Je voudrais rappeler à son sujet, un peu au hasard de la plume, et comme ils me reviendront en mémoire, quelques souvenirs qui ne paraîtront peut-être pas dénués de tout intérêt.

Né à Paris en 1802, fils d'un soldat qui, après avoir été aide de camp du général Hoche, devint officier dans le palais du roi de Hollande, il fit à Louis-le-

---

(1) Les deux autres fauteuils vacants à la date où fut écrit ce chapitre (15 novembre 1887), étaient ceux de MM. Caro et Louis de Viel-Castel. Depuis cette époque, l'Académie a remplacé M. Caro par M. Othenin d'Haussonville, M. de Viel-Castel par l'amiral Jurien de la Gravière, et M. Cuvillier-Fleury par M. Jules Claretie.

Grand de très brillantes études, et remporta au concours général de 1819 le prix d'honneur de rhétorique, avec un discours latin qui avait pour texte : *Manlii Capitolini ad Senatum oratio.* Ce succès eut un retentissement particulier. L'administration du collége fit peindre le portrait du lauréat, ce qui fut l'origine d'un usage constamment observé depuis. Presque au sortir de Louis-le-Grand, le jeune Cuvillier-Fleury alla rejoindre à Florence l'ancien roi de Hollande, Louis Bonaparte, et lui servit de secrétaire pendant un an. Revenu en France, il fut recommandé par M. Malleval, son ancien professeur, à M. de Lanneau, directeur de l'Institution de Sainte-Barbe ; il y exerça d'abord, concurremment avec M. Louis Hachette et avec Edouard Boitard, l'auteur des *Leçons de procédure civile*, dont la mort précoce fut une si grande perte pour l'enseignement du droit, l'emploi d'*examinateur*, qui consistait à lire, pour le contrôle du travail quotidien, les devoirs des élèves qui suivaient les classes du collège royal de Louis-le-Grand. Par la manière dont il s'acquitta d'une conférence qui lui fut confiée ensuite, il montra qu'il était fait pour un poste plus élevé. M. de Lanneau l'appela aux fonctions de préfet des études (1). C'est là qu'en 1827, le duc d'Orléans le vint prendre pour lui confier l'éducation du quatrième de ses fils, le duc d'Aumale. Trente-quatre ans plus tard, Sainte-Beuve lui reprocha, non sans quelque maladresse, d'être « monté

(1) *Histoire de Sainte-Barbe*, par Jules Quicherat, t. III, p. 203.

dans les carrosses du roi ». La réponse de M. Cuvillier-Fleury mit les rieurs de son côté. Elle n'était pas seulement spirituelle; elle était pleine d'une généreuse émotion et d'une légitime fierté.

J'ignore, dit-il, dans quels carrosses M. Sainte-Beuve a pu monter sous le dernier règne, à moins que ce ne soit dans le tilbury d'Armand Carrel, ce que certes je ne lui reproche pas. Je tiens à lui dire cependant, avant toute réplique sur l'objet même de sa provocation si directe, que les « carrosses » dans lesquels je montais m'ont conduit, pendant huit ans, tous les matins, à sept heures, aux classes du collège Henri IV, en compagnie de mon élève, le duc d'Aumale, et que ce souvenir enorgueillit en moi l'instituteur, nullement le courtisan (1).

J'ai sous les yeux une lettre du jeune prince à son précepteur, en date du 2 juillet 1840. Comme elle ne fait pas moins d'honneur au maître qu'à l'élève, je n'hésite pas à la reproduire ici :

Laeken, ce 2 juillet 1840.

Conformément à nos conventions, mon cher monsieur Fleury, je vous envoie mon petit plan d'études. J'y ai indiqué seulement les heures de leçons avec les maîtres; vous verrez qu'il reste suffisamment de temps pour le travail solitaire que je reconnais être surtout nécessaire; la matinée du jeudi, par exemple, y est presque entièrement consacrée; de plus, je compte donner à des

---

(1) *Historiens, poètes et romanciers*, p. 102.

occupations sérieuses une heure et demie ou deux heures dans chaque après-midi. Comme je voudrais me débarrasser le plus tôt possible des mathématiques, et que c'est la base indispensable des études exactes, je me suis imposé trois leçons de Guérard, et chacune de ces leçons sera précédée de deux heures de travail. Je vous laisse toute liberté pour intervertir l'ordre des leçons suivant les convenances des maîtres; je désirerais pourtant qu'un même professeur ne revînt pas deux jours de suite. J'espère pouvoir me mettre à l'œuvre dès vendredi prochain, c'est-à-dire de demain en huit; nous serons, je crois, de retour mercredi soir. Demain je compte faire avec Heymès une course à Gand; peut-être pousserai-je jusqu'à Bruges; les chemins de fer réduisent tant les distances! Je me fais une fête de cette promenade. L'histoire de ces cités remuantes, si souvent mêlée à la nôtre, de ce tiers-état qui fut le premier puissant, est remplie d'événements si dramatiques, que ce souvenir doit donner quelque vie à leurs vieux monuments, à leurs rues enfumées. On doit croire qu'Arteveld va parler au peuple du balcon de l'Hôtel de Ville, ou que le beffroi va apprendre à cette fière bourgeoisie l'approche de la chevalerie de France ou de Bourgogne.

Pour couronner l'œuvre, peut-être ma tante reviendra-t-elle par Liège et Namur, pour aller dîner à Ardennes, la propriété chérie du roi des Belges; nous verrions alors cette vallée de la Meuse qu'on dit si belle, Rocroy, Mézières, Sedan; enfin ce serait donner au voyage, ordinairement si froid, de Bruxelles, un intérêt véritable. Mais tout cela n'est encore qu'un projet, et l'on n'est sûr de ces courses-là qu'après les avoir faites.

J'oubliais une requête qui m'a été faite par Clémentine (1). Elle désire, en échange des leçons de M. Michelet que je vais entendre chez elle, venir suivre chez moi le cours de M. Rossi. Je ne pense pas que cela puisse déplaire à notre futur professeur. Veuillez donc lui dire que, s'il y consent, ma sœur et peut-être mon frère Nemours (auquel, par parenthèse, vous feriez bien de demander une réponse définitive) comptent s'adjoindre à moi.

Sur ce, Seigneur, pour en revenir au style de nos pères, je prie Dieu qu'il vous ait toujours en sa sainte et digne garde.

Votre affectionné.

H. O.

La Reine m'a bien promis qu'elle tâcherait de tout arranger pour Chantilly (2).

L'éducation du duc d'Aumale n'était pas terminée, M. Cuvillier-Fleury ne remplissait pas encore près de lui les fonctions de secrétaire des commandements, lorsque, le 8 novembre 1838, assistant au théâtre de la Renaissance, en compagnie de son ami M. Trognon, attaché comme lui au château, à la première représentation de *Ruy Blas*, il ne fut pas peu surpris d'entendre tout à coup Saint-Firmin, qui tenait le rôle de don César de Bazan, jeter au public ces deux vers :

> Qui m'envoie une duègne, affreuse compagnonne,
> Dont la barbe *fleurit* et dont le nez *trognonne*.

Cette association des deux noms de *Trognon* et de

---

(1) La princesse Clémentine était la troisième fille du roi Louis-Philippe. Née à Neuilly le 3 juin 1817, elle a épousé, le 28 avril 1843, le duc Auguste de Saxe-Cobourg-Gotha, frère du roi Ferdinand de Portugal et de la duchesse de Nemours.

(2) Collection de M. Gustave Bord.

Fleury, leur rencontre burlesque dans un vers du poète, était-elle l'effet d'un pur hasard ? N'était-elle pas, au contraire, voulue par l'auteur, qui avait cherché là l'occasion d'une petite vengeance ? Ceux-là n'en doutèrent point qui savaient combien le *Maître* gardait impitoyablement rancune à tous ceux qui osaient diriger contre lui, contre sa prose ou ses vers, ses romans ou ses drames, la critique même la plus légère. Or, précisément dans le temps où il écrivait *Ruy Blas*, M. Cuvillier-Fleury n'avait-il pas commis à son endroit ce crime, le plus impardonnable de tous, le crime de lèse-majesté ?

Attaché depuis 1834 à la rédaction du *Journal des Débats*, il avait inauguré, le 8 juillet 1837, sous le titre de *Revue critique*, une galerie des principaux écrivains contemporains. Il avait consacré son premier article... à Lamartine — *ab Jove principium*. Vainement, au milieu des éloges prodigués au chantre des *Méditations*, avait-il rendu justice à l'extraordinaire talent de Victor Hugo, et en particulier à son génie de prosateur ; vainement avait-il écrit : « Quelle différence avec la phrase de M. Victor Hugo, où tant d'originalité se mêle à tant de force, où le rythme est si obéissant à la pensée, où la vigueur du trait ressort si vivement dans la hardiesse du dessin, où la puissance des formes, où la fermeté des muscles se trahissent sous l'ampleur du vêtement et sous le luxe resplendissant du costume ! Et qu'on prétende ensuite que les poètes n'ont pas le don de la prose ! Je dirai plus tard d'où vient cette supériorité de M. Victor Hugo dans la langue prosaïque : elle est réelle. » Comment le poète aurait-il su gré au critique de ces louanges données à sa prose, lorsque, immédiatement après, il était condamné à lire ce qui suit : « M. de Lamartine a gardé pour lui, je crois, la supériorité du style et de l'inspiration poétique » ? L'article, d'ailleurs, ne se terminait-il pas par cette phrase : « Aujourd'hui, M. de Lamartine n'a de conseils à recevoir de personne : car *sa gloire domine son pays, son siècle, ses admirateurs et ses critiques* » ?

Au cours de l'année 1838, à l'occasion d'un volume de vers de Théophile Gautier, la *Comédie de la mort*, M. Cuvillier-Fleury parla longuement de Victor Hugo et de l'école romantique. Dans un article publié, le 29 août, deux mois avant la représentation de *Ruy Blas*, et intitulé : *Du matérialisme en fait de style*, il disait, à propos de cette prédominance de l'image sur l'idée, qui est la caractéristique du génie de Victor Hugo :

Pour eux (le chef et les disciples de cette école), la pensée n'est rien, si elle n'emprunte son vêtement et sa parure au monde physique. Elle n'est admise qu'affublée d'une similitude ou coiffée d'une métaphore... Dans ce système, le jour qui éclaire la pensée ne vient pas de l'âme, mais de la matière. Cette lumière intérieure, que la méditation produit et qui se répand si abondante et si vive dans tous les membres de la grande période française, on va la chercher sur une palette toute chargée de couleurs périssables... Ainsi matérialisée, une langue n'est plus un admirable instrument de la raison humaine ; c'est un misérable canevas pour ces fantaisies d'artistes, une vieille toile enluminée, une ruine sans poésie et sans souvenirs (1).

Et le critique ne s'en tenait pas là. Elargissant la blessure qu'il avait faite dans son article du 8 juillet 1837, il ne craignait pas de dire que les deux plus grands écrivains, les deux plus grands poètes du dix-neuvième siècle, ceux qui avaient le plus enrichi la langue, étaient Chateaubriand et Lamartine. Victor Hugo ne venait donc que le troisième. Ces choses-là ne se pardonnent pas !

Quoi qu'il en soit, et pour revenir au vers de *Ruy Blas*, il paraît bien que M. Cuvillier-Fleury l'avait pris pour lui — et pour son ami M. Trognon ; — car voici ce que je lis, dans les *Débats,* sur les *facéties* et les *grimaces* de Victor Hugo :

... Recherchez-vous le calembour ? M. Victor Hugo ne vous a pas oublié : « Il en a mis partout. » Pour moi, je l'avoue, *les facéties* des hommes graves *ne m'amusent guère*. N'en déplaise à Horace, je n'aurais pas voulu voir l'ivresse de Caton l'Ancien. Je me défie de la gaieté des esprits sérieux. Je n'aime pas une *grimace* sur une bouche habituée à sourire aux caresses de la muse. Je ne veux pas voir un éclair de joie bouffonne sur un front creusé par la réflexion.

Chacun, pris dans son air, est agréable en soi.

J'aime le roi sur son trône, le poète sur son trépied et Tabarin sur ses tréteaux (2).

(1) *Journal des Débats*, 14 avril 1838.
(2) *M. Victor Hugo sur les bords du Rhin.* M. Cuvillier-

On le voit, pour s'être fait attendre, la riposte n'en est pas moins vive. Cet article sur Victor Hugo et son livre du *Rhin* est, du reste, l'un des plus remarquables qui soient sortis de la plume de M. Cuvillier-Fleury. « M. Victor Hugo, dit-il, est un penseur ; à Dieu ne plaise que je lui refuse ce titre, auquel il paraît attacher beaucoup de prix ! Mais comment pense-t-il ? Il évoque une idée ; l'idée lui apparaît sous forme d'image, et, ainsi matérialisée, M. Victor Hugo l'adopte. De la métaphore il fait un argument, du symbole un syllogisme, du fantôme le corps, de l'apparition l'idée. »

L'une des idées de Victor Hugo, en ce temps-là, c'était de rejeter l'Angleterre *dans l'Océan*, la Russie dans l'Asie, et de les effacer l'une et l'autre de la carte d'Europe. Cela fait, il ne voit rien de mieux, « pour que l'Europe soit en équilibre », que d'agrandir *un peu* la France et *démesurément* la Prusse. A quoi M. Cuvillier-Fleury répondait avec un grand sens :

Vous rendez la rive gauche du Rhin à la France, en étendant au-dessus de sa tête (je parle votre langage figuré), au lieu de cette Prusse morcelée que les traités ont faite, *une Prusse compacte, homogène, formidable*, que vous grossissez démesurément aux dépens du Hanovre, des deux Mecklembourg et des villes libres, et dont vous mettez le pied sur la Belgique et la main sur les deux mers. Voilà la géographie que vous faites, et dont, pour ma part,

Fleury a reproduit cet article, en 1854, dans son volume *Voyages et Voyageurs*.

je ne veux pas. Je crois qu'il n'est pas de l'intérêt de la France d'avoir de gros Etats à sa porte, et surtout de les grandir aux dépens des petits, de les fortifier aux dépens des faibles ; et j'aime mieux, quoi qu'il nous en coûte, le grand-duché du Bas-Rhin coupé en deux par un fleuve immense et séparé de la Prusse par Cassel, que le grand-duché vigoureusement ressoudé à la monarchie prussienne par l'absorption de la Hesse électorale, et formant cette fois un contre-fort à peu près indestructible contre nous. « *La Prusse*, dites-vous, *telle que les congrès l'ont composée, est mal faite!* » Le grand malheur, en vérité! Et c'est vous qui voulez *refaire la Prusse contre la France*, vous qui lui donnez des ports sur l'Océan, qui lui incorporez le Hanovre, qui reculez ses frontières, qui décuplez sa puissance morale! Et pourquoi? Pour avoir le département du Mont-Tonnerre.

Ne vous semble-t-il pas, comme à moi, que cette page, écrite en 1842, fait grand honneur à M. Cuvillier-Fleury? Quant à Victor Hugo, on voit qu'il a été le premier en France, — le premier après Voltaire, — à désirer, à célébrer l'agrandissement de la Prusse. Est-ce donc pour cela que, dans une apothéose imbécile, Paris l'a mis au Panthéon, comme Voltaire?

II

M. Cuvillier-Fleury retrouva Victor Hugo en 1850. Le vicomte Hugo est devenu, non le chef (il ne fut jamais qu'un homme à la suite), mais le principal ora teur du parti ultra-démocratique dans l'Assemblée nationale. Olympio a troqué son manteau de pair contre une carmagnole, et son chapeau à plumes contre un bonnet rouge. M. Cuvillier-Fleury lui rappelle qu'il fut un temps où « on le rencontrait au palais des Tuileries, où son habit rayonnait de broderies et de plaques étincelantes »; et, sans insister autrement, il lui fait entendre, dans un excellent article, daté du 16 juin 1850, de dures mais trop justes vérités :

Pour le moment, disait-il, je tiens seulement à faire constater un fait : par son talent et sa renommée, par l'élévation de son rang, comme académicien, comme pair de France sous le dernier règne, comme représentant du peuple, M. Victor Hugo est toujours le premier démagogue de France, peut-être d'Europe, j'entends celui qui est le plus en vue, celui dont la voix porte le plus loin, qui réunit avec la supériorité la moins contestable les deux qualités principales de l'éloquence démagogique : l'éclat et la sonorité. Quant à son importance dans le parti, M. Victor Hugo, j'en ai bien peur, est un de ces orateurs qui ne deviennent jamais ministres, un de ces généraux qui ne sont jamais rois. Mais n'anticipons pas.

Plus loin, le critique recherche les causes de la défection de M. Victor Hugo, comment il a passé dans les rangs ennemis « avec accompagnement de fanfare » :

La démagogie, dit-il, est comme le palais de ce roi des ombres que décrit Virgile :

Mille chemins ouverts y conduisent toujours.

On y entre par ambition, convoitise et perversité. On y entre par le royalisme, témoin Marat ; par les coulisses, comme Collot-d'Herbois ; par le roman, comme M. Eugène Sue ; par l'évangile, comme M. de Lamennais. On y entre par exagération, intempérance ou orgueil d'esprit, par faiblesse ou par sottise. On peut choisir.

Tout l'article est rempli de choses fines et fortes, bien pensées et bien dites : « Le style oblige ; M. Victor Hugo est devenu démagogue pour l'honneur du sien. » Et ceci encore : « M. Victor Hugo, romantique endurci, devait aboutir à l'endurcissement démagogique. » Ceci enfin, que l'avenir ne devait que trop justifier : « M. Victor Hugo n'est plus jeune ; il ne peut plus avancer, mais il ne reculera pas. »

Douze ans avaient passé sur cet article. Victor Hugo n'avait pas reculé. Il était allé jusqu'à cette limite de l'extrême démagogie au delà de laquelle il n'y a plus rien. Le talent pourtant n'avait pas sombré ; il était encore prodigieux lorsque parurent, en 1862, les deux premiers volumes des *Misérables*.

M. Cuvillier-Fleury en rendit compte dans les *Débats*.

La nouvelle œuvre de Victor Hugo était puissante et forte, et, par endroits, admirable. A côté d'énormes défauts, de scènes invraisemblables, absurdes même (je ne trouve pas d'autre mot), comme celle où l'évêque de D..., Mgr Myriel (1), s'agenouille devant un conven-

(1) On sait que l'évêque mis en scène dans les *Misérables* sous le nom de Mgr Myriel est Mgr de Miollis, évêque de Digne.

tionnel régicide et lui demande sa bénédiction, ces deux volumes renfermaient des beautés d'un ordre supérieur.

Sœur Simplice et Mlle Baptistine, sœur de Mgr Myriel, sont deux figures charmantes, esquissées avec une merveilleuse délicatesse.

Cosette qui, dans les volumes suivants, sera une jeune première assez insignifiante, est ravissante, tant qu'elle est enfant, chétive et laide.

Malgré de fâcheuses retouches, il s'en faut de bien peu que le portrait de l'évêque ne soit un chef-d'œuvre. Le poète, il est aisé de le voir, l'avait jeté sur la toile à une époque où il n'était pas encore démagogue, bien avant 1848. — Il y a aussi de belles parties dans l'étude de l'âme de Jean Valjean, qui s'élève des profondeurs obscures du crime jusqu'aux cimes lumineuses de la vertu chrétienne.

La scène où Jean Valjean se réveille au milieu de la nuit chez Mgr Myriel, qui lui a donné l'hospitalité, et vole les six couverts d'argent de l'évêque, est un tableau d'une beauté achevée. Non moins belle est la scène qui suit, lorsque Jean Valjean, le lendemain, vole à un petit Savoyard une pièce de quarante sous et que, l'intelligence se réveillant en lui, il veut restituer, expier, puis se laisse ressaisir par l'esprit du mal, lutte encore, jusqu'au moment où, vaincu par la grâce, il vient tomber à genoux sur le pavé, dans

---

Voy., dans les *Nouveaux Samedis* de M. Armand de Pontmartin, T. XIX, p. 227-257, le curieux chapitre intitulé : *le Vrai Jean Valjean*.

l'ombre, devant la porte de Mgr Myriel. En d'autres endroits du livre, M. Victor Hugo s'élève à la même hauteur, et, pour ma part, je ne crois pas que rien, dans le roman moderne, puisse soutenir la comparaison avec les chapitres consacrés à peindre le drame qui commence à Montreuil-sur-Mer, dans la chambre de M. Madeleine, et qui se termine à Arras, dans la salle de la cour d'assises, drame qui se passe surtout au dedans de l'âme de Jean Valjean, et dont les développements saisissent l'esprit, remuent les entrailles, élèvent le cœur. A mon sens, dans l'œuvre entière du poète, il n'y a rien de plus beau.

M. Cuvillier-Fleury admirait moins que moi — il avait sans doute raison — ces deux premiers volumes des *Misérables*. A aucun moment il n'avait été romantique. Classique endurci, ce qu'il éprouvait en présence des œuvres de Victor Hugo, même lorsqu'elles sont vraiment belles, c'était surtout de l'étonnement, presque de la stupeur. Très *libéral* en politique, très partisan des idées modernes, il n'avait jamais eu de goût pour ce que l'auteur de la préface de *Cromwell* appelait « le libéralisme dans l'art ». Malgré qu'il en ait, cependant, force lui est bien de se rendre : s'il n'est pas séduit, il est *empoigné*; il lui en coûte bien un peu de l'avouer, mais il met à confesser sa défaite autant d'esprit que de bonne grâce. Lisez cette jolie page :

Ce livre vous prend ; il vous prend un peu à la manière des habitants de Brobdingnac dans le *Voyage de Gulliver :* « Je résolus, dit Gulliver, de ne faire aucune résistance, tandis qu'il me tenait en l'air à plus de soixante pieds de terre, quoiqu'il me serrât très cruellement, par la crainte qu'il avait que je ne glissasse entre ses doigts... Cependant je ne pouvais m'empêcher de gémir et de verser des larmes ; et en tournant la tête, je lui faisais entendre, autant que je le pouvais, combien il me faisait de mal par son pouce et par son doigt... » M. Victor Hugo joue par instant avec ses lecteurs, sans calcul et sans scrupule, le rôle de cet honnête habitant de Brobdingnac. Que de fois vous êtes tenté de crier en le lisant : « Trop fort ! Ne serrez pas tant ! J'étouffe ! un peu d'air ! » Malgré tout, vous êtes pris. Le conteur vous tient : *tenet*, dit Horace ; mais l'importun de l'*Epître aux Pisons* ne vous lâche que repu de votre sang. M. Hugo vous infuserait plutôt du sien, tant la source en est abondante et la veine inépuisable, tant il sent en lui de vie, de puissance, d'imagination active et de vigueur toujours prête (1).

III

Victor Hugo nous a entraînés jusqu'en 1862. Ce diable d'habitant de Brobdingnac, une fois qu'il vous tient, ne vous lâche pas facilement. Aujourd'hui, pourtant, je me proposais de ne pas aller au delà de 1848. Revenons donc, avec M. Cuvillier-Fleury, à ces années qui précédèrent la révolution de Février, et qui furent les plus heureuses de sa vie. « Ah ! c'était le

(1) *Etudes et Portraits*, 1865.

bon temps ! Souvenez-vous-en ! » s'écrie M. Dupin aîné dans ses *Mémoires*, parlant du temps où il était l'avocat attitré, applaudi, renté et fêté de l'opposition *libérale* (?), où il était populaire presque à l'égal de Béranger, où les barreaux de Paris et de province se cotisaient pour lui dédier des dithyrambes dans le goût de celui-ci :

> A côté des cyprès funèbres,
> Il cueillit d'immortels lauriers,
> En vengeant ceux non moins célèbres
> Des grands et malheureux guerriers (1) ! !

Le *bon temps*, pour M. Cuvillier-Fleury, qui s'en souviendra toujours, ce fut celui où, jeune encore, il voyait toutes ses ambitions, tous ses rêves réalisés ; où il lui était donné de vivre auprès d'un roi qu'il admirait, au milieu de princes qui étaient pour lui des amis ; — d'assister, en même temps qu'à l'épanouissement du régime parlementaire, aux victoires et au complet triomphe de sa chère Université ; — d'écrire enfin dans un journal qui était une puissance, et d'avoir son bureau de rédaction, non dans le vieux logis de la rue des Prêtres-Saint-Germain-l'Auxerrois, mais, ce qui ne gâtait rien, dans les plus beaux châteaux du monde, à Saint-Cloud, à Fontainebleau et à Chantilly.

Sa collaboration au *Journal des Débats*, de 1834 à 1848, ne se borna point à des *Variétés* littéraires, à ces *Revues critiques*, qu'il signa d'abord *C. Fl.*, puis,

---

(1) *Mémoires de M. Dupin*, Tome I. M. Dupin a eu pour successeur à l'Académie française M. Cuvillier-Fleury.

à partir de 1838, de son nom entier. Il était l'historiographe en titre de la nouvelle cour, et, qu'il s'agît d'une naissance, d'un mariage ou d'une mort, c'était lui qui tenait la plume ; ces articles n'étaient point signés, mais il ne souffrait point qu'un autre s'en attribuât l'honneur. Il le fit bien voir un jour à l'un de ses collaborateurs, à Jules Janin. C'était quelques semaines après la mort du duc d'Orléans ; Jules Janin venait de publier un volume intitulé : *le Prince royal.* Le *Journal des Débats* en fit l'éloge, ce qui ne surprit personne ; mais, dans le numéro du lendemain (13 août 1842), le lecteur stupéfait rencontrait ces lignes : « On trouve, textuellement reproduites dans cet ouvrage, *le Prince royal,* cinquante pages empruntées à la série publiée par les *Débats* en 1837 sur le mariage et, plus tard, sur la mort et les obsèques de M. le duc d'Orléans. Nous devons tous ces articles à la collaboration de M. Cuvillier-Fleury, qui n'a autorisé personne à les reproduire et qui n'a pas été consulté sur ces emprunts. » Le coup était rude ; Janin le reçut sans sourciller, et le lundi d'après il n'y paraissait pas.

Indépendamment de ces articles spéciaux, M. Cuvillier-Fleury prenait une part très active à la rédaction politique du journal, et plus d'un premier-Paris de ce temps-là est de lui. Dans le discours qu'il a prononcé sur sa tombe, son confrère M. Léon Say a émis le vœu « que l'on réunît ces articles si pleins de jeunesse et de maturité à la fois, attribués souvent aux hommes d'Etat les plus en vue, et qui étaient (le monde

des lecteurs l'ignorait) son œuvre quasi journalière. »
Que les amis de M. Cuvillier-Fleury se rassurent ! Il
ne se trouvera point d'éditeur pour publier quatre ou
cinq volumes d'articles sur ces questions palpitantes :
le *Droit de visite*, l'*Adjonction des capacités*, l'*Indemnité
Pritchard*, le *Recensement à domicile!* Et ce sera tout
profit pour la mémoire de l'honorable écrivain : elle
n'a rien à gagner à ce que l'on exhume ces polémiques
oubliées, qui nous le montreraient convaincu, sincère,
loyal, mais en même temps très engagé dans les voies
de ce faux libéralisme, par où les *Débats* confinaient
parfois au *Siècle* et au *Constitutionnel*. C'était lui qui
faisait avec le plus de zèle, avec le plus d'ardeur, la
guerre aux légitimistes, aux *carlistes*, comme il se
plaisait à les appeler. Après le voyage du comte de
Chambord en Angleterre et le pèlerinage de Belgrave-
Square, lors de la discussion de l'Adresse de 1844, il
poussa de toutes ses forces à l'adoption du paragraphe
sur la *flétrissure*. M. Berryer était sa bête noire. Quand
l'illustre orateur s'était mis une première fois sur les
rangs pour l'Académie, M. Cuvillier-Fleury en avait
fait une gorge chaude, ne tarissant pas sur l'excentri-
cité, le ridicule et le néant de cette candidature. Il
n'eût pas fallu le pousser beaucoup pour lui faire dire
que Berryer n'avait pas de talent. Volontiers il eût pris
à son compte ce mot d'un autre homme d'esprit,
M. X. Doudan, qui, le lendemain de l'un des plus
magnifiques discours du grand orateur, écrivait bravement — et naïvement : « Je n'aime pas que l'on
prêche bien ailleurs que dans ma paroisse ! »

IV

Plus fâcheuse encore fut sa campagne contre la liberté d'enseignement. Aucun journal n'y déploya plus d'ardeur que le *Journal des Débats*, et, parmi ses rédacteurs, nul ne se montra plus vif, plus passionné que M. Cuvillier-Fleury. Un ami du gouvernement, un haut fonctionnaire de la monarchie de juillet, M. Louis de Viel-Castel, ne pouvait se défendre de consigner, dans ses notes rédigées au jour le jour, cet aveu plein de tristesse : « Le *Journal des Débats* se distingue par l'ardeur, la passion voltairienne avec laquelle il attaque le clergé. C'est tout au plus s'il a la précaution de mêler à ses arguments et à ses épigrammes quelques protestations banales et vagues en faveur de la religion. Il ramasse avec soin tout ce qui lui paraît propre à discréditer, à ridiculiser le catholicisme (1). »

Alexis de Tocqueville écrivait, à cette même date, à l'un de ses amis : « Je n'ai pas besoin de te dire à quel point je suis affligé de la guerre que les journaux (je dis les *journaux*, car, sur ce point, *ceux du gouvernement* sont peut-être pires que ceux de l'opposition) font au clergé et à la religion même (2). »

---

(1) Cité par M. Paul Thureau-Dangin, dans son livre : *L'Eglise et l'Etat sous la Monarchie de Juillet.*
(2) *Nouvelle Correspondance d'Alexis de Tocqueville*, 1866, page 212.

C'est le 6 décembre 1843 que Tocqueville écrivait ces lignes. A quelques jours de là, le 22 décembre, l'association des anciens élèves du collège Louis-le-Grand se réunissait dans les salons du restaurateur Douix, sous la présidence de M. Villemain, ministre de l'instruction publique. A la fin du repas, après un toast au roi porté par Villemain dans des termes pleins de convenance, M. Cuvillier-Fleury se leva et porta la santé du ministre. « Ici, dit-il, nous voulons tous le triomphe de cette cause *universitaire*, que nous aurions aussi le droit d'appeler *sainte*. » Et il ajoutait :

M. Villemain tiendra ferme sur le seuil de l'édifice menacé... Assistons-le de nos sympathies et de nos vœux, mais recevons de lui espoir et confiance. Non, jamais, jamais l'instruction publique ne retombera *sous les férules qui se forgeaient, il y a quinze ans, à Saint-Acheul*, et que l'intrigue vient de retrouver et d'ensanglanter à Lucerne. Non, jamais les œuvres de quelques *plumes honteuses, trempées dans le fiel d'une réaction avortée*, ne remplaceront pour nos enfants ces beaux et religieu livres, guides éprouvés de nos vieilles études.

Et, levant son verre, buvant à l'Université de France, il s'écriait : « *Que Dieu et le roi* la protègent (1) ! » On ne s'attendait guère, avouez-le, à voir en cette affaire le vieux cri de nos pères, *Dieu et le roi!* Invoquer Dieu au secours de l'Université!

(1) *Journal des Débats*, 23 décembre 1843.

M. Cuvillier-Fleury oubliait un peu trop, ce soir-là, le précepte de son cher Horace :

> Nec *Deus* intersit, nisi dignus vindice nodus.

V

Au mois de janvier 1844, le P. de Ravignan publia son admirable écrit : *de l'Existence et de l'Institut des Jésuites.* L'effet fut considérable. Sainte-Beuve le constatait en ces termes dans une revue protestante :

> M. de Ravignan, jésuite et prédicateur célèbre, vient de publier une brochure qui obtient un grand succès et qui le mérite... Il s'attache par un exposé de faits à relever son ordre des injures et des attaques auxquelles il le voit exposé... Ce livre est de nature à produire beaucoup d'effet... M. de Ravignan forcera ceux qui parlent en conscience à y regarder à deux fois et à distinguer ce qui est respectable (1).

Quelques semaines plus tard, parlant des prédications du P. de Ravignan, Sainte-Beuve disait encore, dans la même Revue : « M. de Ravignan a plus que de la candeur et de l'onction : il a une haute vertu évangélique, de l'austérité, de l'autorité. Il se tue à faire le bien. Il prêche, depuis toute cette semaine,

---

(1) SAINTE-BEUVE, *Chroniques parisiennes*, p. 181.

trois fois le jour, à Notre-Dame, à six heures du matin pour les ouvriers de la cité, à une heure pour les femmes du monde, à huit heures du soir pour les hommes. Il crache le sang et continue jusqu'au bout, jusqu'à ce qu'il ait gravi son calvaire. Il y a du vrai chrétien dans une telle pratique (1). »

Mais là où Sainte-Beuve lui-même, qui n'était pourtant pas de la paroisse de M. de Ravignan, était touché, remué, presque attendri, M. Cuvillier-Fleury ne l'était pas. L'universitaire en lui était intraitable ; il ne désarmait pas. Ni le talent, ni les fermes et solides démonstrations du P. de Ravignan ne l'ébranlaient, ni son admirable vertu n'avait la puissance de l'émouvoir. Pour lui, l'abbé de Ravignan n'est qu'un comédien « jouant sa partie dans une farce pitoyable », tour à tour jésuite ou simple abbé, suivant que l'intérêt lui commande d'être l'un ou l'autre :

Qui va là ? — Jésuite. On répond ainsi le jour où l'on monte en chaire, où on signe un pamphlet, où l'on veut faire montre d'une facile audace en face de l'opinion inattentive ou indulgente. — Témoin, votre profession ? — Ecclésiastique de la maison de la rue des Postes. C'est ainsi que l'on parle le jour où on n'a plus envie de se compromettre. En sorte qu'on est jésuite quand il y a profit à l'être ; et le jour où cet aveu serait gênant, le jésuite disparaît (2).

---

(1) SAINTE-BEUVE, *op. cit.*, p. 200.
(2) *Journal des Débats*, 13 avril 1845.

Dans son effarement, M. Cuvillier-Fleury appelle à son aide les pamphlets de Génin et de Libri, qui depuis... mais alors il était vertueux, et ceux de Michelet et de Quinet, et le *Juif-Errant* lui-même! Il consacre deux vastes articles à ces publications, et dans l'un de ces articles il écrit :

Le succès de l'*églogue* de M. l'abbé de Ravignan a encouragé les jésuites. Ils ont osé, quatorze ans après la révolution de Juillet, ce qu'ils n'avaient jamais tenté même sous la Restauration : *Ils se sont nommés!* Le nom du *P. de Ravignan* a couvert tous les murs de la capitale.

Il s'est étalé en majuscules triomphantes sous le porche de toutes les églises. On a vu le jésuite à Notre-Dame. *On a pu le rencontrer dans la rue.* Le jésuite est devenu l'âme des assemblées de charité, le frère quêteur par excellence. C'est ainsi qu'abusant d'une tolérance passagère, on accoutumerait les esprits et les gens, par la réapparition du jésuite, à la reconnaissance du *jésuitisme* (1).

Assurément M. Cuvillier-Fleury était de bonne foi quand il écrivait ces lignes ; il était en pleine possession de son talent d'écrivain ; mais n'y avait-il pas, dans son cas, au moins dans une certaine mesure, de cette « jésuitophobie », de cette manie maladive à laquelle était en proie, à ce même moment, le brillant esprit de M. Villemain? M. Villemain, lui aussi, voyait partout des jésuites. Un jour, comme

(1) *Journal des Débats*, 10 mars 1845.

il dictait à son secrétaire, le vieux Lurat, son rapport annuel sur les concours de l'Académie française (lequel se trouva fait aussi bien qu'à l'ordinaire), il s'arrêta tout à coup, regarda au plafond, et s'écria : *à l'homme noir! au jésuite!* puis, reprenant le fil de son discours, il dicta une autre phrase qu'il interrompit de même, et ainsi jusqu'à la fin (1). Un autre jour, sortant, avec un de ses amis, de la Chambre des pairs, où il avait prononcé un éloquent discours, il causait très librement quand, arrivé sur la place de la Concorde, il s'arrête effrayé. « Qu'avez-vous? lui demande son ami, médecin fort distingué. — Comment ? vous ne voyez pas? — Non. » Montrant alors un tas de pavés : « Tenez, il y a là des jésuites ; allons-nous-en (2). »

Plus brave que Villemain, M. Cuvillier-Fleury ne s'enfuyait pas devant les pavés ; il les ramassait pour les jeter à la tête ou dans les jambes des jésuites. En bon universitaire, il allait chercher des armes contre eux jusque dans Virgile :

Ce ne sont que de pauvres prêtres, s'écrie-t-il, je le veux bien ; mais en eux vit l'éternel et inaltérable esprit de la secte, l'esprit de propagande à tout prix, qui s'étend par la domination des femmes et l'abêtissement des enfants ; esprit insinuant, cauteleux, souriant et flatteur, tant qu'il lutte contre l'obstacle ; qui avance en rampant sous le pied

---

(1) *Les Cahiers de Sainte-Beuve*, p. 30.
(2) THUREAU-DANGIN, *l'Eglise et l'Etat, sous la Monarchie de Juillet.*

qui l'écrase; mais esprit d'orgueil, d'intolérance et de persécution le jour où il se relève pour convertir et dominer son oppresseur.

> Tepidusque repente refugit
> Attollentem iras et cœrula colla tumentem.

Ce serpent dont parle Virgile, ce n'est pas le jésuite, peut-être, c'est l'esprit de son ordre. Sachez que, sous cette robe, il y a le cœur d'un fanatique qui peut changer de visage, mais dont l'âme est immuable comme sa doctrine, et dont le bras est toujours prêt à jeter la férule du pédagogue pour brandir le *fer sacré* du sectaire.

Il n'épargnait d'ailleurs, dans ses âpres colères, ni les prêtres, ni les évêques, ni les cardinaux :

D'où viennent, s'écriait-il, ces hommes qui parlent de religion au nom de Mariana, de liberté au nom d'Escobar, de pauvreté en invoquant La Valette, d'humilité en souvenir du P. Le Tellier? D'où viennent ces hommes qui disent que la Révolution a été faite pour ceux qui acceptent ses bienfaits, se cantonnent dans les palais que son gouvernement leur ouvre, se prélassent dans la pourpre qu'il leur a donnée, et qui dressent contre lui des tribunaux d'exception, où ils condamnent, au nom de Dieu, les œuvres de ses jurisconsultes les plus respectés? D'où viennent ces hommes qui préludent par l'investissement des familles à la domination de l'Etat, et par la captation des testaments au rétablissement de la feuille des bénéfices?

Quant aux vertus du P. de Ravignan et de ses

frères, elles ne sont pas pour embarrasser beaucoup M. Cuvillier-Fleury, et voici ce qu'il écrit :

Je veux croire à la simplicité primitive et à l'humilité évangélique de ces pauvres moines, comme on les appelle... Mais qu'importe que les moines de la rue des Postes et de la rue Sala soient des saints, s'ils cachent dans les plis de leur robe d'innocence le fléau qui doit troubler l'Etat ? *Qu'ai-je à faire de vos vertus, si vous m'apportez la peste* (1) ?

Que M. Léon Say veuille bien m'en croire ; il fera sagement de ne point réunir en volumes les articles politiques de M. Cuvillier-Fleury, de les laisser dans la poussière où ils dorment à côté de ceux du lourd Alloury. Tenons-nous-en à ses articles littéraires, à ceux qu'il a lui-même recueillis, à partir de 1848. Sur ce terrain nous aurons beaucoup à louer.

VI

Au moment de la chute du gouvernement de Juillet, M. Cuvillier-Fleury avait 46 ans. Il n'avait encore publié aucun ouvrage, pas le plus petit volume, et comme ses articles du *Journal des Débats* étaient anonymes, à l'exception de ses *Variétés littéraires*,

---

(1) *Journal des Débats*, 10 mars 1845, et non le 10 mai, ainsi que le marque M. Thureau-Dangin, *op. cit.*

lesquelles ne paraissaient d'ailleurs qu'à de longs intervalles, sa notoriété était des plus restreintes. Son nom n'était guère cité que par les petits journaux de l'opposition, *la Mode* ou *le Charivari*, qui le chansonnaient à l'occasion, et ne lui épargnaient pas les coups d'*épingles* (1), non plus qu'à MM. Trognon, Vatout et Liadières qui, tous les trois, appartenaient, comme lui, au Château.

M. Liadières, qui faisait des tragédies, et M. Vatout, qui faisait des chansons, étaient députés. M. Cuvillier-Fleury brûlait de le devenir : il posa sa candidature, aux élections générales de 1846, dans l'arrondissement de Guéret. Les électeurs lui préférèrent le candidat de l'opposition, M. Leyraud ; il n'obtint que 122 voix sur 284 votants :

> Malgré le ministère et son appui discret,
> Maigre fut sa récolte en cet ingrat Guéret.

A peu de temps de là, la révolution du 24 février achevait de détruire ses dernières espérances. Il l'accabla de ses malédictions et la poursuivit de ses anathèmes. O vanité de nos jugements ! Cette révolution, qu'il tenait pour la plus affreuse des catastrophes, allait devenir pour lui le plus heureux des événements. Elle allait le tirer de l'ombre et le faire sortir de l'obscurité. C'est à elle qu'il devra d'entrer

---

(1) Sous ce titre d'*Epingles*, *la Mode* et *le Charivari* avaient, dans chacun de leurs numéros, une pelote de traits plus ou moins piquants, à l'adresse des ministres, du Roi lui-même, des princes et des personnes attachées à leur maison.

enfin dans le grand public et d'acquérir une célébrité qui lui ouvrira toutes grandes, quelques années plus tard, les portes de l'Académie française.

Les feuilletons qu'il publia, de 1848 à 1850, sur les hommes et les choses de la révolution de février, et qu'il réunit, en 1851, sous le titre de *Portraits politiques et révolutionnaires* (1), obtinrent un très vif succès. On lui sut gré de défendre avec chaleur, avec émotion, souvent avec une véritable éloquence, les princes qu'il avait servis. Le roi Louis-Philippe, la duchesse d'Orléans avant et pendant la journée du 24 février, lui inspirèrent des articles courageux et habiles, des chapitres où il y a de belles parties d'historien. Sur les membres du gouvernement provisoire, sur les *héros* de la révolution, et en particulier sur Lamartine, Louis Blanc et Ledru-Rollin, il eut des pages piquantes et fortes, revanches du bon sens contre les illusions et les chimères d'un grand poète fourvoyé dans la politique, — revanches aussi de l'esprit, de la conscience et du goût contre les grotesques et les comiques, contre les hurleurs de club et de carrefour.

Les odieux sophismes du citoyen Proudhon trouvaient en lui un contradicteur énergique et résolu. Il livrait à la risée et au mépris publics les harangues boursouflées et les métaphores démagogiques du citoyen Hugo. Il faisait justice des inventions hai-

---

(1) Deux volumes in-18, Michel Lévy frères, libraires-éditeurs, rue Vivienne, 2 *bis*.

neuses, des romans socialistes du citoyen Eugène Sue, et il fustigeait sans pitié les *Mystères du Peuple* dans ce même *Journal des Débats* qui avait publié les *Mystères de Paris*, et où il avait fait un jour, en haine des jésuites, une *réclame* au *Juif-Errant!*

M. Cuvillier-Fleury ne s'en tenait pas là et, remontant de la république de 1848 à celle de 1792, il parlait de Saint-Just, de Barère, de Camille Desmoulins, cet « intéressant jeune homme » sur lequel tous les historiens de la Révolution avaient jusque-là versé des pleurs, et dont il disait avec raison : « Parmi les destructeurs violents du trône de Louis XVI, Camille Desmoulins est un des plus coupables ; *dans la tourbe révolutionnaire, il est un des pires parmi les mauvais.* » Cette étude sur Camille Desmoulins, qui occupe près de cent pages dans le second volume des *Portraits*, est faite de main d'ouvrier. Jamais la critique de M. Cuvillier-Fleury ne fut plus ferme, plus solide, plus incisive. Sainte-Beuve lui-même, ayant à traiter le même sujet, se vit forcé de rendre à son confrère un hommage qui, sous sa plume, avait tout son prix.

VII

Les *Portraits politiques et révolutionnaires* sont restés le meilleur livre de M. Cuvillier-Fleury. Ce n'est pas à dire pour cela que la critique n'ait rien à y reprendre. N'y avait-il pas quelque chose de puéril à répéter, comme il le faisait en toute rencontre, que la révolution de Février était un « effet sans cause » ? — *Prolem sine matre creatam,* disait à côté de lui Jules Janin, qui saupoudrait chaque lundi son feuilleton d'un peu de poudre latine. Eh! sans doute, cette révolution était odieuse et bête, ridicule et funeste ; mais en résulte-t-il qu'elle ait été un pur *accident,* un coup de dé malheureux sur le tapis vert — ou rouge — de la politique? Assurément non. Napoléon n'est pas tombé en 1815 parce que Grouchy n'est pas arrivé à temps à Waterloo ; Louis-Philippe n'est pas tombé en 1848 parce que le citoyen Lagrange ou je ne sais quel autre républicain a tiré un coup de pistolet sur le boulevard des Capucines. Les Waterloos militaires ou politiques ne tiennent pas à des causes aussi frivoles. Vainement M. Cuvillier-Fleury s'obstinait à ne pas le voir : la révolution de février avait une cause, non accidentelle et fortuite, mais qui tenait à l'origine même et à la nature du gouvernement de Juillet. Ce qu'il y avait eu de subversif, de révolutionnaire, de favorable à l'émeute et à la révolte dans les journées de juillet, contenait en germe les journées de février. Le germe ne pouvait pas ne pas se développer ; il ne pouvait pas, l'heure venue, ne pas donner son fruit. Le 24 février 1848 est sorti du 28 juillet 1830, comme l'épi sort du grain jeté dans le sillon.

Après cette petite chicane politique, j'ai à faire à l'auteur des *Portraits* une petite chicane littéraire. Il se moque très agréablement de la défroque révolutionnaire des hommes de 1848, de la lyre de Lamartine, de la toge de M. Crémieux, de l'habit de marquis du citoyen Armand Marrast. Je lui abandonne volontiers l'hermine de Crémieux et les paillettes d'Armand Marrast ; mais je ne fais pas aussi facilement bon marché de la lyre de Lamartine. Passe encore pour l'*Histoire de la Révolution de 1848* ; mais les *Confidences* !

Certes, bien des choses me choquent dans ce livre ; et, dans le nombre, il en est quelques-unes pour lesquelles je me sentirais moins porté à l'indulgence que ne l'était peut-être M. Cuvillier-Fleury lui-même. Il n'aimait guère Joseph de Maistre, et je crois bien qu'il pardonnait sans peine à Lamartine d'avoir appelé l'illustre écrivain « un Bossuet *sauvage* » et un « Tertullien *illettré* ». *Illettré*, l'auteur des *Soirées de Saint-Pétersbourg* ! *Sauvage*, l'auteur de cette *Correspondance* si pleine de choses délicates et tendres, écrites avec le sentiment de Mme de Sévigné et avec la grâce de Voltaire ! mais ces taches, et d'autres encore qu'il serait facile de signaler, n'empêchent pas les *Confidences* d'être un des livres les plus séduisants de notre littérature, de renfermer sur la mère et sur les sœurs du poète, sur son enfance, sur Milly, *la terre natale*, des pages d'une suavité, d'un charme incomparables. L'écrivain s'y montre l'égal des plus grands paysagistes. Dans l'épisode de *Graziella*, qui n'est point, à mon sens, la partie la plus réussie de l'ouvrage, bien qu'elle en ait fait surtout le succès, il y a une description de tempête où se trouvent des beautés de premier ordre.

En dépit de plus d'un défaut, d'une facilité poussée jusqu'à l'abus, de l'introduction dans le langage profane de mots qui ne devraient jamais être détournés de leur acception religieuse, le style des *Confidences* est presque partout d'une harmonie enchanteresse ; comme ces collines ou ces hautes montagnes que décrit l'auteur, il se baigne dans des flots de poésie matinale et juvénile. Avec un tel livre, qui appelle sans doute de larges réserves, mais où brillent tant de beautés, *ubi plura nitent*, suivant le mot du poète que M. Cuvillier-Fleury se plaisait tant à citer, il a eu tort de croire qu'il suffisait, pour en avoir raison, de deux ou trois plaisanteries dans le goût de celle-ci :

« C'était un chien, le chien de M. de Lamartine, qui avait suivi de loin sa piste. L'intelligent quadrupède avait compris que la place n'était plus tenable pour son jeune maître... « J'arrivai transi dans ma cham-« bre, » dit M. de Lamartine. Je le crois bien ! Mais finissons, car on gèle dans ce récit. »

Et un peu plus loin : « Le premier amour de M. de Lamartine est un amour d'hiver ; il fleurit sous la neige, il s'épanouit dans la brume. Il lui faut le brouillard dans la plaine, la lune glacée dans son nuage, les sapins chargés de frimas, la cascade suspendue au rocher frissonnant. C'est un amour à pierre fendre (1). »

---

(1) *Portraits politiques et révolutionnaires.* Tome I, page 192.

Eh ! mon Dieu ! pourquoi ne pas dire tout de suite que les *Confidences*, — écrites en 1844 — ne pouvaient pas ne pas être un méchant livre, du moment que leur auteur avait fait, quatre ans plus tard, la révolution de février, un détestable roman celui-là, je vous le concède ?

Puisque je viens de parler de Lamartine, je ne le quitterai pas sans reproduire une lettre de lui au *Journal des Débats*, écrite à l'occasion d'un article de M. Cuvillier-Fleury, — lettre qui ne figure pas dans sa *Correspondance* publiée par Mme Valentine de Lamartine.

L'auteur des *Portraits politiques et révolutionnaires* avait donné, le 30 septembre 1849, sous ce titre : *Aménités démocratiques, sociales et littéraires*, un feuilleton dans lequel il mettait en scène Lamartine et M. Louis Blanc, auxquels il faisait jouer les rôles de Vadius et de Trissotin. Lamartine ne crut pas devoir garder le silence, et il adressa au *Journal des Débats* la lettre suivante :

« Milly, près Mâcon, le 2 octobre 1849.

« Monsieur le rédacteur,

« L'auteur d'un article intitulé : *Aménités sociales et littéraires*, dans votre journal du 30 septembre, suppose une altercation ridicule entre M. Louis Blanc et moi ; à l'aide de cette fiction, il attribue des invectives réciproques à deux membres du gouvernement républicain, qu'il met en scène pour l'agrément de ses lecteurs. J'entends très bien la plaisanterie; mais comme tous vos lecteurs ne l'entendent peut-être pas aussi bien que moi, et comme ils pourraient prendre pour une réalité ce qui n'est qu'une imagination littéraire, j'ose vous prier d'insérer ma réclamation.

« Jamais un mot d'accusation, encore moins d'injure, n'est tombé de ma plume ni n'en tombera sur des hommes dont je fus le collègue, dont j'ai partagé les responsabilités dans des jours difficiles, et qui sont dans l'exil. Bien que je ne me sois pas assis dans le fauteuil des conférences du Luxembourg, comme le dit l'article, je puis et dois combattre les théories socialistes, ainsi que je les ai toujours combattues, avant, pendant et depuis la révolution républicaine, sans cesser de réserver les intentions, d'honorer le talent et de respecter les personnes. Mon témoignage au procès de Bourges répondait d'avance à l'indignité qu'on m'attribue. Comme écrivain, je lis avec modestie les critiques ; comme homme d'honneur, je relève avec fierté les faits.

« Votre loyauté, monsieur, m'aidera à relever celui-ci.

« Recevez, monsieur le rédacteur, l'assurance de ma haute considération.

« A. DE LAMARTINE (1). »

M. Cuvillier-Fleury compare quelque part M. de Lamartine à *M. de la Palisse* (2). Il me semble que, ce jour-là, M. de la Palisse a mis les rieurs de son côté.

(1) *Journal des Débats*, 5 octobre 1849.
(2) *Portraits...*, tome I, p. 226.

VII!

Nous avons vu comment le 24 février, en brisant la carrière politique de M. Cuvillier-Fleury, avait servi sa fortune littéraire. Le 2 décembre ne devait pas lui être, à ce point de vue, d'un moindre profit. Dans le silence de la tribune et de la presse, les discussions purement littéraires prirent une importance qu'elles n'avaient pas la veille ; il fallait bien s'en occuper, faute de mieux, — ou de pire. Une passe d'armes entre Sainte-Beuve et M. Cuvillier-Fleury devenait un événement, et, pendant huit jours, les salons ne parlaient pas d'autre chose. L'auteur des *Portraits politiques et révolutionnaires* revint donc à la critique et s'y consacra tout entier, avec un zèle d'autant plus grand qu'il voyait chaque jour se rapprocher de lui la récompense si longtemps désirée, le fauteuil académique. Il n'écrivait plus un article qui ne visât ce but et qui ne permît aux malins de lui dire, dans cette langue latine que le prix d'honneur de 1819 comprenait si bien :

Pro viridi palmâ nunc fervidus omnia scribis.

De 1852 à 1859, il publia, sous le titre d'*Etudes historiques et littéraires,* cinq nouveaux volumes qui lui assurent, parmi les critiques du dix-neuvième siècle, au-dessous sans doute de Villemain et de Nisard, de Sainte-Beuve et de Pontmartin, un rang qui, pour n'être pas le premier, n'en demeure pas moins très honorable. Il n'évite pas toujours le dogmatisme, il manque de grâce et de légèreté ; on sent, même aux bons endroits, le travail et l'effort ; s'il n'a rien du pédagogue, il lui reste quelque chose du professeur ; s'il connaît admirablement ses classiques, ce qui est un mérite, il le fait un peu trop voir, ce qui est un tort. Mais que de qualités rachètent ces défauts ! Il a la vigueur, la dialectique, l'ironie ; il n'a pas seulement le goût de la critique, il en a la passion. D'humeur batailleuse, il endosse volontiers le harnais de guerre. En même temps que les principales qualités du polémiste, il a aussi quelques-unes de celles de l'historien. Ses Etudes sur le premier empire, à l'occasion de l'ouvrage de M. Thiers, et sur le gouvernement de Juillet, à propos des *Mémoires* de M. Guizot, sont des morceaux d'une réelle valeur. J'ajoute que le critique chez lui se double quelquefois d'un moraliste. Ce sont de très heureux chapitres d'histoire littéraire, morale et mondaine, que ceux qu'il a intitulés : *De l'emploi des camélias dans le drame et dans le roman,* — *le Roman funèbre,* — *la Vertu dans le roman,* — *la Politique dans la comédie,* — *les Romans qui finissent bien.*

Sainte-Beuve, qui ne l'aimait guère, a tracé de lui, lorsqu'il se présenta pour la première fois à l'Académie, en 1862, un portrait qui ne vise pas à être flatteur et qui n'est pas flatté, mais où se retrouvent après tout les traits essentiels du modèle. Passant en revue les candidats au fauteuil de Scribe, et arrivant à M. Cuvillier-Fleury, Sainte-Beuve écrivait :

C'est un homme d'un mérite réel, instruit, qui a de la conscience, de l'application. Il s'est fort perfectionné depuis 1849. Un de ses amis l'a classé parmi les critiques *raisonneurs*. Il raisonne en effet très volontiers, — pas mal et quelquefois bien sur les matières politiques et historiques qui sont dans le courant habituel des salons, — pas très bien ni très finement sur les matières littéraires, soit celles du jour, soit celles d'autrefois. Quand il a surtout à parler des productions nouvelles, il est presque toujours à côté. Il a le tort, même en littérature, de tout voir par la lucarne de l'orléanisme : on est jugé et mesuré par lui à ce compas, et il porte de cette préoccupation, on peut le dire, jusque dans la question de *Madame Bovary* et de *Fanny*. C'est un faible qui tient à d'honorables sentiments. Mais, je le répète, il a de bons articles et fort sensés, à propos de livres politiques et d'histoire, dont on cause et dont on disserte autour de lui. Quand il veut faire le vif et le léger, il est moins heureux. Il est ingénieux parfois, mais à la sueur de son front; il est plus estimable qu'agréable. Il ne faut jamais le défier de faire une gaucherie, car il en fait même sans être prié. Parlant de ses titres académiques, il dit à qui veut l'entendre que « son meilleur ouvrage est en Angleterre (1) ». Il lui est arrivé un jour, en croyant louer M. Thiers, de l'appeler « un Marco Saint-Hilaire éloquent ». Il a essayé depuis de réparer cela et de recouvrir ce mot malencontreux par

(1) Ai-je besoin de dire que je ne suis point ici de l'avis de Sainte-Beuve ? Bien loin de trouver ce mot *malencontreux*, j'estime, au contraire, qu'il faisait honneur tout à la fois à l'esprit et au cœur de M. Cuvillier-Fleury.

de longs et vastes articles sur l'*Histoire de l'Empire.* Il compte bien avoir pour lui, en se présentant, ses collaborateurs du *Journal des Débats*, et plusieurs autres amis politiques. Les *Débats*, l'Angleterre et la France, c'est beaucoup. Il a des chances (1).

L'article de Sainte-Beuve paraissait le lundi 20 janvier 1862. Le 6 février suivant avait lieu l'élection. Les candidats étaient au nombre de 6, Octave Feuillet, Joseph Autran, Camille Doucet, Gérusez, Mazères et Cuvillier-Fleury. L'Académie dut procéder à *quatorze* tours de scrutin. Au quatorzième tour, Mazères et Gérusez s'étant dérobés, les voix se répartirent de la manière suivante : Camille Doucet, 13 voix ; Joseph Autran, 11 ; Cuvillier-Fleury, 4. L'élection fut ajournée à deux mois. Le 3 avril, M. Octave Feuillet fut élu.

Je retrouve dans mes notes sur l'année 1862, à côté de ces détails sur la bataille académique, des triolets sur M. Cuvillier-Fleury et ses collaborateurs du *Journal des Débats*, que je m'étais amusé à griffonner après une lecture des *Odes funambulesques* de M. Théodore de Banville. Pourquoi ne les glisserais-je pas ici, — non sans demander pardon au lecteur de la liberté grande ? N'est-ce pas Horace, l'ami de M. Cuvillier-Fleury, qui a dit un jour : *Dulce est desipere in loco ?*

Donc voici mes triolets d'antan, qui auront à tout le moins un intérêt archéologique, puisque les curieux

(1) *Nouveaux Lundis*, tome I, p. 398.

y pourront retrouver la liste très complète des rédacteurs du *Journal des Débats* en l'an de grâce 1862 :

> J'aime le journal de Bertin,
> Malgré ce qu'en dit la *Gazette*.
> Bien qu'il soit un peu libertin (1),
> J'aime le journal de Bertin
> Et je le lis chaque matin,
> Car Weiss n'est point une mazette.
> J'aime le journal de Bertin,
> Malgré ce qu'en dit la *Gazette*.
>
> Il est quelquefois trop hardi
> Sous la plume de John Lemoinne (2).
> Lorsqu'il chante Garibaldi,
> Il est quelquefois trop hardi :
> Ces jours-là, comme un étourdi,
> Il brave l'évêque et le moine.
> Il est quelquefois trop hardi
> Sous la plume de John Lemoinne!
>
> Cela déplaît fort à Sacy (3),
> Le descendant du grand Lemaistre.
> Quoi ! les *Débats* parler ainsi!
> Cela déplaît fort à Sacy,
> Janséniste très adouci.
> Mais las ! Sacy n'est point le maître.
> Cela déplaît fort à Sacy,
> Le descendant du grand Lemaistre.
>
> Il se console en relisant
> Les *petits traités* de Nicole
> Dont Techener lui fit présent :
> Il se console en relisant.

(1) Le mot *libertin* n'est pris ici, bien entendu, que dans l'acception qu'il avait au dix-septième siècle et comme synonyme d'*esprit fort*.
(2) Elu membre de l'Académie française en 1875.
(3) Etait membre de l'Académie depuis 1854.

Des écrivains du temps présent
Et de notre nouvelle école
Il se console en relisant
Les *petits traités* de Nicole.

Pour moi, je relis Alloury,
Ecrivain digne du grand siècle.
De bons auteurs toujours nourri,
Pour moi, je relis Alloury,
Qui, plus léger qu'une houri,
Folâtre avec les gens du *Siècle*.
Pour moi, je relis Alloury,
Ecrivain digne du grand siècle.

J'estime Cuvillier-Fleury :
Sa critique me paraît saine.
Lorsqu'il éreinte Chamfleury,
J'estime Cuvillier-Fleury.
Il est sévère, mais fleuri ;
Son style est clair comme eau de Seine.
J'estime Cuvillier-Fleury :
Sa critique me paraît saine.

Je fais grand cas de Girardin (1) :
Ce n'est pas le cousin d'Emile.
Bien qu'il soit un peu bavardin,
Je fais grand cas de Girardin.
Du bon sens c'est le paladin :
Comme il a fustigé l'*Emile !*
Je fais grand cas de Girardin :
Ce n'est pas le cousin d'Emile.

Quel jeune homme que Baudrillart,
Couronné par l'Académie (2) !
Il a les vertus d'un vieillard :
Quel jeune homme que Baudrillart !

---

(1) Saint-Marc Girardin ; il était membre de l'Académie française depuis 1844.

(2) Economiste, membre de l'Académie des sciences morales et politiques depuis 1863, couronné quatre fois par l'Académie française.

Il écrit sur papier brouillard
Par amour pour l'*Economie !*
Quel jeune homme que Baudrillart,
Couronné par l'Académie !

Taine, Paradol et Renan (1)
Iront loin, — plus loin que Barrière (2).
Voyez ce trio rayonnant :
Taine, Paradol et Renan.
Chacun d'eux est entreprenant
Et ne connaît point de barrière.
Taine, Paradol et Renan
Iront loin, — plus loin que Barrière.

J'aime jusqu'à Jules Janin (3)
A son latin lâchant l'écluse.
Avec son feuilleton bénin,
J'aime jusqu'à Jules Janin.
J'aime le sourcil léonin
De Léo ; j'aime Delécluze !
J'aime jusqu'à Jules Janin
A son latin lâchant l'écluse.

Je voudrais peindre ici Camus,
Raymond, Bersot (4) et Ratisbonne.
Si j'étais Duval-Lecamus,
Je voudrais peindre ici Camus (5).
Que de lecteurs charmés, émus,
Par sa prose courte, mais bonne !
Je voudrais peindre ici Camus,
Raymond, Bersot et Ratisbonne.

(1) Elus tous les trois membres de l'Académie française, le premier et le troisième en 1878, le second dès 1865.

(2) M. François Barrière, éditeur de la *Bibliothèque des Mémoires relatifs à l'histoire de France pendant le* xviii° *et le* xix° *siècle.*

(3) Elu membre de l'Académie française en 1870.

(4) Elu membre de l'Académie des sciences morales et politiques en 1865.

(5) M. Camus avait aux *Débats* la spécialité des *entrefilets*. Il ne s'est jamais présenté à l'Académie.

O Saint-Ange, Ange des *Débats* (1),
Je clos par vous ma litanie.
Quand vous décrivez les combats,
O Saint-Ange, Ange des *Débats*,
On croit voir, prenant ses ébats,
Un vieil officier du génie.
O Saint-Ange, Ange des *Débats*,
Je clos par vous ma litanie.

IX

Le *Journal des Débats* de 1862, — et cela seul, on l'avouera, méritait bien d'être chanté, — n'a donc pas fourni moins de dix académiciens, en comptant M. Cuvillier-Fleury, qui fut élu le 12 avril 1866, en remplacement de M. Dupin, par 20 voix contre 11 données à M. Henri Martin (!) et 1 à M. de Champagny. De 1862 à 1868, il publia quatre nouveaux volumes, deux sous le titre d'*Historiens, poètes et romanciers*, et deux sous celui d'*Etudes et Portraits*. Si vous ajoutez *Posthumes et Revenants* (un volume, 1879), et aussi *Voyages et Voyageurs* (un volume, 1854), vous aurez l'œuvre complète du successeur de M. Dupin.

On remarquera que de 1868 à 1879 M. Cuvillier-Fleury n'a fait paraître qu'un seul volume de critique

(1) Rédacteur militaire du *Journal des Débats*. S'il n'était pas de l'Académie, du moins était-il fils d'un académicien, Ange-François Fariau, dit de Saint-Ange, qui traduisit en vers les Œuvres d'Ovide.

littéraire. *Les ans en sont la cause*, et aussi la politique. Il y revint après 1870 comme aux plus beaux temps de sa prime jeunesse; et, cette fois, adorant ce qu'il avait brûlé en 1848, il célébra les charmes, les beautés, les grandeurs de la république. Au 16 mai 1877, malgré ses soixante-quinze ans, il se jeta dans la lutte avec une ardeur toute juvénile. M. Thiers, M. Gambetta, M. Jules Ferry n'eurent pas d'allié plus fervent; le maréchal de Mac-Mahon et le duc de Broglie n'ont pas eu d'adversaire plus implacable

> Impiger, iracundus, inexorabilis, acer.

D'où venait tout ce beau feu, cet emportement, cette passion? Il ne servirait à rien de vouloir le taire. M. Cuvillier-Fleury n'était si ardent contre le Seize-Mai que parce qu'il redoutait d'en voir sortir le rétablissement de la monarchie légitime. La haine du roy, — comme il affecte de l'écrire, — voilà le fond de ce *libéralisme*, qu'il fait sonner si haut. Il se complaît, lui qui a l'honneur d'être le confrère du duc de Broglie et de M. de Falloux, du duc de Noailles et de M. de Champagny, il se complaît à ressasser les vieilles *rengaines* du *Siècle* et de la *République française* contre la « monarchie traditionnelle » et ses partisans, contre « les impénitents de l'ancien régime, acharnés à la réalisation d'espérances rétrogrades, chimères de leur orgueil, ne rêvant que le retour du passé, ne voulant rien conserver du présent (1) ». Il les accuse

(1) *Journal des Débats*, 2 juillet 1877.

cite vouloir « retourner au régime des substitutions du droit d'aînesse et des majorats (1) ». Il réédite contre eux le vieux vers du bonhomme Andrieux :

Au char de la raison attelés par derrière.

il bafoue les « dévots de la Sainte-Ampoule »; il tourne en ridicule « les gentilshommes de la chambre de Charles X », lui, l'ancien secrétaire des commandements de S. A. R. Mgr le duc d'Aumale!

Une fois lancé dans cette voie, il ne s'arrêtera plus :

Le vieux coursier a senti l'aiguillon.

Mais ce n'est pas assez pour lui de jeter l'outrage aux partisans « du *roy* héréditaire »; il brûle des flots d'encens sur les autels de la République. « La France, s'écrie-t-il, est depuis deux cents ans à l'œuvre de cette fondation républicaine dont nous avons posé, depuis la chute du second Empire, une des profondes assises... La République tient aux racines mêmes de la civilisation française (2). » Avec quel enthousiasme ne célèbre-t-il pas « ce festin de prospérité et de sécurité que la République nous sert depuis six ans »! Il pleure de tendresse en voyant la République « attirer à elle tous les jeunes hommes, les *Savary* (!!!), les Léon Renault, les Paul de Ré-

---

(1) *Journal des Débats*, 11 octobre 1877.
(2) *Ibid.*, 18 juillet 1877.

musat, les Duvergier de Hauranne, les Waddington, les Léon Say :

> D'où lui viennent de tous côtés
> Ces enfants qu'en son sein elle n'a pas portés (1) ? »

Et si la vue de cette *jeune garde* réchauffe son vieux sang, n'ayez peur qu'il oublie de saluer aussi les vétérans, ces *vieilles barbes* de 1848, qu'il a eu le tort de méconnaître jadis. Comme il a embrassé Savary et pressé Wilson sur son cœur, il serrera dans ses bras Martin Bernard et Madier de Montjau :

> Non ego nunc dulci amplexu divellerer unquam !

Il aura d'affectueux retours, de tendres paroles pour « les républicains de la veille, les *vieux légionnaires*, éprouvés par plus d'une campagne, heureuse ou non, depuis le commencement du siècle, qui ne manquaient pas au service de la cause ». « Ceux-là, ajoute-t-il avec émotion, se reposaient *sur leur passé*, » c'est-à-dire, si je comprends bien, sur cette révolution de février que M. Cuvillier-Fleury, je ne sais pourquoi, a tant maudite autrefois.

Pour lui, plus heureux que M. Thiers, il est entré dans la *terre promise*, — dans la république des républicains. Voici, en effet, ce qu'il écrit au lendemain de la mort de M. Thiers : « Quoi qu'on fasse, si une telle gloire peut grandir encore, elle grandira, dans

---

(1) *Journal des Débats*, 30 septembre 1877.

l'avenir, de toute la force croissante de l'institution à laquelle le nom de M. Thiers restera indissolublement attaché. Il entrera dans l'histoire comme le précurseur de tout un ordre nouveau, *véritable terre promise* qu'il n'aura pas seulement vue du haut de la montagne, mais où il aura posé le pied, trouvant le terrain fertile, et où il laissera, pour compléter la conquête, des successeurs dignes de lui (1). »

Des prophètes de mauvais augure essaient bien de jeter, au milieu de ses chants de triomphe, leurs notes discordantes. Ils vont répétant que « la république conservatrice est une bêtise », et que, si elle sème, ce sont les *radicaux* qui récoltent. Rien n'égale la pitié dédaigneuse de ses réponses. — Des *radicaux?* Mais où les prenez-vous? A peine en peut-on découvrir quelques-uns, aux trois quarts noyés, à bout d'haleine et de force : *apparent rari nantes* (2). Le *radicalisme?* Vous voulez rire. Vous savez bien que c'est tout bonnement un épouvantail à l'adresse des naïfs, une *tête de turc* (3) à l'usage des conservateurs qui veulent se faire la main ! « Voyons! excepté le nom de république qui déplaît à certains délicats de la vie mondaine, excepté cela, en quoi le gouvernement républicain a-t-il atteint les mœurs, les idées, les sentiments, les intérêts légitimes de qui que ce soit ?... Ceux qui redoutent les grèves et les coalitions d'ouvriers en ont-ils aperçu une seule?... On a proposé

---

(1) *Journal des Débats*, 30 septembre 1877.
(2) *Ibid.*, 17 août 1877.
(3) *Ibid.*, 15 décembre 1877.

des amnisties prématurées et subversives. Les propositions de ce genre ont passé dans l'air comme des bourrasques qui ne le troublent qu'un instant. Le socialisme est mort, ou, comme l'a dit spirituellement M. Thiers, « il a passé à l'étranger ». *Le radicalisme, nous avons souvent montré qu'il n'était*, si on veut bien le regarder en face, *qu'un fantôme qui fait plus de peur que de mal* (1). »

Je n'insiste pas ; la revanche serait trop facile.

Il me tarde d'ailleurs, après cette excursion que force m'était bien de faire sur le terrain de la politique, de revenir au terrain littéraire.

M. Cuvillier-Fleury, dans ses articles contre le maréchal de Mac-Mahon, a multiplié, plus encore que d'habitude, les citations latines et françaises. Il menait avec lui, à l'assaut de cette malheureuse forteresse du Seize-Mai, plus facile à prendre que la tour Malakoff, toute une légion de poètes, Horace et Virgile, Racine, Corneille, Andrieux, d'autres en encore.

Je lis dans son article du 1er août 1877 :

« Donnez-nous vos vingt ans, si vous n'en faites rien !

disait notre spirituel confrère *Viennet* à de jeunes oisifs de son temps. »

Mon Dieu ! Que cette gloire académique, à laquelle M. Cuvillier-Fleury attachait tant de prix, est donc peu de chose ! Voici un académicien, très célèbre en

1) *Journal des Débats*, 1er novembre 1877.

son temps, M. Lacretelle le jeune, dont il ne reste guère que le vers reproduit plus haut ; et M. Cuvillier-Fleury, que l'on nous donne pourtant comme l'académicien modèle, non content de citer ce vers avec inexactitude (1), l'attribue à un autre que son auteur véritable !

J'ai bien peur que M. Cuvillier-Fleury n'ait même fortune que son confrère Lacretelle, surtout si la République, dont il a été un des parrains, prolonge encore un peu son existence. Du train dont nous allons, avec l'éducation que la république des Ferry, des Berthelot et des Spuller donne à la jeunesse, je ne vois pas qui pourra songer, dans dix ans, à lire les livres de M. Cuvillier-Fleury, — à moins que ce ne soit quelque pauvre diable de *royaliste,* élevé par ces affreux jésuites, et resté fidèle, grâce à eux, au culte des belles-lettres.

(1) Voyez Lacretelle, *Testament philosophique et littéraire,* t. II, p. 359. Le vers cité par M. Cuvillier-Fleury se trouve dans une pièce assez agréable *sur les faux chagrins.* En voici le texte exact :

Cédez-moi vos vingt ans si vous n'en faites rien.

LES BOURGEOIS D'AUTREFOIS[1]

I

Nous assistons, en France, depuis longtemps déjà, il faut bien le dire, à un spectacle étrange, inconnu chez les autres nations. Au delà de nos frontières, en Angleterre comme en Allemagne, en Espagne comme en Russie, partout, le passé de la patrie est l'objet d'un culte ardent, passionné. On a la religion des ancêtres, et si l'on dit : la *Vieille* Angleterre, la *Vieille* Allemagne, ce n'est pas avec le sourire du dédain sur les lèvres, c'est avec le respect attendri d'un fils qui voit passer dans ses souvenirs d'enfance la figure bénie de son aïeule. Pour nous, nous avons changé tout cela et nous avons mis le cœur à droite. Chaque jour, historiens et journalistes tournent en dérision les hommes et les choses d'autrefois, rabaissent nos gran-

[1] *Les Bourgeois d'autrefois*, par M. Albert Babeau, Firmin Didot et Cⁱᵉ, éditeurs. — *La Bourgeoisie française* (1789-1848), par M. A. Bardoux. Calmann Lévy, éditeur.

deurs anciennes, font litière de nos anciennes gloires ; ils se livrent à cette besogne sans soulever autour de leur nom la réprobation générale, sans que l'indignation publique fasse justice de leur œuvre sacrilège. Que dis-je ? C'est à eux que vont les faveurs de la popularité, aux écrivains qui poursuivent de leurs outrages tout ce qui a précédé 1789, qui font de nos pères je ne sais quel troupeau misérable, mangeant de l'herbe et courbant sous des maîtres avilis un front déshonoré. Insulter le passé de la patrie est aujourd'hui en France le plus court chemin pour arriver à conquérir le titre de *patriote* et pour être proclamé *historien national*.

L'ignorance, si grande soit-elle, ne saurait suffire à expliquer une aussi déplorable aberration. C'est ailleurs qu'il faut en chercher la cause.

En 1792, à une monarchie de quatorze siècles la république a été substituée, une république baptisée dans le sang par les mains du crime. Toutes les traditions ont été rompues. Comme un vaisseau qui a perdu ses ancres, la France est devenue le jouet des tempêtes et des révolutions ; elle a subi trois invasions, elle a perdu deux provinces. La Révolution, qui sent bien qu'à elle seule incombe la responsabilité d'aussi effroyables malheurs, a compris qu'il lui fallait trouver une excuse. Une fois de plus, elle a payé d'audace : elle a fait le procès à ses victimes, elle a traduit à la barre de l'opinion cette royauté qu'elle avait renversée, ce clergé qu'elle avait proscrit, ces gentilshommes qu'elle avait égorgés, cette France d'autrefois qu'elle avait noyée dans des flots de sang. De là ces violents réquisitoires contre l'ancien régime, ces perpétuels travestissements de l'histoire et de la vérité.

A côté des habiles, je le sais, il y a les naïfs. A côté de ceux qui font la guerre au passé par politique, par principes, parce qu'*il faut*, pour que la Révolution ne soit pas criminelle, que la France monarchique ait été coupable, il y a ceux qui y vont de bonne foi et qui n'y entendent pas malice. Eh! mon Dieu! ils méprisent l'ancien régime tout simplement parce que, en en ce temps-là, il n'y avait pas encore de chemins de fer. Ne leur parlez pas de ce siècle ridicule où Mme de Sévigné adressait à sa fille les lettres que vous savez, mais où il n'y avait pas de bureaux de télégraphe; où Pascal écrivait ses *Pensées*, mais où l'on ne connaissait pas le téléphone; où Corneille faisait jouer le *Cid* et *Polyeucte*, mais où l'on mettait deux jours pour se rendre de Paris à Rouen! Depuis que nos gens vont en wagon, ils ont pour leurs aïeux, qui cheminaient bêtement par le coche, le parfait dédain, le mépris superbe de la tortue de la Fontaine pour ses compagnes restées à terre, tandis qu'elle était voiturée dans l'air par les deux canards:

> Miracle! criait-on : venez voir dans les nues
> Passer la reine des tortues.
> La reine! vraiment oui : je la suis en effet...

On sait quelle fortune échut à la vaniteuse tortue:

> Elle tombe, elle crève aux pieds des regardants (1).

(1) *Fables*, X, III : *La tortue et les deux canards.*

Tâchons de profiter de la leçon et méfions-nous des canards, des journaux qui nous trompent, des historiens qui nous abusent, des pamphlétaires qui nous mentent. Soyons plus modestes, et, s'il se peut, moins ignorants. Ne repoussons pas la vérité, lorsqu'elle se présente à nous. Lorsque des écrivains consacrent leur talent et leurs veilles à combattre le mensonge, à montrer combien la vieille France était digne de respect, sachons comprendre que notre devoir est d'applaudir à leurs efforts, et si nous tenons une plume, de signaler leurs ouvrages à l'attention et à la sympathie des honnêtes gens. Au même titre que le soldat qui défend la frontière menacée, saluons l'homme de cœur qui fait sentinelle autour du passé, qui défend ce patrimoine d'honneur et de gloire que nous ont légué nos pères et qui n'est pas moins précieux que l'intégrité du sol.

II

Parmi les écrivains qui font ainsi œuvre de bon Français, sans souci d'une vaine et fausse popularité, M. Albert Babeau a conquis, en ces dernières années, une des premières places. Il a publié sur l'ancien régime une série de travaux où le sens historique le plus droit s'allie à l'érudition la plus sûre. Après avoir fait successivement paraître *le Village sous l'ancien régime* (1), *la Ville sous l'ancien régime* (2), *la Vie rurale dans l'ancienne France* (3), *les Artisans et les domestiques d'autrefois* (4), *les Voyageurs en France depuis la Renaissance jusqu'à la Révolution* (5), il nous donne aujourd'hui *les Bourgeois d'autrefois*.

Ce volume, comme les précédents, est le résultat de recherches considérables. L'auteur a mis à contribution des documents sans nombre, mémoires particuliers, livres de raison et pièces de théâtre, archives des villes et de l'Etat, registres municipaux et minutes des notaires. C'est merveille de voir avec quel art savant il a su ordonner tous ces matériaux, avec quelle impartialité il les a mis en œuvre. Il n'y a pas trace, dans son livre, d'esprit de système, ni d'esprit de parti. On voit bien qu'il ne s'est pas proposé de plaider une thèse, de faire prévaloir une opinion préconçue. Avec lui, nous n'avons point affaire à un avocat qui veut avant tout faire triompher sa cause ; c'est un rapporteur qui expose les faits, simplement, froidement, sans prétendre à forcer la conviction de ceux qui l'écoutent. On sait quel est sur l'esprit des juges l'effet de ces rapports, nets, savants, consciencieux, où les faits parlent seuls, et aussi la logique et le bon

---

(1) Un vol. in-12, 3ᵉ édition, Emile Perrin, éditeur.

(2) Un vol. in-12, 2ᵉ édition, Emile Perrin, éditeur. — Couronné par l'Académie française.

(3) Un vol. in-12, 2ᵉ édition. Emile Perrin, éditeur. — Couronné par l'Académie des sciences morales et politiques.

(4) Un vol. in-12, 2ᵉ édition, Firmin Didot et Cⁱᵉ, éditeurs.

(5) Un vol. in-12. Firmin Didot et Cⁱᵉ, éditeurs. — Couronné par l'Académie des sciences morales et politiques.

sens. Plus sûrement que l'éloquence des plus grands avocats, ils décident du gain d'un procès. J'ose dire qu'auprès de tous ceux qui liront le livre, le rapport de M. Babeau, le procès de l'ancien régime est gagné.

Dans ce livre, tableau précis et animé de la vie bourgeoise aux deux derniers siècles, il passe successivement en revue les marchands, les artistes et les gens de lettres, les médecins et les chirurgiens, les gens de loi, les fonctionnaires et les rentiers. L'habitation, le costume, les repas, la société et les plaisirs, le mariage, l'éducation, le sentiment religieux, la fortune, sont l'objet d'une série de chapitres, que couronne une remarquable esquisse des progrès de la bourgeoisie.

Je n'ai ni le dessein ni le loisir d'analyser en son entier un travail aussi complexe et aussi étendu. Je m'attacherai à un seul point : Quelle était la situation de la bourgeoisie à la veille de la Révolution ? Cette seule question est elle-même trop vaste pour que je puisse la traiter à fond, avec les développements qu'elle comporterait. Je me bornerai à glaner, après M. Babeau, dans le champ où il a fait une si riche moisson, à ramasser au bord du sillon quelques faits, quelques détails qu'il a négligé de recueillir : heureux si je puis ajouter à sa gerbe un petit nombre d'épis.

III

A la veille de 1789, les bourgeois exerçaient de fait la prépondérance dans l'Etat et dans la société ; en dehors des charges de cour, des gouvernements de province et des grades militaires, ils étaient en possession de toutes les fonctions civiles. L'origine la plus modeste n'empêchait point de parvenir, et souvent très vite, aux emplois les plus élevés et les plus avantageux, ceux de fermiers généraux par exemple, comme on le voit dans l'ouvrage de M. Adrien Delahante : *une Famille de finance au* XVIIIe *siècle* (1). Dans des Mémoires trop peu connus et qui renferment de bien curieux détails sur la vie bourgeoise sous Louis XVI, François Chéron, député à l'Assemblée législative de 1791, raconte comment son père, fils d'un artisan de village et lui-même, au début, simple journalier dans les forêts, devint, sans intrigue et par les seules ressources de son travail et de son activité, l'un des chefs de l'administration forestière (2). Les charges de grands-maîtres des eaux et forêts, qui étaient considérables et des plus recherchées par la noblesse, avaient souvent pour titulaires des bourgeois, dont quelques-uns étaient partis de rien. Le

---

(1) Deux vol. in-8º, Hetzel et Cie, éditeurs, 1880.
(2) *Mémoires et récits de François Chéron*, publiés par P. Hervé-Bazin, 1882.

grand-maître de la généralité de Paris était fils d'un *boutonnier*. Le grand-maître d'Orléans était fils d'un *perruquier*. Le grand-maître de Châlons était fils d'un *bijoutier-brocanteur*. Le grand-maître de Bourgogne était fils d'un *apprêteur, cardeur de laine* au faubourg Saint-Marceau.

Je relève ces détails dans un mémoire adressé en 1762 au contrôleur général des finances, M. Bertin, par Caron-Beaumarchais, qui aspirait alors à entrer dans la confrérie des grands-maîtres des eaux et forêts. Il n'y put réussir, mais nous le trouvons, l'année suivante, contrôleur de la maison du roi et lieutenant général des chasses aux bailliage et capitainerie de la Varenne du Louvre. A ce dernier titre, le fils de l'horloger Caron avait sous lui le comte de Rochechouart et le comte de Marcouville, simples lieutenants des chasses.

Le commerce, et en particulier le commerce maritime, avait atteint dans beaucoup de villes un degré de prospérité que ne connaissent plus les négociants de nos jours. Dans les premières années du dix-huitième siècle, lors de la guerre de la Succession d'Espagne, les armateurs de Saint-Malo font hommage à Louis XIV, pour défendre l'honneur de la France, d'une somme de 32 millions en or. M. Albert Babeau, qui rappelle ce fait, constate que, sous Louis XVI, à Lyon et à Bordeaux, une opulence princière est le lot de beaucoup de négociants. Leur existence est plus somptueuse que celle des plus grands seigneurs. Il n'a pas parlé de Nantes, dont la richesse rivalisait avec celle de Bordeaux et de Lyon, si même elle ne leur était supérieure. Je lui recommande, en vue d'une seconde et sans doute prochaine édition, les *Souvenirs de Nantes avant et pendant la Révolution*, par M. Francis Lefeuvre. C'étaient de gros personnages que messieurs les armateurs nantais en ce temps-là. Chaque jour, sur le coup de deux heures, on les voyait sortir de leurs hôtels de l'Ile-Feydeau, et, appuyés sur leurs hautes cannes à pomme d'or, se diriger vers la Bourse. Coiffés, poudrés, en habit de soie de couleur sombre ou tendre, suivant la saison, en longue veste et culotte également de soie, bas blancs et souliers à larges boucles d'or ou d'argent, ils portaient l'épée au côté, privilège accordé par Louis XIV aux armateurs qui font le commerce d'outre-mer. « Ce qu'il faut admirer le plus, continue M. Lefeuvre, c'est la finesse et l'éclat de leur linge. On avait remarqué que l'eau des sources montagneuses de Saint-Domingue lui donnait une blancheur bien plus grande que celle de nos rivières de France. Quoi de plus simple que de l'y envoyer lessiver, et voire même celui de tout le ménage, quand on a à sa disposition des navires périodiquement en partance ? Jugez de la quantité qu'il en fallait, et si c'était trop pour le loger de toutes ces grosses armoires en acajou massif que possédait alors toute bonne maison ! J'ai connu des familles irrémédiablement ruinées par la Révolution, qui possédaient encore plus de cent paires de draps, débris de leur splendeur passée (1). »

(1) Francis Lefeuvre. *Souvenirs de Nantes avant et pendant*

Il arrivait quelquefois que le roi accordait aux principaux négociants de ses bonnes villes des lettres de noblesse et le cordon de Saint-Michel; mais ce qui prouve bien de quelle considération était environné le négoce, lorsqu'il était honorable, c'est qu'on voyait souvent ces nouveaux nobles rester dans le commerce. Ainsi fit le père de La Mennais, anobli par Louis XVI sur la demande même des Etats de Bretagne, réunis à Rennes(1). Nicolas Quatremère, grand-père d'Etienne Quatremère, le célèbre orientaliste, était marchand drapier à Paris. Anobli en 1780, en même temps que son frère puîné, Quatremère de l'Epine (2), il tint à ce qu'il fût déclaré, dans les lettres-patentes qui lui conféraient la noblesse, que l'aîné de ses fils, Marc-Etienne, pourrait continuer le commerce, sans déroger. Pendant la Révolution, Marc-Etienne, fidèle aux traditions charitables de sa famille, répandit autour de lui de si abondantes aumônes qu'on le soupçonna d'être plus riche qu'il ne l'était réellement. Il fut traduit devant le Tribunal révolutionnaire et condamné à mort pour avoir cherché à *humilier le peuple par ses bienfaits*. Son exécution eut lieu le 21 janvier 1794, à l'heure même où les membres de la Convention nationale célébraient la *fête du 21 janvier*, sur la place

la *Révolution*. Vincent Forest et Emile Grinand, éditeurs, 1884.

(1) *Essai biographique sur M. F. de La Mennais*, par A. Blaize.

(2) Père de Quatremère de Quincy (1755-1849), auteur de *Jupiter Olympien*, de l'*Histoire de la vie et des ouvrages de Raphaël*, etc., etc.

de la Révolution, et chantaient un hymne patriotique
au pied de la statue de la Liberté, à deux pas de
l'échafaud (1). Cet honnête homme, en qui se person-
nifiait si bien la vieille bourgeoisie française, avait
mérité de mourir le jour anniversaire de la mort du
roi de France.

IV

« Si l'on veut faire attention à la différence des
temps, a écrit M. de Tocqueville, on se convaincra
qu'à aucune des époques qui ont suivi la Révolution,
la prospérité publique ne s'est développée plus rapidement que pendant les vingt années qui la précédèrent (2). » Les négociants et les financiers voyaient
naturellement leur situation dans la société grandir
avec leur richesse. Cependant, comme la considération
et l'influence ne se mesuraient point alors à la seule
fortune, bien au-dessus du commerce prenait rang la
magistrature. M. Albert Babeau en a parlé excellemment. « Cette magistrature, dit-il, sévère d'allure,
souvent rigide, se présente encore à nos yeux comme
le type le plus élevé de l'honnêteté publique et privée... Elle a sans doute un décorum, un vernis exté-
rieur qui en impose ; elle peut avoir ses défauts, peut-

---

(1) *Biographie universelle*, de Michaud, v° *Quatremère*.
(2) *L'ancien régime et la Révolution*, par Alexis de Tocqueville, p. 288.

être un peu ses ridicules; mais il n'est rien de si estimable que ces familles de magistrats chez qui la sagesse, le travail et la probité sont héréditaires comme les charges de magistrature. Elles sont l'élite de la bourgeoisie; surtout en province, elles en ont conservé les qualités maîtresses; elles exercent autour d'elles une influence véritable, parce qu'elles la méritent (1). »

Les avocats marchent presque de pair avec les magistrats; leur banc, au parlement de Paris, est semé de fleurs de lis, comme celui des conseillers; comme eux, ils portent l'hermine (2). Ils sont si haut placés dans l'estime publique que Fabre d'Eglantine, dans sa comédie, le *Philinte de Molière*, ayant à mettre en scène un grand honnête homme, ne trouve rien de mieux que de donner ce rôle à un personnage qui ne se nommera ni Ariste ni Clitandre, mais qu'il appellera de ce seul nom l'*Avocat*.

Les hommes de lois, les fonctionnaires de tout ordre, les titulaires d'office, les *officiers*, sont loin d'avoir la même importance. Gardez-vous pourtant de les confondre avec les fonctionnaires d'aujourd'hui. Sous l'ancienne monarchie, le fonctionnaire, même le plus modeste, étant propriétaire de sa charge, ne relevait guère que de sa conscience : il était indépendant et libre. Sous notre régime démocratique, le fonctionnaire, même le plus huppé, n'est qu'un commis à

---

(1) *Les Bourgeois d'autrefois*, p. 144.
(2) Bertin, *les Mariages dans l'ancienne société française*, p. 420.

gages. M. Taine a, sur ce chapitre, des pages admirables. J'y renvoie le lecteur (1), non sans me réserver la satisfaction d'en citer au moins ces quelques lignes :

Rien de semblable alors à cette colonie ambulante qui vient, par ordre d'en haut, administrer chacune de nos villes, à ces étrangers de passage, sans consistance, sans biens-fonds, intérêts, ni liens locaux, campés dans un logement loué, souvent dans un logement garni, quelquefois à l'hôtel, éternels nomades, à la disposition du télégraphe, toujours prêts à déménager pour s'en aller à cent lieues, moyennant cent écus d'augmentation, faire la même besogne abstraite. Leur prédécesseur (le fonctionnaire d'autrefois) était du pays, stable et satisfait; il n'était pas obsédé par le désir de l'avancement; dans l'enceinte de sa corporation et de sa ville, il avait une carrière. N'ayant point l'envie ni l'idée d'en sortir, il s'y accommodait; il contractait l'esprit de corps, il s'élevait au-dessus de l'égoïsme individuel, il mettait son amour-propre à soutenir, envers et contre tous, les prérogatives et les intérêts de sa compagnie. Etabli pour toute sa vie dans sa ville natale, parmi des collègues anciens, de nombreux parents et des compagnons d'enfance, il tenait à leur opinion. Exempt des impôts vexatoires ou trop lourds, ayant quelque aisance, propriétaire au moins de sa charge, il était au-dessus des préoccupations sordides et des besoins grossiers. Accoutumé par les vieilles mœurs à la simplicité, à la sobriété, à l'épargne, il n'était pas tourmenté par la disproportion de son revenu et de sa dépense, par les exigences

---

(1) H. Taine, *la Révolution*, t. III, p. 416 et suivantes.

de la représentation et du luxe, par la nécessité de gagner chaque année davantage. Ainsi dirigés et dégagés, les instincts de vanité et de générosité, qui sont l'essence du Français, prenaient l'ascendant ; le conseiller ou contrôleur, homme du roi, se regardait comme un homme au-dessus du commun, comme un noble du tiers-état. Il songeait moins à faire fortune qu'à s'acquérir de l'estime; sa principale passion était d'être honoré et honorable...

Je ferai ici une remarque. Ce mot de *fonctionnaire*, qui emporte aujourd'hui avec lui une idée de dépendance, existait à peine sous l'ancien régime. M. Littré, dans son *Dictionnaire* historique de la langue française, n'en cite pas un seul exemple antérieur à 1789. — Quoi qu'il en soit, les fonctionnaires (puisque le mot est maintenant reçu), les titulaires d'offices, les *officiers*, comme on les appelait, étaient en nombre considérable, et je regrette que M. Albert Babeau, dans le chapitre qu'il leur a consacré, n'ait pas montré comment leur multiplicité même et les conditions de leur existence, si différente de la vie fiévreuse et affairée de nos jours, avaient développé jusque dans les plus petites villes, l'esprit de sociabilité et le goût des choses intellectuelles (1). Non loin du lieu où j'écris

(1) Voyez ce que dit M. Berryer père, dans ses *Souvenirs*, sur les *officiers* de Sainte-Menehould, sa ville natale, et sur la judicature en titres d'office : « L'Etat alors battait monnaie par la *considération* qui échelonnait toute la société ; balancier plus productif que ne le fut, depuis, celui de la Terreur, et plus conservateur que ne peut l'être celui actuel du favoritisme nommant seul à tous les emplois. » (*Souvenirs de M. Berryer, doyen des avocats de Paris, de 1774 à 1838,* t. I, p. 42.)

ces lignes, se trouve une ville, dont je ne veux pas médire, qui possède une gare de chemin de fer et un bureau de télégraphe (on m'assure qu'elle est à la veille de voir briller *dans ses murs* la lumière électrique). C'est dès aujourd'hui une ville très éclairée, car les journaux de Paris y pénètrent, à commencer par la *Lanterne*. Je serais bien surpris cependant si l'on y trouvait une seule personne ayant lu Corneille et Racine. Avant 1789, bien qu'elle comptât tout au plus deux mille habitants, elle avait un collège très florissant et une société littéraire pourvue d'une très riche bibliothèque (1). Ce n'était pas non plus une capitale que cette autre petite ville où naquit Marmontel. Voyez pourtant quel aimable tableau il nous en a tracé au début de ses *Mémoires* :

Un peu de bien, dit-il, quelque industrie, un peu de commerce, formaient l'état de presque tous les habitants de Bort, petite ville de Limosin, où j'ai reçu le jour... Chacun y était libre et utilement occupé... Il fallait bien que la vie simple et douce qu'on y menait eût de l'attrait, puisqu'il n'y avait rien de plus rare que de voir les enfants de Bort s'en éloigner. Leur jeunesse était cultivée, et dans les collèges voisins leur colonie se distinguait ; mais ils revenaient dans leur ville, comme un essaim d'abeilles à la ruche après le butin.

Et quelques pages plus loin :

J'ai déjà dit que, dans ma ville, l'éducation des jeunes

(1) *Le District de Machecoul* (1788-1793), par Alfred Lallié,

gens était soignée ; leur exemple était pour les filles un
exemple d'émulation. L'instruction des uns influait sur
l'esprit des autres, et donnait à leur air, à leur langage, à
leurs manières, une teinte de politesse, de bienséance et
d'agrément que rien ne m'a fait oublier (1).

L'éditeur des *Pensées* de Mlle de Beauchamp, née à
Vesoul en 1756, esquisse ainsi, d'après des documents
contemporains, la physionomie de la vie bourgeoise
dans cette petite ville de Franche-Comté :

Parmi les bourgeois exerçant une profession libérale ou
vivant noblement, c'est-à-dire de leurs maigres rentes, il
en était peu qui n'eussent leur bibliothèque où Voltaire,
Rousseau, Condillac, Hume, Raynal, trônaient à côté des
chefs-d'œuvre du siècle précédent ; quelques-uns se livraient
avec une ardeur extraordinaire à l'étude de l'antiquité : un
simple huissier de Luxeuil arrivait à réunir dix mille
pièces dans son médailler... Comme on avait d'amples
loisirs, on lisait : le goût des plaisirs de l'esprit était uni-
versellement répandu. Heureuse époque, où la lecture, la
conversation, le jeu, remplissaient les heures du jour (2) !

Un Barreau d'autrefois. — Sous ce titre, M. Eugène de Monzie a fait revivre sous nos yeux plusieurs
figures d'avocats de province avant la Révolution,
MM. Maleville, Guat de Lavelle, Lacalprade, Barry,

---

p. 3. — Ce livre, trop peu connu, est une des meilleures mo-
nographies qui aient paru en ces vingt dernières années.

(1) *Mémoires* de Marmontel, p. 13, 15, 34.

(2) *Mes Rêveries, Pensées*, par Mlle de Beauchamp, publiées
avec une introduction par Mme Emile Longin. — Gray, 1885.

Loys, hommes éminents, au savoir étendu, à la parole éloquente (1). Leur talent eût honoré les plus grandes cités; leur ambition ne dépasse pas le modeste horizon de leur ville natale. Ce barreau d'autrefois qui a mérité d'avoir un historien était tout simplement le barreau du présidial de Sarlat! En nous montrant, dans une si petite ville, une telle réunion d'hommes du plus rare mérite et capables de briller au premier rang, M. de Monzie aurait-il par hasard *forcé la note?* En aucune façon. Plusieurs des hommes dont il parle, appelés par les événements sur un plus grand théâtre, à Paris même et dans nos principales Assemblées, y ont joué le rôle le plus brillant et le plus honorable. M. Maleville par exemple, devenu membre du Conseil des Cinq-Cents, président du tribunal de cassation, sénateur, a pris une part considérable à la rédaction du Code civil. M. Loys, député aux Etats-Généraux, s'y est fait remarquer par la sagesse de ses opinions, en même temps que par la force et l'éclat de sa parole. M. Loudieu de Lacalprade, chassé de Sarlat par la persécution révolutionnaire, se réfugia dans la capitale et, à la renaissance du barreau sous le Consulat, recommença sa carrière. Il avait alors 54 ans. Débuter à cet âge, à Paris, et s'y faire presque aussitôt un nom célèbre et une réputation étendue, c'était, ce semble, pour un provincial, chose impossible ; c'est pourtant ce que fit M. de Lacalprade. Ses consultations étaient regardées comme

---

(1) Un volume in-16. Paris, 1875. Amyot, éditeur.

des modèles par leur éclat, leur netteté, leur science et leur logique. Sa discussion était tout à la fois vive, rapide, pleine de sagacité et d'érudition ; on disait de lui que, si toutes les lois romaines étaient perdues, on les retrouverait dans la tête de l'ancien avocat au présidial de Sarlat. Lorsqu'il mourut en 1826, M. de Féletz publia sur lui, dans le *Journal des Débats* (1), un article nécrologique auquel j'emprunte les lignes suivantes. Elles appartiennent à mon sujet, puisque aussi bien, en esquissant la physionomie de M. de Lacalprade, l'abbé de Féletz a tracé un vivant portrait de *Bourgeois d'autrefois* :

..... Il fallait voir cet homme occupé toute la matinée d'affaires si sérieuses et si difficiles, de méditations si graves et si compliquées, sortir de son cabinet avec un front ouvert et serein, avec un esprit libre, et aborder avec une gaieté charmante des compatriotes et des amis qui l'attendaient dans son salon, *en retenir les trois quarts à dîner, s'il ne pouvait les retenir tous*, leur dire à tous les choses les plus aimables et les plus obligeantes, donner à sa bienveillance et à la politesse du sel et de l'enjouement par quelques traits d'une épigramme douce et innocente ; parler aux femmes avec un accent particulier de grâce et de sensibilité, sourire même avec candeur à la beauté, et soutenir et varier la conversation la plus vive, la plus animée, la plus gaie, jusqu'à ce que d'autres affaires, d'autres consultations le rappelassent dans son cabinet, où il rentrait avec l'esprit le plus calme, le plus réfléchi, le mieux disposé à ses graves occupations.

(1) Février 1826.

Une piété profonde fut une des premières vertus de M. de Lacalprade et le ferme appui de toutes les autres. Cette piété fut douce et aimable, comme toute véritable piété ; elle ne se démentit jamais, ni dans sa famille, ni pendant ses études, ni en province, ni à la capitale. Partout il vécut en véritable saint. A tous les devoirs que lui prescrivait la religion, il ajoutait toutes les œuvres de surérogation que lui inspirait une vive et pieuse imagination, et parmi ces œuvres et ces devoirs on pense bien que ceux de la charité n'étaient pas oubliés. Il édifiait les riches, il nourrissait les pauvres (1).

L'exemple de Sarlat et de son barreau, d'autres encore qu'il serait aisé de multiplier, montrent que, sous Louis XVI, tel modeste présidial était un foyer de vie intellectuelle très supérieur à ce que sont aujourd'hui les plus importants de nos chefs-lieux de Cours d'appel. Que serait-ce donc si, des petites villes, de celles qui ne sont plus maintenant que des chefs-lieux d'arrondissement ou de canton, nous passions à des villes plus considérables, à Dijon, où nous trouverions le président de Brosses, cet homme « d'un esprit prodigieux, d'un goût vif et fin avec des parties de génie (2) », et à côté de lui, parmi les membres du Parlement de Bourgogne, tant d'esprits élevés, délicats, piquants, qui ne sont pas indignes de lui donner

---

(1) *Jugements historiques et littéraires*, par M. de Féletz, de l'Académie française, p. 202. — Paris, 1840.
(2) Sainte-Beuve, *Causeries du Lundi*, tom. VII, p. 67. — *Le président de Brosses, histoire des lettres et des Parlements au xviiie siècle*, par Théophile Foisset, 1840.

la réplique; — à Nancy, où le salon d'un bourgeois ami des lettres, M. Sigisbert Mandel, réunissait chaque semaine les présidents et les conseillers du Parlement de Lorraine, et, avec eux, des littérateurs comme le poète Gilbert, l'abbé Bexon, collaborateur de Buffon, Lacretelle l'aîné et François de Neufchâteau, destinés à devenir l'un et l'autre membres de l'Académie française (1); — à Bordeaux, où l'Académie royale des belles lettres, sciences et arts et l'Académie de peinture rivalisaient d'éclat ; où la société du *Musée* publiait chaque année un volume de vers signés par des négociants qui menaient de front le commerce des vins et celui des Muses; où le Parlement avait à sa tête le président Dupaty; où Jean Desèze, Duranteau, Martignac père, Cazalet, Brochon, Vergniaud, Guadet, Gensonné, Ferrères, Devignes et d'autres encore remplissaient le palais des accents de leur éloquence (2)?

V

L'un des meilleurs chapitres du livre de M. Albert Babeau est celui qui a pour titre : *la Société et les plaisirs*. Rien de plus agréable que les détails dans

---

(1) *Promenades historiques à travers les rues de Nancy au XIIIe siècle*, par Ch. Courbe, 1883.

(2) *Histoire de la Terreur à Bordeaux*, par M. Aurélien Vidie, T. I, p. 5. — *Le Barreau de Bordeaux de 1775 à 1815*, par Henri Chauvot, 1856. — *Aurélien de Sèze*, par M. Auguste Nicolas.

lesquels entre ici l'auteur, et il n'est point en peine d'établir que, sur ce point encore, entre l'ancienne société et la société présente, la comparaison n'est point à l'avantage de cette dernière. Il lui a même paru qu'un chapitre n'était pas suffisant pour rappeler les délassements et les plaisirs dont nos pères ne se faisaient pas faute. Les festins, qui étaient leurs plus grandes fêtes, sont l'objet d'un chapitre spécial intitulé : *les Repas*. Il y en a tant et de si plantureux dans ce chapitre substantiel et admirablement nourri, qu'à la fin on est tenté de dire, comme Mme de Sévigné : « Ce sont des festins continuels. Ah ! mon Dieu ! quand pourrai-je mourir de faim ! » (1) A Lyon, une étrangère, Mme Piozzi, reçue chez des « marchands », un nom dont s'offusqueraient aujourd'hui nos plus petits boutiquiers, — ne tarit pas sur leur hospitalité et leur luxe. « Tout était servi, dit-elle, en vaisselle d'argent, et tout était magnifique, excepté le linge qui aurait pu être plus beau. Nous n'étions pas très nombreux, de dix-huit à vingt-deux, autant qu'il m'en souvient, le matin et le soir ; mais les dames jouaient de la harpe, les hommes chantaient gaiement, sinon harmonieusement, après dîner. Je n'ai jamais rencontré autant de cordialité de ma vie, ni vu exprimer cette cordialité d'une manière plus agréable... Il y avait communément, continue Mme Piozzi, trente-six plats à dîner et vingt-quatre à souper (2). » L'exis-

---

(1) *Lettres de Mme de Sévigné*, édition Hachette; lettre 447.
(2) *Les Bourgeois d'autrefois*, p. 70.

tence des négociants de Bordeaux était plus somptueuse encore; leur table était servie en vaisselle plate. Mais ce qui valait mieux que la vaisselle plate des négociants de Bordeaux et les *vingt-quatre* ou les *trente-six* plats des « marchands » de Lyon, c'était cette bonhomie, cette simplicité *bourgeoise*, dans le bon sens du mot, qui permettait à nos pères d'aller dîner les uns chez les autres, sans façon, sans cérémonie et sans invitation préalable, à la fortune du pot. Je ne vois pas que M. Albert Babeau ait signalé ce trait de mœurs, si éloigné de nos habitudes actuelles. Il n'était pourtant guère de bourgeois un peu aisé qui, en ce temps-là, ne ressemblât au père de François Chéron. On lit, dans les précieux *Mémoires* que j'ai déjà cités :

Mon père aimait, à certains jours, la bonne chère et le bon vin, mais il aimait surtout à avoir quelques amis à sa table, car c'est de lui que je tiens cet adage que je n'ai jamais senti plus vivement que depuis que je suis seul sur la terre : *On ne jouit que de ce qu'on partage*. Mon père avait donc toujours table ouverte. Il suffisait d'avoir eu avec lui quelque rapport, même sur des choses d'assez peu d'importance, pour qu'il fut prêt à vous dire : *Venez manger ma soupe ;* et il me semble encore entendre cet accent bref, adouci par ce sourire gracieux, ce front épanoui qui lui captivait tous les cœurs. Mais il ne songea de sa vie à donner un dîner utile, à calculer ce que pouvait lui rapporter l'aloyau ou le jambon qu'on lui servait sur sa table. La seule utilité qu'il espérait de ses dîners impromptus, c'était de lui fournir l'occasion d'exercer sa bonne humeur, de le distraire, de le délasser des fatigues du jour, sans oublier le plaisir qu'il était sûr de faire à ma mère, toutes les fois qu'elle le voyait en appétit et en gaieté (1).

C'est ce bon vieux mot d'autrefois : *Venez manger ma soupe,* que j'aurais voulu trouver dans le chapitre de M. Babeau sur les *Repas.* Qu'il me permette de lui signaler aussi, dans son chapitre sur *la Société et les plaisirs,* une légère lacune. Il ne dit rien des comédies de salon, qui étaient l'un des plaisirs favoris de la société du dix-huitième siècle, chez les bourgeois aussi bien que chez les grands seigneurs.

Le père de Beaumarchais, l'horloger Caron, n'était rien moins que riche, avec son fils et ses cinq filles. M. de Loménie nous apprend qu'il ne put jamais arriver à la fortune (2). Il ne se privait point pour cela du plaisir de faire jouer chez lui, dans son modeste logis de la rue Saint-Denis, les pièces de Molière et de Regnard. Julie, la quatrième de ses filles, quoique très pieuse, y tenait presque toujours le principal rôle. Elle écrit à l'une de ses amies :

Nous avons joué mardi *Nanine* avec les *Folies amoureuses.* J'avais une assemblée de quarante-cinq personnes, et ta Julie a plu généralement dans tous ses rôles; chacun l'a déclarée une des meilleures actrices. Ce que je dis ici n'est pas pour la vanter, car on sait comme elle est mo-

---

(1) *Mémoires et récits de François Chéron,* p. 14.
(2) *Beaumarchais et son temps,* par Louis de Loménie, t. I, p. 25.

deste ; mais c'est uniquement pour caresser ton faible et justifier ton choix que j'en parle si haut.

Le lendemain de la Quasimodo, nous donnons le *Tartufe* et la *Servante maîtresse*. Le chevalier fera le rôle de Tartufe, et moi Dorine, la suivante. Nous préparons d'ailleurs une autre fête pour le retour de Beaumarchais. Je te dirai toutes ces choses.

En province, la comédie de société n'était pas moins en honneur qu'à Paris. Mme Delahante, femme du maître des eaux et forêts du duché de Valois, écrivait de Crespy, en 1768 :

Nous avons eu deux fois par semaine la comédie. Votre nièce s'en tire au mieux. Ils ont donné *Cénie*. Mlle Levieux a rendu ce rôle très bien, et Mme de Perthes Orphise autant bien qu'on le puisse. C'étaient deux personnages intéressants. Les autres ont joué au mieux.

Elle écrit encore, en 1775 :

Zaïre a eu tout le succès possible. Mme de Perthes a fait on ne peut pas mieux. Nous avons eu les Beauval et les Pelletier de Compiègne, qui sont venus exprès pour les voir ; des seigneurs des environs ; Mme Mussart. Tous ont paru bien satisfaits. MM. Bezin et Lefèvre ont fait des merveilles. On est si content que l'on jouera encore samedi. Nous avons arrangé l'habit de Zaïre à peu près. Elle était tout en blanc, garni de filets jais blanc et paillettes. Tous les diamants de Crépy se sont réunis sur Zaïre.

Enfin, en 1777 :

Nos spectacles sont commencés. Votre nièce a fait le rôle de Rosine dans le *Barbier de Séville*, qui a très bien réussi. Jusqu'au carnaval, ils joueront deux fois par semaine. Cela occupe beaucoup les acteurs et amuse les spectateurs (1).

Mais Crespy-en-Valois n'est qu'à quinze lieues de Paris. Transportons-nous au fond de la Bretagne, à Quintin. Le barreau de cette petite ville ne comptait pas moins de dix-sept avocats. Le plus distingué d'entre eux, M. H. Fleury, fut envoyé par ses compatriotes à la Convention nationale. Au sortir de la Révolution, il écrivit ses *Mémoires*, qui sont encore inédits et dont je puis, grâce à une bienveillante communication, reproduire ici le passage suivant :

Me voici à l'époque la plus heureuse de ma vie... M. et M^m Brigeux avaient réuni une aimable société ; j'y fus admis. L'on ne pourrait aujourd'hui s'en figurer les agréments. Il y régnait une honnête liberté, et dans nos plaisirs la franchise et la gaieté. Assemblés à cinq heures, on lisait, on causait, on jouait, on dansait, selon la disposition des esprits. L'idée nous prit de jouer la comédie : nous montâmes, en trois ans, *soixante-trois pièces*, si bien que nous étions arrivés à mettre du naturel et de l'ensemble dans notre jeu. A la comédie succédait un repas. Heureux l'étranger qui y était reçu, il en gardait le sou-

(1) *Une famille de finances au* XVIIIe *siècle*, par M. Adrien Delahante, t. I, p. 147.

venir. Ce n'étaient pas, comme aujourd'hui, des sauteries, de tristes jouéries, des causeries politiques, des mangeries autour d'une table décorée de personnages propres à jouer le commandeur au festin de Pierre, et de figures de tapisseries. Heureux temps, tu as passé comme un éclair avant la foudre (1) !

VI

M. de Talleyrand disait un jour à M. Guizot : « Qui n'a pas vécu dans les années voisines de 1789 ne sait pas ce que c'est que le plaisir de vivre (2) ! » Le conventionnel Fleury, nous venons de le voir, ne parle pas autrement que M. de Talleyrand, et un autre contemporain, M. Beugnot, nous dit à son tour, dans ses *Mémoires*, « qu'on respirait alors dans ce beau pays de France le parfum de la félicité publique (3) ». Telles sont aussi les conclusions du beau travail de M. Albert Babeau. Cela ne veut pas dire assurément que, même dans « ces belles années de Louis XVI, » l'expression est de Sainte-Beuve (4), — tout fût parfait, qu'il n'y eût ni abus à détruire, ni réformes à opérer. Les bourgeois d'autrefois — et j'ajoute les paysans et

(1) Extrait des *Mémoires* inédits de H. Fleury, député des Côtes-du-Nord à la Convention nationale. — Communiqué par M. Robert Oheix.
(2) M. Guizot, *Mémoires pour servir à l'histoire de mon temps*, t. I, p. 6.
(3) M. Beugnot, *Mémoires*, t. I, p. 55.
(4) *Nouveaux Lundis*, T. XI, p. 6. — Voy. aussi le *Journal des Goncourt*, T. Ier : « Je ne sais pas, nous disait un jour Sainte-Beuve, de plus belles années que les quinze premières années du règne de Louis XVI. »

les ouvriers — avaient à porter comme nous le poids de la vie, et, pour eux, comme pour nous, il ne laissait pas d'être souvent lourd. Ni les souffrances ni les misères ne leur étaient inconnues : ils étaient gais pourtant, gais comme nous ne le sommes plus.

Charles Lacretelle, dans son *Testament philosophique et littéraire*, raconte qu'aux représentations de la comédie de Collin d'Harleville, *l'Optimiste ou l'Homme toujours content* (1), « tous les fronts s'épanouissaient et chacun battait des mains à ses propres rêves, à ses illusions. » — « Je m'unissais de bon cœur, dit-il, à mes voisins, jeunes ou vieux, qui se reconnaissaient dans le gai M. de Plinville, et qui disaient tout bas ou tout haut : *c'est moi, c'est encore moi* (2). » Le pessimisme était chose si rare que le mot n'existait pas. C'est un *néologisme*, nous dit M. Littré dans son *Dictionnaire*.

Ce qui était commun alors, c'était le contentement, la belle humeur, la franche gaieté. A cet égard, tous les témoignages s'accordent, et en particulier ceux des voyageurs de toutes nations qui ont visité la France au dix-huitième siècle (3).

Olivier Goldsmith, qui voyageait à pied, de village en village, de ferme en ferme, a vu de près les petites

(1) *L'Optimiste* fut représenté pour la première fois par les comédiens français le 22 février 1788.

(2) Voy. au tome I du *Testament philosophique et littéraire*, par Charles Lacretelle, le chapitre xiv intitulé : *De l'optimisme avant la Révolution*.

(3) *Les Voyageurs en France depuis la Renaissance jusqu'au xviiie siècle*, par M. Albert Babeau, 1885.

gens des villes et des campagnes ; il se plaît à signaler leur bonhomie et leur gaieté. « Heureux peuple, dit de son côté Laurence Sterne, qui, une fois par semaine au moins, est sûr de déposer tous les soucis ensemble, et de danser et de chanter, et de secouer gaiement le fardeau des peines qui courbe jusqu'à terre le courage des autres nations ! » Un autre Anglais, John Moore, si prévenu qu'il soit contre notre nation, ne peut se défendre d'admirer son caractère « aimable et enjoué ». Sa vive gaieté lui est chaque jour un étonnement nouveau. « Nous sommes revenus, dit-il, dans une de ses lettres, par les boulevards, où une foule de bourgeois en habits des dimanches se réjouissaient, les jeunes en dansant des cotillons, les vieux en battant la mesure et en applaudissant les danseurs. » Au moment de quitter la France pour entrer en Italie, le docteur Rigby écrit à ses filles : « Croyez-moi, j'ai quitté la France avec regret... J'ai été enchanté du peuple : travail, *contentement* et bon sens sont les traits particuliers de son caractère. »

Après les Anglais, les Danois et les Allemands. Voici un conseiller de justice d'Altona, Jean-Pierre Willebrandt, qui semble fort disposé à se plaindre. Il reconnaît pourtant que « les Français sont supérieurs aux autres par la sociabilité, la serviabilité, l'affabilité prévenante. Il trouve chez eux une *inaltérable gaieté*. La vieillesse parmi eux n'est pas plus chagrine que la jeunesse (1). » Le journal de Mme La-

---

(1) *Les Voyageurs en France*, p. 257.

roche, femme d'un conseiller de Mayence, est de 1785. Elle aussi remarque presque partout la gaieté des gens et combien tout ce peuple a l'air heureux. Ici, sur les bords de la Loire, les paysannes marchent, la quenouille au côté, filant et chantant. Là, dans un village de la Beauce, où elle arrive un dimanche soir, femmes, enfants, jeunes gens, filles et hommes, sont tous dans la rue, bien vêtus, passant leur temps à babiller avec les voisins, à chanter ou à jouer aux quilles, aux billes et aux volants. Ailleurs, aux environs de Libourne, « il me semble, écrit-elle, que je n'ai rien vu de plus attrayant que les collines descendant en pentes douces dans les larges vallées couvertes de riches champs à perte de vue, ombragées de milliers d'arbres, avec leurs petits villages, leurs petites chaumières isolées, leurs bosquets, et des paysans affables et gais comme il convient aux habitants de cet heureux coin de terre. » A Bordeaux, même enchantement. Dans les salons, la conversation vive et légère ne tarit pas; on chante, on récite des vers, et Mme Laroche de noter sur son journal qu'elle se trouve dans une vraie société française où, selon le mot de Montesquieu, la mélancolie elle-même s'égayerait. Cependant, son voyage touche à sa fin, et voici comment elle résume ses impressions : « Je suis ici étrangère, j'aime ma patrie, mais je suis juste et je reconnais que la jouissance constante de l'amabilité, de la *gaieté*, de l'obligeance, est une des plus grandes parts d'une vie heureuse, et ce bonheur, la terre de France le donne surtout. »

Ces citations, qu'il me serait facile de multiplier, suffisent, si je ne m'abuse, pour mettre hors de contestation le point que je tenais à signaler. Paysans ou bourgeois, nos pères d'avant 1789 possédaient cet inestimable trésor, la gaieté. L'auteur d'un bien spirituel et bien curieux pamphlet publié, en 1792, sous ce titre : *Ann'quin Bredouille*, Jean-Claude Gorjy, ne pouvait se consoler de voir disparaître cette vieille gaieté chrétienne et gauloise, qu'il appelle de ce doux nom : *la pauvre chère Dame de Liesse*. « Pauvre chère dame de Liesse, s'écrie-t-il, est-ce donc pour toujours que vous avez abandonné ce peuple, l'enfant de votre prédilection ? Ce peuple auquel on ne pouvait penser sans que votre image vînt se placer à côté de la sienne (1) ? » Hélas ! oui, mon pauvre Gorjy, c'est pour toujours. La vieille gaieté française est morte : la Révolution l'a tuée.

VII

Le livre de M. Albert Babeau est d'un historien, celui de M. Agénor Bardoux est d'un politique. Tandis que M. Babeau met en scène les bourgeois d'avant 89, les montre dans les conditions diverses où les place leur profession, les suit à la ville et à la campagne, franchit le seuil de leur demeure et s'assoit à

---

(1) *Ann'quin Bredouille, ou le petit-neveu de Tristram Shandy.* 6 petits volumes in-32. 1791-1792.

leur table, M. Bardoux étudie surtout le rôle politique des classes moyennes depuis la Révolution. Il reste sur les hauteurs, négligeant les menus faits pour s'attacher aux vues générales, si bien que le véritable titre de son ouvrage serait celui-ci : *Considérations sur les causes de la grandeur et de la décadence de la Bourgeoisie française depuis 1789 jusqu'en 1848.*

Nos deux écrivains ne diffèrent pas moins de méthode que de but. L'auteur des *Bourgeois d'autrefois* pénètre dans l'intimité de son sujet, multiplie les enquêtes, se livre aux fouilles les plus patientes, fait état des plus petits détails, estimant que ce sont souvent les plus caractéristiques. Soit que les loisirs lui aient manqué, — ce qui ne surprendrait personne, puisque aussi bien il est sénateur, — soit plutôt qu'il ait jugé superflu, alors qu'il traitait un sujet presque contemporain, de faire de longues et minutieuses recherches, l'auteur de la *Bourgeoisie française* n'a guère mis en œuvre que des documents déjà connus. C'est à peine s'il y a, dans tout son volume, plus de cinq ou six notes, un peu moins que dans une seule page de M. Babeau. Et encore ces notes ne présentent-elles rien de particulier : elles renvoient à des livres que tout le monde a lus : les *Mémoires d'Outre-Tombe* de Chateaubriand, l'*Histoire de ma vie* de George Sand, les *Lettres parisiennes* de Mme Émile de Girardin, les *Lettres* de X. Doudan. Les dates sont aussi rares que les notes. L'auteur était libre sans doute de ne nous en donner qu'un très petit nombre; mais au moins fallait-il qu'elles fussent exactes. D'où vient donc que plusieurs de ces dates soient erronées ? Je n'en veux relever ici que deux ou trois.

Le célèbre article du *Journal des Débats*, qui se terminait par ces mots : *Malheureuse France ! Malheureux roi !* n'est pas du 1er août 1829 (1), mais bien du 10 août : il a suivi, et non précédé, la formation du ministère Polignac, annoncée par le *Moniteur* dans la matinée du 9 août. M. Bardoux, du reste, n'est pas heureux avec les *Débats*, dont il nous dit, en un autre endroit, qu'ils sont « rédigés toujours *avec attention* », et un peu plus loin : « Les *Débats* restèrent *les* éloquents *organes* des doctrines du juste milieu (2). » Dire : « *les organes* d'une opinion », alors qu'il s'agit d'un seul journal, c'est se servir d'un pluriel à tout le moins singulier ; c'est à peu près comme si l'on écrivait, à propos de la patrie de Nicolas Poussin : « *Les* Andelys sont *des villes* charmantes, *situées* dans le département de l'Eure. »

L'Adresse des 221 fut votée par la Chambre des députés non le 18 mars 1830 (3), mais le 16 mars. C'est là une date mémorable, non seulement dans l'histoire de la Restauration, mais encore dans les fastes de l'éloquence. N'est-ce pas ce jour-là, en effet, que M. Guizot et M. Berryer, nouveaux venus l'un et l'autre dans la Chambre, montèrent pour la première fois à la tribune ? (4)

(1) *La Bourgeoisie française*, p. 292.
(2) *Ibid.*, p. 389.
(3) *Ibid.*, p. 297.
(4) Guizot, *Mémoires pour servir à l'histoire de mon temps*, t. I, p. 361.

Dans une histoire de *la Bourgeoisie française de 1789 à 1848*, la date maîtresse, on me l'accordera bien, est celle de la Révolution de 1830, qui consacra le triomphe de la bourgeoisie. M. Bardoux s'est trompé sur cette date capitale : il place au 27 *juillet* la publication des Ordonnances (1), qui ont paru le mardi 26. C'est presque aussi grave que si le gouvernement de M. Sadi-Carnot s'avisait, en 1888, de placer au 15 *juillet* la commémoration de la prise de la Bastille!

Que ce soient là des vétilles, je le veux bien, mais voici qu'à côté des dates erronées je trouve, et en grand nombre, des noms propres dont l'orthographe est inexacte. J'en signalerai seulement quelques-uns.

Hoffman, le critique des *Débats* et l'auteur des *Rendez-vous bourgeois*, qui avait le droit de compter qu'il ne serait pas porté atteinte à son nom dans un livre sur la *Bourgeoisie française*, est germanisé et transformé en *Hoffmann* (2). Fleury de Chaboulon, l'ancien secrétaire de Napoléon Ier en 1815, est dédoublé et fournit deux habitués au salon de Mme Davillier, M. *Fleury* et M. *Chaboulan* (3). Deux académiciens, M. Parseval-Grandmaison, l'auteur du poème de *Philippe-Auguste*, et M. Brifaut, l'auteur de la tragédie

---

(1) *La Bourgeoisie française*, p. 300.
(2) *Ibid*, p. 148.
(3) *Ibid.*, p. 230, 231. — Le baron Fleury de Chaboulon est l'auteur des *Mémoires pour servir à l'histoire du retour et du règne de Napoléon en 1815*. Londres, 1820; deux volumes in-8º.

de *Ninus II*, sont défigurés et deviennent M. *Parceval de Grandmaison* et M. *Briffault* (1).

M. Bardoux joue de malheur avec l'Académie française, comme tout à l'heure avec le *Journal des Débats*. A propos de la requête adressée au roi Charles X, en 1829, par certains *libéraux*, pour le supplier de rendre une ordonnance en faveur des trois unités, il écrit, page 285 : « Les bourgeois libéraux et académiciens, Arnault, Jouy, *Etienne*, avaient rédigé une supplique à Charles X pour lui demander de maintenir la Comédie-Française dans son ancienne dignité. » Etienne ne figurait point parmi les signataires de cette étrange requête, qui étaient au nombre de sept et dont voici les noms : A.-V. Arnault, Népomucène Lemercier, Jouy, Andrieux, Viennet, Jay, Onésime Leroy. Les quatre premiers seuls étaient académiciens (2).

Encore une fois, ce sont là menues fautes dont je ne prétends pas exagérer l'importance. Prenez garde cependant; se mettre ainsi à l'aise avec les noms et les dates n'est peut-être pas sans danger. Qui néglige les petits devoirs arrive bien vite à mal remplir les grands. Je ne fais pas grand fonds, pour acquitter ses grosses dettes, sur celui qui a pris l'habitude de ne pas payer les petites.

Avec M. Babeau notre sécurité était entière. Nous avions reconnu tout de suite que nous avions affaire à un guide famillier avec tous les détours de la route,

(1) *La Bourgeoisie française*, p. 228, 287.
(2) M. Viennet n'est devenu académicien qu'en 1830 et M. Jay qu'en 1832; M. Onésime Leroy ne l'a jamais été.

qui, pour être plus sûr de son fait, était repassé cent fois par les mêmes sentiers. En va-t-il de même avec M. Bardoux ? N'est-il pas visible, au contraire, qu'il n'est pas remonté aux sources, qu'il s'en rapporte lui-même à des guides étrangers, et que son livre, pour agréable qu'il soit, n'est qu'un travail de seconde ou de troisième main ? Un historien qui aurait ouvert seulement quelques-uns des journaux de la Restauration (et comment, sans leur secours, écrire l'histoire des partis et des opinions pendant cette période?) serait-il tombé dans les erreurs de fait et d'appréciation auxquelles n'a pas échappé M. Bardoux ?

Je n'en veux citer qu'un exemple. Parlant du barreau de Paris de 1820 à 1830, il signale, parmi les avocats *libéraux* les plus en renom, Mauguin, Mérilhou, Barthe, *Hennequin* (1). Or Hennequin appartenait à la fraction la plus ardente du parti royaliste. A la Société royale des Bonnes-Lettres, fondée en 1821. sous le patronage du vicomte de Chateaubriand, du duc de Fitz-James, du baron de Vitrolles et du prince de Polignac, pour fournir un point de réunion, un centre d'étude aux amis de la religion, de la royauté et des lettres, il était l'orateur le plus applaudi; Berryer lui-même paraissait tiède à côté de lui.

M. Bardoux ne dit rien du barreau sous le Consulat et l'Empire, ce qui ne laisse pas d'être une lacune assez forte dans une histoire de la bourgeoisie depuis 1789. Il lui consacre seulement cinq ou six lignes :

---

(1) *La Bourgeoisie française*, p. 205.

« Les *Lepidor*, les Gicquel, les Bonnet, les Archambault, les Delacroix-Frainville, continuaient dans leur intérieur laborieux et modeste les traditions du barreau du dix-huitième siècle (1)... » Il ne nomme ni les Delamalle, ni les Ferrey, ni les Desèze, ni les Bellart, ni les Berryer, ni les Tripier, ni les Chauveau-Lagarde, ni les Roy, ni les Gairal. Quant à Lepidor, qu'il a inscrit en tête de son tableau, c'était un jeune homme d'un talent aimable et facile, d'une santé chancelante, qui plaida peu et mourut prématurément :

> Oh! le plaisant projet d'un enfant du Mont-d'Or,
> Qui de tant d'avocats va choisir Lepidor!

VIII

Au vingtième chapitre de la première partie de *Don Quichotte*, Sancho raconte à son maître l'histoire de Lope Luiz et de la bergère Torralva. Lope veut fuir Torralva ; poussant ses chèvres devant lui, il s'achemine à travers les champs de l'Estramadure pour passer au royaume de Portugal et, arrivé sur les bords du Guadiana, aperçoit un pêcheur qui avait près de lui un petit bateau, mais si petit qu'il n'y pouvait tenir qu'une chèvre et une personne ; ils s'arrangent cependant. Le pêcheur se met dans sa barque, prend une chèvre et la passe. « Il revint, prit une autre chèvre et

---

(1) *La Bourgeoisie française*, p. 150.

la passa encore. Il revint de nouveau, prit encore une chèvre et encore la passa... Le débarcadère, de l'autre côté, était escarpé et rempli d'argile, et le pêcheur perdait beaucoup de temps à ses allées et venues ; néanmoins, il revint chercher une chèvre, puis une autre, puis une autre... »

Je suis un peu comme le pêcheur de Sancho ; n'ayant à ma disposition qu'un tout petit bateau, je ne puis *passer* les erreurs de M. Bardoux qu'une à une, comme les chèvres de Lope Ruiz, et je ne me dissimule pas que j'ai déjà perdu beaucoup de temps dans mes allées et venues. Je renonce donc à passer tout le troupeau sur l'autre rive — la rive droite. Je ne voudrais pas d'ailleurs que l'on pût croire que, dans mon opinion, l'ouvrage de M. Bardoux soit dénué d'intérêt et de valeur. J'estime, au contraire, qu'il contient plus d'un passage judicieux, plus d'une remarque ingénieuse et fine. Les chapitres consacrés à la période révolutionnaire, comme ceux où l'auteur traite de la monarchie de Juillet, renferment de bonnes parties. Il n'en est pas de même, j'ai regret à le dire, des chapitres sur la Restauration, qui sont vraiment poussés trop au noir et empreints d'une regrettable animosité.

Il arrivait fréquemment, avant 1789, qu'un bourgeois riche, considéré, qui était investi d'une charge importante ou qui avait rendu des services au pays, recevait du roi des titres de noblesse. Il me semble que si M. Bardoux eût vécu en ce temps-là, pareille fortune aurait fort bien pu lui échoir, et, certes, tout le monde eût applaudi. De quelles armes, de quelle devise aurait-il fait choix ? A cet égard, tous ses amis, tous ceux qui ont l'honneur de le connaître, sont unanimes : sans hésiter un instant, il aurait pris ce blason qu'on trouve dans les *Devises* du père Bouhours, une abeille avec ces mots : *Sponte favos, œgre spicula*, le miel de bon gré, le dard à regret.

Oui, c'est bien cela. Qu'il s'agisse de la Révolution ou du gouvernement de Juillet, le dard ne sort qu'à regret ; mais l'historien de *la Bourgeoisie française* a-t-il devant lui la Restauration, les ministres de la branche aînée, les hommes du parti royaliste ? Aussitôt tout change. Ce n'est plus une abeille qui distille le miel, mais une abeille partie en guerre. Que dis-je ? c'est tout un essaim, toute une ruchée, ardente au combat, et telle que Virgile nous l'a décrite au quatrième livre de ses *Géorgiques* :

Spiculaque exacuunt rostris, aptantque lacertos...

Si ennemi que l'on soit des Bourbons et de leur gouvernement, force est bien de reconnaître que les règnes de Louis XVIII et de Charles X ont été, pour le commerce et pour l'industrie, une ère de prospérité. Les petites comédies du Théâtre de Madame nous en fourniraient, au besoin, la preuve, et nous dispenseraient de la demander aux gros volumes de M. Charles Dupin sur les *Forces productives et commerciales de la France de 1814 à 1826* (1). M. de Vaulabelle cons-

(1) Deux vol. in-4°. 1827.

tate que, dès 1818, « le commerce faisait de rapides progrès (1). » Ils ne devaient point s'arrêter jusqu'en 1830. « L'industrie et le commerce, a écrit M. de Rémusat, prirent un grand essor... Les fortunes particulières bien dirigées purent recevoir un développement qui, de longtemps, ne se reproduira aussi général et aussi rapide. En même temps, l'attention, l'estime de la nation, naguère détournée par l'éclat de la puissance et de la gloire, se porta sur les travaux utiles (2). » Un dernier témoignage emprunté, comme les précédents, à un adversaire de la Restauration : « L'industrie et le commerce étaient florissants, dit M. Théophile Lavallée; chaque jour voyait se bâtir quelque nouvel édifice, s'établir quelque nouvelle manufacture, s'ouvrir quelque magasin de luxe...; dans toutes les classes éclairées de la population, il y avait émulation, désir de mieux, amour du progrès, confiance dans l'avenir (3). » Il n'est pas jusqu'à Paul-Louis Courier, à qui la force de la vérité n'arrache cet aveu : « Chaque jour l'industrie augmente, les travaux se multiplient... Le peuple a repos, *biens et chevanches* (4). »

L'honnêteté du gouvernement royal, l'intégrité de ses hommes d'Etat, l'habileté avec laquelle ils diri-

---

(1) *Histoire des deux Restaurations,* par Achille de Vaulabelle, t. VII, p. 146.
(2) *Passé et Présent*, par M. Charles de Rémusat, t. II, p. 105.
(3) *Histoire de Paris*, par Th. Lavallée, p. 184.
(4) *Lettres au Censeur*, VII.

geaient ses finances, telles étaient les principales causes de cette renaissance industrielle et commerciale, qui marchait de pair avec une véritable renaissance intellectuelle. Quant à ses effets, ils étaient précisément d'accroître l'importance de la bourgeoisie, qui voyait son influence politique grandir en proportion de sa richesse acquise. Il était donc indiqué que M. Bardoux, au risque d'être obligé d'en faire remonter l'honneur au gouvernement de la Restauration, devait signaler cet extraordinaire développement de la fortune publique, et en montrer les conséquences au double point de vue politique et social. Et cependant il n'en dit pas un seul mot, oubliant qu'en histoire le péché d'omission est le plus grave de tous.

D'autres lacunes non moins singulières seraient à relever dans son ouvrage. Ainsi, à le lire, on serait tenté de croire que, de 1814 à 1830, la bourgeoisie était tout entière *libérale* et que le bourgeois royaliste était un mythe. Mais alors comment expliquer que, jusqu'en 1827, les élections aient été presque toutes royalistes, et cela sous l'empire d'une loi qui, en fixant le cens à 300 francs, remettait l'élection aux mains de la seule bourgeoisie? Est-ce qu'aux élections générales de 1824, le parti royaliste n'avait pas obtenu toutes les nominations, sauf dix-neuf? A Paris même, où ce n'était pas apparemment la noblesse qui formait la majorité du corps électoral, sur douze sièges, la droite en avait emporté neuf, contre trois échus à la gauche. Si Benjamin Constant, le général Foy et Casimir Périer étaient parvenus à se faire élire, les royalistes avaient fait passer MM. Cochin, Héricart de Thury, de la Panouse, Leroy, Sanlot-Baguenaut, Olivier, Bonnet, Breton et de Berthier. Aux élections de 1827, il est vrai, les *libéraux* conquirent les douze sièges de Paris, mais l'ensemble des élections n'en fut pas moins royaliste. L'opposition libérale réunit de 160 à 170 voix, les candidats de M. de Villèle de 170 à 180, et l'opposition de droite de 70 à 80 (1).

Le bourgeois royaliste existait donc sous la Restauration ; il existait à Paris aussi bien qu'en province, et le livre de M. Bardoux, qui n'en parle pas, qui le supprime complètement, ne saurait prétendre à être une histoire de la bourgeoisie française depuis 1789. C'était pourtant une figure originale et qu'un peintre eût dû s'estimer heureux de pouvoir fixer sur la toile, que celle de ce bourgeois de 1820, souvent plus royaliste que le roi. Ses sentiments, comme son costume, étaient mi-partie des temps nouveaux et mi-partie des jours anciens. La chaleur de ses opinions était d'autant plus grande qu'elles avaient leur foyer dans son cœur plus encore que dans sa raison. Ces princes qu'il n'avait jamais vus, qu'il ne devait jamais connaître, il les aimait à l'égal de ses parents les plus proches ; il ne séparait pas, dans ses affections, la famille royale

---

(1) *Histoire du gouvernement parlementaire*, par M. Duvergier de Hauranne, t. IX, p. 136. — « Il était sorti des élections de 1827 une Chambre de très bon aloi, composée presque entièrement de royalistes. » *Souvenirs* du feu duc de Broglie, t. IV, p. 8.

de sa propre famille. Et c'est pourquoi, si modeste que fût sa condition, les joies, trop rares, qui éclairaient parfois les lambris dorés des Tuileries, projetaient leur reflet jusque sur son humble toit, comme aussi les douleurs qui assombrissaient, hélas! trop souvent le vieux palais, mettaient sa maison en deuil. Et ce même homme, qui eût donné sa vie pour le roi, conservait vis-à-vis de lui son indépendance; plus frondeur que courtisan, il blâmait souvent sa politique et disait pis que pendre de ses ministres, — de braves gens cependant dont nous ne sommes pas près de revoir les pareils; il n'était pas coureur de places, et son ambition se bornait à vivre dans la maison où il était né, à ajouter quelques champs aux champs que lui avait laissés son père. Le roi, au lieu de le nommer maire ou conseiller général, faisait-il choix d'un noble ou d'un propriétaire plus riche que lui, il trouvait cela tout naturel. Il n'estimait pas, comme Figaro, qui, grâce à Dieu, n'était pas un bourgeois, il n'estimait pas que tout fût perdu parce qu'il n'était pas le premier dans l'Etat et qu'il y avait au-dessus de lui des hommes qui ne s'étaient donné que la peine de naître. Si même il arrivait que, parmi les membres de sa *chambre* (on appelait ainsi en ce temps-là ce que nous appelons aujourd'hui le cercle), il y eût deux ou trois vieux gentilshommes, il tenait à grand honneur de faire leur partie. Singulier homme, et dont les vertus n'allaient point sans quelques défauts et quelques ridicules. Il tonnait contre l'impiété des *libéraux*, et cela ne l'empêchait pas de chanter souvent, au dessert, à pleine voix, des chansons dont maint couplet était dirigé contre les *moines*. Il médisait volontiers de la fortune trop rapide de son voisin, qu'il accusait de jouer à la Bourse, et il nourrissait un terne à la loterie. L'obstination de ce malheureux terne à ne point sortir était un des gros mécomptes de sa vie, d'ailleurs la plus régulière du monde et la plus paisible. Sa matinée appartenait à ses auteurs favoris, Racine, Molière et La Fontaine, à moins pourtant qu'il n'allât à la Poissonnerie voir s'il y avait quelque belle pièce; de son après-midi, il faisait deux parts, consacrées l'une à ses affaires (qu'il négligeait bien un peu), et l'autre à musarder avec ses amis sous les ormes de la *Promenade*. Au demeurant, honnête, désintéressé, content de son lot, jovial (encore un vieux mot qui s'en va), friand, ami des longs repas, comme ces bourgeois d'autrefois dont M. Babeau nous a donné une si fidèle peinture, prompt à dire à ses voisins, comme le père de François Chéron : « Ma foi, je ne sais pas trop ce qu'il y aura aujourd'hui à la maison; mais c'est égal, *venez manger ma soupe.* » — Et ce bourgeois-là, ne dites point, monsieur Bardoux, qu'il n'a pas existé : je l'ai connu, c'était mon grand-père.

IX

Je viens d'esquisser, d'après mes plus lointains et mes plus chers souvenirs, le bourgeois de province et de petite ville au temps de la Restauration. Il m'étonnerait beaucoup que M. Bardoux n'eût pas connu, lui aussi, dans son enfance, quelques-uns de ces demeurants d'une époque évanouie, bourgeois très particuliers dont chacun avait son type, sa physionomie propre, si différente des figures effacées d'aujourd'hui. S'il l'avait voulu, il en aurait pu faire un crayon bien moins imparfait que le mien. Quant à cet autre type, non moins original, non moins curieux, le bourgeois royaliste de Paris, pour le peindre avec fidélité, à défaut de souvenirs personnels, les témoignages contemporains ne lui auraient pas manqué. Plus d'un, en effet, parmi ces bourgeois de 1820, a laissé trace dans les lettres ou dans la politique : tel, par exemple, l'historien des Croisades, cet aimable et spirituel Joseph Michaud. Condamné à mort par contumace après le 13 vendémiaire, proscrit après le 18 fructidor, directeur de la *Quotidienne*, il était homme de parti, et de parti absolu. C'était un *ultra*; mais l'indépendance, chez ce galant homme, marchait de pair avec la fidélité. « Je suis comme ces oiseaux, disait-il, qui sont assez apprivoisés pour se laisser approcher, pas assez pour se laisser prendre. » Un jour, un ministre, voulant se rendre la *Quotidienne* favorable, le fit venir et ne lui ménagea pas les offres les plus séduisantes. « Il n'y a qu'une chose, lui dit M. Michaud, pour laquelle je pourrais vous faire quelque sacrifice. — Et laquelle? reprit vivement le ministre. — Ce serait si vous pouviez me donner la santé. » Sa santé, toute pauvre qu'elle fût, son vif et charmant esprit, sa plume alerte et vaillante, il avait mis tout cela au service de Charles X ; il faisait plus que défendre le roi, il l'aimait. Cela ne l'empêchait pas de lui parler librement, en homme qui n'est ni courtisan ni flatteur. Il avait commis dans sa jeunesse quelques vers républicains ; une feuille ministérielle, qui ne pardonnait pas à la *Quotidienne* de combattre le ministère Villèle, les exhuma. Charles X les lut et en parla à M. Michaud, qui répondit : « Les choses iraient bien mieux si le roi était aussi au courant de ses affaires que Sa Majesté paraît l'être des miennes. » Au mois de janvier 1827, M. de Lacretelle avait soumis à l'Académie française, la proposition d'une supplique au roi à l'occasion de la Loi sur la presse : M. Michaud fut de ceux qui adhérèrent, ce qui lui valut de perdre la place de lecteur du roi et les appointements de mille écus qui y étaient attachés, seule récompense de ses longs services. Charles X le fit venir, et comme il lui adressait avec douceur quelques reproches : « Sire, dit M. Michaud, je n'ai prononcé que trois paroles, et chacune m'a coûté mille francs. Je ne suis pas assez riche pour parler. » Et il se tut (1).

M. Michaud était un « grand bourgeois ». Les petits, les ignorés, ceux-là surtout que l'historien de la *Bourgeoisie française* avait le devoir de faire revivre, ont tenu sans doute une moindre place ; vainement les chercherait-on au château des Tuileries ou au palais Mazarin, et il semble bien qu'il soit difficile de

(1) *Etudes littéraires*, par Charles Labitte, t. II, p. 172.

les retrouver. Il n'en est rien cependant; leur image, au contraire, est partout, dans les comédies de Picard et les chansons de Désaugiers, dans les vaudevilles de Scribe et les romans de Balzac. Comme peintre de la vie aristocratique sous la Restauration, l'auteur de la *Comédie humaine* est assurément un guide trompeur. Ses descriptions du faubourg Saint-Germain sont de pure fantaisie; les modèles n'ont pas posé devant lui, ils ne sont pas entrés dans son atelier, pas plus qu'il n'a pénétré dans leurs salons. Il a vécu, de plain-pied, en revanche, avec les bourgeois de ce temps-là; il a étudié de près leurs mœurs, leurs habitudes, il sait leur fort et leur faible, leurs qualités et leurs défauts. Aucun des traits de leur physionomie ne lui échappe, et il les rend sur sa toile avec une précision, un relief, une intensité de vie prodigieuse. Chose remarquable! lui qui pousse si volontiers au noir ses portraits, il n'a pu se défendre, lorsqu'il s'est trouvé en présence de ces bourgeois royalistes d'avant 1830, de les peindre en beau, de faire ressortir, à côté de leurs petits ridicules, leurs admirables vertus. Deux figures dominent toute cette partie de son œuvre, le magistrat et le négociant, Popinot le juge et César Birotteau le parfumeur.

César Birotteau n'est rien moins qu'un héros de roman. Sa vie est la plus simple, la plus unie, la plus ordinaire du monde. Fils d'un closier des environs de Chinon, il est venu à pied à Paris chercher fortune avec un louis dans sa poche. Successivement garçon de magasin, second, puis premier commis chez M. et

Mme Ragon, parfumeurs dans la rue Saint-Roch, à l'enseigne de la *REINE DES ROSES*, il épouse Mlle Constance Pillerault, première demoiselle d'un magasin de nouveautés, nommé le *Petit Matelot*, achète le fonds de ses patrons, et réussit si bien, à son tour, qu'en 1819 il est l'un des gros bonnets de son quartier, juge au Tribunal de Commerce, adjoint au maire du deuxième arrondissement, chef de bataillon dans la garde nationale, chevalier de la Légion d'Honneur. La fuite d'un notaire, qui emporte les fonds placés chez lui par César, amène sa ruine et l'oblige à déposer son bilan. Il est mis en faillite (ce qui n'est pas assurément une aventure extraordinaire, aujourd'hui surtout; en 1819, il est vrai, le cas était plus rare). Grâce à l'abandon par sa femme et sa fille de tout ce qu'elles possédaient (ceci, je l'avoue, peut paraître invraisemblable, mais, je le répète, nous sommes en 1819), il donne à ses créanciers soixante pour cent. Bien qu'il ait obtenu un concordat et la remise entière du solde de sa dette, il ne se croit pas libéré vis-à-vis d'eux; à force de courage, de travail et de sacrifices, il parvient à les payer entièrement, intérêts et capital, et la Cour royale, sur les conclusions de l'avocat général, M. de Marchangy, prononce sa réhabilitation. Cette grande joie, après tant et de si pénibles émotions, cette joie suprême est trop forte : il n'y peut résister et il meurt dans les bras de son confesseur, l'abbé Loraux.

On sait quel merveilleux parti Balzac a tiré de cette simple histoire, et comment il a su élever cette tragédie bourgeoise à la hauteur de l'épopée. Les événements sont petits : qu'importe ! puisqu'il n'est pas de plus beau spectacle que celui de l'honnête homme en lutte contre l'adversité. César Birotteau est un héros et un martyr, un martyr qui se résigne, un héros qui s'ignore, et ceux-là ne sont-ils pas les plus grands? Balzac ne s'y est pas trompé ; il a parfaitement compris que seule la religion pouvait rendre compte d'un semblable caractère : il a eu bien soin de faire de César Birotteau un homme « profondément religieux ». Il n'a pas manqué non plus, — et ici encore, il a été heureusement inspiré, — il n'a pas manqué d'en faire un bourgeois « profondément royaliste ». Je ne veux pas médire des abonnés du *Constitutionnel*... de 1819, mais on m'accordera bien que César Birotteau sceptique, *libéral*, abonné du *Constitutionnel*, — s'il ne devenait pas radicalement impossible, — cesserait du moins d'être vraisemblable : M. Bardoux lui-même n'y croirait pas.

César Birotteau, à l'apogée de sa fortune, avait souci de sa toilette. Il me semble que je le vois, avec sa redingote vert-olive et son chapeau à grands bords : « Aucune puissance ne l'eût fait renoncer aux cravates de mousseline blanche dont les coins brodés par sa femme ou sa fille lui pendaient sous le cou. Son gilet de piqué blanc, boutonné carrément, descendait très bas sur son abdomen assez proéminent, car il avait un léger embonpoint. Il portait un pantalon bleu, des bas de soie noire et des souliers à rubans dont les nœuds se défaisaient souvent... Quand il s'habillait pour les soirées du dimanche, il mettait une culotte de soie, des souliers à boucles d'or et son infaillible gilet carré dont les deux bouts s'entr'ouvraient alors afin de montrer le haut de son jabot plissé. Son habit de drap marron était à grands pans et à longues basques. Il conserva, jusqu'en 1819, deux chaînes de montre qui pendaient parallèlement, mais ne mettait la seconde que quand il s'habillait (1). »

Jean-Jules Popinot, le magistrat royaliste, est beaucoup moins soigné dans sa mise que le marchand parfumeur de la rue Saint-Roch, tenu de faire honneur à son enseigne de la *Reine des Roses*. Juge d'instruction près le Tribunal de première instance de la Seine, Popinot habite le premier étage d'une vieille maison de la rue du Fouarre, et son costume est suranné comme son logis. Son pantalon, toujours usé, ressemble à du voile, étoffe avec laquelle se font les robes d'avocats; ses gros bas de laine grimacent dans ses souliers déformés; sa cravate est tordue sans apprêt, et il ne songe guère, au sortir de l'audience, à rétablir le désordre que son rabat a mis dans le col de sa chemise recroquevillée. Il ne porte jamais de gants, ayant pour habitude de fourrer ses mains dans ses goussets vides, dont l'entrée salie, presque toujours déchirée, ajoute un trait de plus à la négligence de sa personne (2). Un cœur d'or se cache sous ces pauvres habits. Po-

---

(1) *Histoire de la grandeur et de la décadence de César Birotteau,* p. 67.

(2) *L'Interdiction,* par H. de Balzac, p. 18. La scène de l'*Interdiction* se passe en 1828.

pinot appartient à une de ces anciennes familles de la bourgeoisie parisienne, essentiellement religieuses, un peu-jansénistes, de traditions austères et fortes, où les vertus étaient intelligentes, où la vie était modeste et pleine de belles actions. Il est la providence de tous les malheureux de son quartier. Il a fait convertir en parloir le magasin du rez-de-chaussée de sa maison. De quatre à sept heures du matin en été, de six à neuf en hiver, cette salle est pleine de femmes, d'enfants, d'indigents auxquels il donne audience. Ce juge d'instruction a les vertus et la charité d'un saint.

Ne dites pas : C'est du roman! Popinot a été inventé de toutes pièces par Balzac! — Non, c'est de l'histoire. Ce type du magistrat chrétien, l'une des plus nobles images de la vertu sur la terre, il a existé; la Cour royale de Paris l'a connu sous la Restauration. Il me suffira, pour le prouver, de rappeler ici trois noms, entre beaucoup d'autres : celui de Gustave de Ravignan, substitut du procureur du roi près le Tribunal de première instance, — celui de M. Jules Gossin, conseiller à la Cour, fondateur de la Société de Saint-François-Régis, second président général de la Société de Saint-Vincent de Paul, — et enfin celui de M. Bérard des Glajeux, avocat général à la Cour, président ou membre du Bureau d'assistance judiciaire, de l'Œuvre de la Propagation de la Foi, de l'Œuvre de secours aux prisonniers pour dettes, de l'Association charitable des écoles du VIIe arrondissement, de plusieurs autres institutions pieuses et bienfaisantes (1).

X

En terminant son livre, où il n'est parlé que de la bourgeoisie libérale et révolutionnaire (il me semble bien pourtant que les deux termes s'excluent), M. Bardoux se demande si cette bourgeoisie pourra « clore la période révolutionnaire », et fonder enfin « la stabilité sociale et politique ». Que l'honorable écrivain me permette de le lui dire, il ne nous sera pas permis d'espérer le retour et le maintien d'un gouvernement conservateur, respectueux de la légalité et de la justice pour tous, tant que l'on verra d'honnêtes gens comme lui glorifier, dans le passé, les hommes et les œuvres de la Révolution, célébrer, ainsi qu'il se plaît à le faire, les *vertus* des Girondins, « ces belles et humaines figures », les présenter comme « une élite capable de prendre en main le progrès de la nation », saluer en eux « les plus purs des enfants de la bourgeoisie (2)! » L'inconséquence est trop forte de s'élever

---

(1) M. de Ravignan descendit de son siège de magistrat en 1822 pour entrer à Saint-Sulpice. M. Jules Gossin et M. Bérard des Glajeux donnèrent leur démission en 1830. Sur M. Bérard des Glajeux, voyez les belles pages publiées par M. Hilaire de Lacombe, dans le *Correspondant* du 25 octobre 1865, sous ce titre : *Un magistrat chrétien.*

(2) *La Bourgeoisie françoise*, p. 67, 70, 441. — Sur les Girondins, « ces belles et humaines figures, » voir *la Légende des*

contre les entreprises du radicalisme, de réclamer « la stabilité politique et sociale », et de vouloir en même temps se faire un titre d'honneur d'avoir contribué, après les événements de 1871, à l'établissement de la République !

J'ai déjà cité, au cours de cet article, un passage de *Don Quichotte*. Il en est un autre, dans l'immortel chef-d'œuvre de Cervantes, que je veux rappeler en finissant, et qui ne sera peut-être pas ici sans quelque à-propos.

L'ingénieux chevalier de la Manche suivait le grand chemin, accompagné de son écuyer Sancho. On aperçoit sur la route une douzaine d'hommes à pied, braves gens attachés ensemble par une chaîne de fer, et tous ayant les menottes : ils étaient conduits par deux cavaliers armés d'escopettes et deux fantassins armés de lances.

— Voici, dit Sancho, la chaîne des forçats que l'on mène ramer aux galères du roi.

— Comment ! des forçats ! s'écrie Don Quichotte ; est-il possible que le roi force ses sujets à ramer ?

— Je vous dis, reprend l'écuyer, que ces gens-là sont condamnés, pour leurs délits, à servir sur les galères.

— Ils n'y vont donc pas de bon gré ?

— Non, assurément.

— Cela me suffit ; je n'oublie point ce que ma profession m'ordonne.

Girondins, par Edmond Biré. Victor Palmé et C⁹, éditeurs, aris, 1881.

Ferme sur ses étriers, la lance au poing, Don Quichotte, non sans avoir préalablement invoqué Mme Dulcinée du Toboso, fonce sur les archers, qu'il met en fuite. A peine a-t-il délivré les prisonniers, parmi lesquels se trouve le fameux Ginès de Passamont, qu'il les rassemble en cercle autour de lui, et, avec une gravité admirable, leur donne les plus beaux conseils du monde, les invitant à être bien sages, à ne plus faire de frasques, voire même à reprendre les chaînes qu'il leur a ôtées, et, dans cet équipage, à se rendre en la ville du Toboso pour y mettre dévotement genou en terre devant Mme Dulcinée. Vous savez comment finit l'aventure. Ginès de Passamont, qui n'était guère patient (c'était là son moindre défaut), prend fort mal la harangue. Ses compagnons et lui font pleuvoir sur leur libérateur une grêle de pierres, lui arrachent le plat à barbe qui lui sert de casque, et le dépouillent de la casaque qu'il porte sur son armure. Sancho, lui, en est quitte pour son manteau. Pendant la bagarre, le brave écuyer s'était mis à l'abri derrière son âne.

Les membres du centre gauche, commençant par nous gratifier de la république, pour en venir plus tard à sermonner les radicaux du Conseil municipal de Paris; les engageant, le plus honnêtement du monde, à mettre genou en terre devant « la république conservatrice, » cette nouvelle Dulcinée du Toboso, et, pour prix de leurs bons offices et de leurs belles paroles, criblés de pierre par... Ginès de Passamont et ses collègues : ne vous semble-t-il pas, comme à moi, que ce petit épisode d'hier ou de ce matin n'est point sans rappeler un peu ce vieux chapitre auquel Cervantes a donné pour titre : *Comment Don Quichotte mit en liberté plusieurs infortunés que l'on conduisait dans un lieu où ils ne voulaient pas aller* (1)?

(1) *Don Quichotte,* partie Ire, chapitre XXII.

TABLE DES MATIÈRES

	pages.
Préface.	VII
Prosper Mérimée	1
M. Edmond About.	77
Lamartine en 1839.	139
Paul Féval	189
Souvenirs d'un Bourgeois de Paris. — M. Ernest Legouvé.	233
Un grand Seigneur libéral. — Le duc Victor de Broglie.	281
M. Cuvillier-Fleury	309
Les Bourgeois d'autrefois.	357

www.ingramcontent.com/pod-product-compliance
Lightning Source LLC
Chambersburg PA
CBHW052122230426
43671CB00009B/1084